Hans Schmid · Die Kunst des Unterrichtens

Hans Schmid

Die Kunst des Unterrichtens

Ein praktischer Leitfaden für den
Religionsunterricht

Kösel

Meinen Eltern
Adolf und Franziska Schmid

ISBN 3-466-36483-3
© 1997 by Kösel-Verlag GmbH & Co., München
Printed in Germany. Alle Rechte vorbehalten
Druck und Bindung: Kösel, Kempten
Umschlag: Kaselow-Design, München

1 2 3 4 5 6 · 01 00 99 98 97

Gedruckt auf umweltfreundlich hergestelltem Werkdruckpapier
(säurefrei und chlorfrei gebleicht)

Inhalt

Vorwort

Dieses Buch will zum religionsunterrichtlichen Handeln in der Schule hinführen. Es beschäftigt sich deshalb mit grundlegenden Elementen des Unterrichtens im Fach Religion und mit der Eigenart dieses Handlungsgeschehens. Dabei berührt es jedoch auf Schritt und Tritt auch Fragen, die von allgemeiner Bedeutung für heutigen Unterricht und heutige Schule sind. Die Herausforderung in einem Fach lassen sich nicht isoliert von den anderen Fächern und vom schulischen Umfeld überhaupt betrachten. Religionsunterricht ist ein Zimmer im Haus der Schule; er hat Anteil an den Irrungen und Perspektiven, den Hemmnissen und Veränderungspotentialen des sie umschließenden Gesamtgebildes. Umgekehrt vermag der Religionsunterricht von seinem eigenen Gepräge her dieser heutigen Schule auch besondere Akzente und Impulse zu geben.

Überhaupt stellt das Bild des Hauses m.E. eine sehr produktive Metapher dar, um Perspektiven für eine schüler- und sachgemäße Schule zu entwickeln: Schule als Haus des Lernens und Lebens. Es ist ein Gegenbild zur Metapher der Lernfabrik, in welcher heutige Schule oft von Lehrerinnen und Lehrern, Schülerinnen und Schülern sowie deren Eltern erlebt wird. Es betont eine Ganzheitlichkeit: Neben Arbeitsräumen muss es auch Räume des gemeinsamen Lebens, Orte der Geselligkeit und der Festlichkeit, Zimmer des Gesprächs, Räume der Ruhe und Besinnung, Stätten der Übernahme von Verantwortung, Ateliers des Ausdrucks und der Gestaltung etc. geben. In all diesen Bereichen gibt es viel zu lernen; gerade heute; gerade angesichts der Herausforderungen der Zukunft. Weil Schule und Unterricht eine immer größere Bedeutung erhalten, ist es darüber hinaus erforderlich, dass sie nicht zu bloßen Aufenthaltsorten oder gar Aufbewahranstalten degenerieren, sondern sich zu Lebensräumen entwickeln, in denen die in ihr tätigen Schüler und Lehrer auch ein Stück Beheimatung und Identifikation finden: Soll in ihr tatsächlich das Leben gelernt werden, muss die Schule ihr Lernverständnis im Sinne eines Hauses des Lernens und Lebens erweitern. Dass der Religionsunterricht als ein Zimmer mit eigenem Gesicht in einer solchen Schule als Haus des Lernens und Lebens Gestalt gewinne – hierin liegt der Bezugspunkt der folgenden Überlegungen.

Was die Schule ist, entscheidet sich an der Qualität des Unterrichts, d.h. jeder einzelnen Unterrichtsstunde bzw. unterrichtlichen Einheit. Unterricht bildet das Herzstück der Schule. Jede Schulreform, die dieses Herzstück nicht erreicht, bleibt reine Makulatur. Im Unterricht muss das vielfältige Haus des Lernens und Lebens Gestalt gewinnen, genauer: Dieses Haus muss aus dem Unterricht erwachsen. Dabei ist das Herzstück Unterricht der am leichtesten und zugleich am schwersten zu verändernde Teil der Schule: am leichtesten, weil Unterricht das Ergebnis gemeinsamen Handelns von Lehrern und Schülern darstellt und deshalb morgen anders sein kann, wenn die Subjekte des Handelns in anderer Weise mit ihrer Wirklichkeit umgehen; am schwersten, weil Unterricht mit komplexen Gewohnheiten und Verhaltensmustern zu tun hat, die, sind sie einmal im Handeln etabliert, sich nur mit großer Aufmerksamkeit, Tatkraft und Geduld verändern lassen. Die Chancen stehen jedoch gut, denn der Leidensdruck aller an der Schule Beteiligten hat inzwischen ein Maß erreicht, das nach Alternativen und neuen Horizonten Ausschau halten lässt.

Gleichwohl: In gewisser Hinsicht ist die Schule besser als ihr Ruf. In ihr ist bei weitem mehr möglich, als tagtäglich ergriffen und realisiert wird. Auch dies liegt an der Eigenart von Unterricht und Schule: Der »subjektive Faktor«, d.h. die Art und Weise, wie die Subjekte mit ihrer Wirklichkeit umgehen und die Lernpotentiale der unterrichtlichen Handlungssituation nützen und fruchtbar machen, ist hier besonders hoch. So genannte »gute« Lehrerinnen und Lehrer, die es an jeder Schule gibt, nützen sie besser, gehen fruchtbarer mit ihnen um, als so genannte »weniger gute«. Natürlich sind auch strukturelle Veränderungen in der Schule notwendig: Veränderungen, die mit ihrer Funktion als Instrument der gesellschaftlichen Chancenzuteilung, mit ihrem Lernverständnis sowie mit ihren Lernformen zu tun haben; sie treten jedoch erst dann angemessen ins Blickfeld, wenn wir die Potentiale der unterrichtlichen Handlungssituation entdeckt haben und in ihrer Realisierung auf diese strukturellen Grenzen stoßen. Überhaupt muss jede Schulreform in dieser Weise zunächst von »innen«, von der Behinderung und Befreiung dieser unterrichtlichen Handlungspotentiale ausgehen, sonst wird sie schnell zu einer jener »Reformen«, die von den Kolleginnen und Kollegen vor allem als zusätzliche Last empfunden werden und im übrigen alles beim Alten lassen oder gar erschweren. Auch hier weist die Welt von Schule und Unterricht eine eigene Logik und Gesetzmäßigkeit auf.

Dieses Buch ist zum einen gedacht für die Hand der Anfängerin und des Anfängers, die ihr Studium abgeschlossen haben und nun ihre ersten Schritte als Lehrkraft im Religionsunterricht der Schule beginnen. Dazu bietet es mit Grundmodellen des unterrichtlichen Handelns gleichsam Geländer und Halteseile, an denen sich Neulinge festhalten können, um in der komplexen Situation des Unterrichtens Orientierung und auch Handlungsformen zu gewinnen. Religionsdidaktik muss solche Geländer bereitstellen; versäumt sie dies, dann werden über dem Neuling beim ersten Wetter die stürmischen Wasser zusammenstürzen, und er wird in seiner Not und Hilflosigkeit die verinnerlichten Lehr- und Lernmuster seiner eigenen Schulzeit aktualisieren und sich an sie klammern; zuerst oft mit schlechtem Gewissen, dann mit einem zunehmenden Gefühl der Resignation und Bitterkeit, im schlimmsten Fall mit Sarkasmus. Auf diese Weise reproduzieren sich in zwanghafter Art Unterrichtsmuster von einer Lehrergeneration zur nächsten, jenseits religionsdidaktischer Reflexion und Kontrolle. Religionsdidaktik muss reflektierte Handlungsmuster zur Verfügung stellen, damit die Handelnden nicht gezwungen sind, auf ihre verinnerlichten unreflektierten Handlungsmuster zurückzugreifen.

Diese Grundmodelle des unterrichtlichen Handelns sind aus meiner Tätigkeit als Leiter der religionspädagogischen Ausbildung im Priesterseminar Bamberg erwachsen. Zuvor war ich elf Jahre an einer gewerblichen Berufsschule hauptamtlich als Religionslehrer tätig. Während der ersten Jahre hatte ich immer das Gefühl, dass zwischen dem, was ich tat und vor allem wie ich es tat einerseits, und der Religionsdidaktik, in der ich in meinem Studium zu denken gelernt hatte andererseits, auf weiten Strecken ein Unterschied, eine Kluft, ja da und dort gar eine Gegensätzlichkeit bestand. Und ich entdeckte sehr bald, dass diese Erfahrung viele Kolleginnen und Kollegen mit mir teilten. Die typische »Theoriemüdigkeit« der Schule hat vermutlich hier ihren Grund: im tiefsitzenden Gefühl, dass die schönen Worte der pädagogisch-didaktischen Theorie bei dem, was der Alltag verlangt, oft wenig hilfreich sind. Ich begann schließlich zu dieser Alltagspraxis des Unterrichtens Zutrauen zu finden und sie zur Grundlage meiner religionsdidaktischen Reflexion zu machen. Bezugspunkt allen Nachdenkens wurde auf diese Weise der religionsunterrichtliche Handlungszusammenhang, wie er sich in der Schule als Unterricht tagtäglich konstituiert. Für die Hinführung zum Unterricht in der religionspädagogischen Ausbildung ging ich nun daran, dieses Alltagshandeln – zunächst mein eigenes und dann jenes von Kolleginnen und Kollegen –

systematischer zu beobachten, zu rekonstruieren, es religionsdidaktisch zu reflektieren und daraus verallgemeinerbare Modelle des Handelns zu entwickeln. Zentrale Frage war dabei: Welche eigene Handlungslogik ergibt sich aus den jeweiligen unterrichtlichen Erfordernissen? Ein Ergebnis dieser Bemühungen stellen die in diesem Buch dargestellten Grundmodelle des unterrichtlichen Handelns dar.

Diese Modelle wollen nicht eine bestimmte Form des Religionsunterrichts normieren oder gar zementieren; sie wollen gangbare Wege schülergemäßen und sachgerechten Unterrichtens zeigen, auf denen der Anfänger gehen kann, um im komplexen »Gebirge« der Unterrichtssituation Handlungskompetenz zu erlangen. Hat er sich mit der Eigenart der »Gegend« vertraut gemacht und Sicherheit gewonnen, so kann, ja soll er seinen eigenen Schritt und Tritt finden. Auch hier hat sich die pädagogisch-didaktische Begleitung im besten Sinne überflüssig zu machen. Wobei der gefundene eigene Schritt und Tritt nicht beliebig sein kann: Er muss auf die komplexe Handlungssituation abgestimmt sein, damit das Handeln nicht »abstürzt«. Die hier vorgestellten Grundmodelle stellen jeweils ein Wegesystem dar; sie wollen ermutigen, andere Wegesysteme des professionellen Handelns im Religionsunterricht zu finden.

Unterrichten ist in dieser Weise auch eine Kunst des Handelns: Es muss auf die Handlungssituation abgestimmt sein, es erfordert ein waches Auge, es muss genau sein, man muss es üben, darin Erfahrungen machen, und es braucht einige Jahre, bis man diese Kunst beherrscht. Wie bei jeder Kunst, gilt es dabei, Regeln zu erlernen, nicht, um sie danach sklavisch anzuwenden, sondern schöpferisch mit ihnen umzugehen. Und auch beim Unterrichten ist die reifste Form des Handelns jene, die von Intuition geleitet ist. Jedoch auch hier: Intuition steht am Ende eines langen Prozesses, nicht am Beginn; sie ist erfahrungsgesättigt; sie ist nicht gegen die

Regeln gerichtet, sondern weiß um ihre Reichweite und damit auch um ihre Begrenzung. Ihr trauen zu können, ist die Frucht der erfahrenen Praktikerin und des erfahrenen Praktikers.

Dieses Buch ist zum anderen gedacht für Religionslehrerinnen und Religionslehrer, die schon länger unterrichten und das Bedürfnis haben, ihr eigenes religionsunterrichtliches Handeln zu reflektieren. Die Tätigkeit des Unterrichtens erzwingt in gewisser Weise ständig Reflexion, Vergewisserung, Einordnung neuer Erfahrung; gerade heute, in einer Zeit des beschleunigten gesellschaftlichen Wandels. Von diesen Veränderungen sind alle Bezugspunkte des Religionsunterrichts betroffen: die Schülerinnen und Schüler, die Lehrerinnen und Lehrer, die kulturelle sowie die religiös-kirchliche Situation und die Schule insgesamt. Unterrichtliche Handlungsweisen, die vor zehn oder zwanzig Jahren sich noch als Lösung anboten, haben inzwischen ihren Glanz verloren oder sich als untauglich erwiesen; andere Lernformen rücken in den Raum der Wahrnehmung und bedürfen der Beachtung. Die neue Situation wirft grundsätzlich die Frage auf, worin denn das religiöse Lernen im Religionsunterricht der Schule heute überhaupt bestehe und welches die grundlegenden Elemente dieses Lernens zu sein vermögen.

In diesem Klärungsprozess wollen die folgenden Überlegungen einen Beitrag leisten. Sie tun dies nicht in erster Linie in theoretischer Absicht – wenn auch theoretische Implikationen immer mitgedacht und mitformuliert sind –, sondern sie wollen reflektiertes und verantwortliches Unterrichten ermöglichen, das seinen Schülerinnen und Schülern sowie seiner Sache gerecht wird. Im Zentrum steht deshalb ein religionsunterrichtliches Handeln, welches sich auf die Entfaltung der Lernpotentiale im schulischen Zusammenhang richtet. Gelingt diese Entfaltung, dann wird der Religionsunterricht von allen Beteiligten: Schülern, Lehrern sowie Eltern als ein sinnvolles und wertvolles Unterfangen erlebt, das gerade in der heutigen Schule einen wichtigen Platz einnimmt. Eine solche Legitimation von innen, d.h. von der unmittelbaren Erfahrung und Einschätzung derjenigen, die direkt mit ihm zu tun haben, ist unverzichtbar und muss zur Legitimation von außen über schulpädagogische Begründungen sowie rechtliche und politische Abstützungen hinzutreten, soll der Religionsunterricht auf Dauer in der Schule verankert sein.

An dieser Stelle möchte ich mich bei allen bedanken, die bei der Entstehung und Abfassung des Manuskripts in irgendeiner Weise einen Beitrag geleistet haben; für ein kritisches Gegenlesen von Teilen des Manuskripts bedanke ich mich bei Herrn Ingemar Schoen, bei meinen Freunden Wolfgang Seitz und Toni Rotter. Für die vielen Hilfen bei der Textverarbeitung gilt meinem Freund Ulrich Gocke Dank, der mich oft mit einem Knopfdruck aus ausweglosen Situationen gerettet hat. Besonders bedanken möchte ich mich bei meiner Frau Maria, die, selbst erfahrene Lehrerin, von Anfang an die wichtigste Gesprächspartnerin und erste Kritikerin war und darüber hinaus in der Korrektur des Manuskripts ein großes Maß an Geduld aufbrachte.

1. Die Unterrichtsstunde als Grundelement des religionsunterrichtlichen Handlungszusammenhangs

»Die größten
Schwierigkeiten
liegen da,
wo wir sie
nicht suchen.«

Johann Wolfgang von Goethe

Vieles im Religionsunterricht geht schief, weil es zu grob daherschreitet, weil es blind ist für den unterrichtlichen Handlungszusammenhang, auf den es sich richtet. Auch die gegenwärtige religionspädagogische Debatte über die Zukunft des Religionsunterrichts liebt allzu sehr den großen Schritt und sucht entweder in der konzeptionellen Vergewisserung oder in der Klärung der Konfessionsfrage die Probleme heutigen Religionsunterrichts zu lösen. Gegenüber dieser Orientierung des Interesses an religionspädagogischen Makrofragen gerät der religionspädagogische Handlungszusammenhang, wie er sich in der Schule als eigenes Bedingungsgefüge konstituiert, weithin aus dem Blickfeld. Aber es sind gerade die konkreten Bedingungen, die sich den hehren Konzeptionen und Optionen eigenartig entgegenstellen. Tatsächlich: »Die größten Schwierigkeiten liegen da, wo wir sie nicht suchen«: im vergessenen und übersehenen Mikrokosmos des religionsunterrichtlichen Praxisfeldes. Dies heißt nicht, dass die »großen« Fragen nach Konzeption bzw. nach der Zukunft des konfessionellen, konfessionell-kooperativen oder ökumenischen Religionsunterrichts irrelevant wären; aber diese Makrofragen müssen sich an der eigenen Logik des religionsunterrichtlichen Mikrobereichs brechen; erst im Durchgang durch dieses eigentümliche Handlungsgefüge gewinnen sie ihre originäre Bedeutung; erst hier tritt ihr religionsdidaktisches Gesicht in seiner ganzen Ernsthaftigkeit und Schärfe zu Tage.[1] Denn die Bedingungen des religionsunterrichtlichen Handlungszusammenhangs stellen nicht nur Begrenzungen dar, sondern sie enthalten auch die eigentlichen Möglichkeiten des religiösen Lernprozesses in der Schule. Diese Potentiale zu entdecken, zu heben und zur Gestalt zu bringen, stellt die eigentliche Aufgabe, besser: die Kunst des Unterrichtens dar.

Ein wesentliches Grundelement des religionsunterrichtlichen Handlungszusammenhangs ist mit der Unterrichtsstunde gegeben. Gerade ob ihrer Selbstverständlichkeit gehört sie wohl zu den am meisten ignorierten oder verkannten Bedingungen nicht nur heutigen Religionsunterrichts, sondern der Schule überhaupt. Häufig erscheint sie als quantitativ-lineares Zeitkontinuum, das, gleich einer leeren Flasche, mit Unterricht zu füllen sei. Unser Unterricht mag sich noch so schülerorientiert, korrelativ oder diakonisch verstehen, – liegt ihm dieses Verständnis zugrunde, dann verfehlt er die Schüler: Vieles wird an ihnen vorbeifließen; er verfehlt auch die Sache des Religionsunterrichts und mit ihr die religiöse Qualität seiner Lernprozesse. Dagegen weist die Unterrichtsstunde ein qualitativ-gestalthaftes Gefüge mit eigener Dramaturgie und spezifischer Zeitstruktur auf. Und die Möglichkeiten und Chancen des Lernprozesses sind in diesem eigentümlichen Gefüge verborgen.

Häufig wird die Unterrichtsstunde, zumal in universitären Reflexionen über die »Praxis des Religionsunterrichts«, gerne vor allem unter dem Gesichtspunkt wahrgenommen, dass sie das Lernen einschränke: Wie solle man das, worum es dem Religionsunterricht gehe, denn im Korsett des 45-Minuten-Taktes realisieren können; Religionsunterricht in der Schule sei deshalb von vornherein ein problematisches Unterfangen. Diese Wahrnehmungsweise ähnelt der jenes Malers, der sich eine entgrenzte Leinwand wünscht, um seine Vorstellungen ins Bild zu setzen. Er wird jedoch bald entdecken, dass mit der größeren Fläche sich neue Probleme einstellen und die alten weithin bleiben. Es gehört gerade zu seiner Kunst, dass er sich auf begrenztem Raum auszudrücken vermag. Unter handlungslogischen Gesichtspunkten liegt in der Begrenzung die Bedingung des Handelns. Durch das Begrenzungsgefüge konstituiert sich zugleich das Möglichkeitsgefüge, das eigentümliche Reservoir an Potentialitäten des Lernprozesses. Für Schüler und Lehrer hätte es wohl ungemein erschwerende Konsequenzen, würde die Unterrichtsstunde auf 60, 80 oder gar auf 100 Minuten ausgedehnt.[2] Vermutlich schlägt sich in der 45-minütigen Begrenzung der Unterrichtsstunden nieder, was sich in einem langen historischen Erfahrungsprozess der Institutionalisierung von Unterricht als ein gutes Maß schulischen Lernens herausgebildet hat. Dies heißt nicht, dass nicht auch andere gute zeitliche Maßeinheiten denkbar sind; unterschiedliche Arten des Lernens weisen unterschiedliche Zeithorizonte aus. Darüber hinaus können zeitliche Lerneinheiten in bestimmten Projekten immer auch geöffnet und erweitert werden. Gleichwohl tun alle unterrichtlichen Zeiteinheiten gut daran, die Grenz- und Möglichkeitsstrukturen zu berücksichtigen, wie sie im 45-Minuten-Maß ansehnlich werden. Das Problem von Schule und Unterricht liegt heute weithin nicht so sehr in ihrer Begrenzung, sondern in ihrer Grenzenlosigkeit gegenüber den Schülerinnen und Schülern: der Grenzenlosigkeit fachwissenschaftlicher Ansprüche, des Lehrplans, der ständig produzierten Eindrücke, des dauernden Geredes; der Maßlosigkeit der von außen bestimmten Zeit und der ständig geforderten Aufmerksamkeit etc. Die Schule muss ihre Maßlosigkeit überwinden, sie muss ihre Grenze finden vor der Welt der Schülerinnen und Schüler. Richtet sich das unterrichtliche Handeln an diesen Grenzstrukturen aus, eröffnen sich ihm gleichzeitig die Möglichkeitsstrukturen des Lernens; ignoriert es diese Grenzen, geraten ihm zugleich die Potentiale des Lernens aus dem Blickfeld. Beides gehört zusammen; es sind die zwei Seiten derselben Medaille. Diese Paradoxie gehört zur Eigenart des unterrichtlichen Handelns: Ist unser unterrichtliches Verhalten grenzenlos, geht es an den Schülerinnen und Schülern vorbei, und das Lernen ist ein frustrierendes und wenig ergiebiges Unterfangen; beachten wir dagegen die Grenzen, vermögen die Lernprozesse eine weithin ungeahnte Vielfalt und Intensität zu erlangen.

Im Folgenden soll es deshalb um die Dramaturgie und die eigene Zeitstruktur der Unterrichtsstunde gehen: in der Perspektive eines Grundmodells des Unterrichtsaufbaus bzw. der Unterrichtsgestaltung.

Dabei verwende ich weithin die gebräuchlichen Formulierungen des unterrichtlichen Phasenverlaufs. Diese unterschiedlichen Phasen sind jedoch nicht fachwissenschaftlich, d.h. theologisch, etwa aus dem Prinzip der Korrelation deduziert, obwohl sie sich im Nachhinein vor dem Hintergrund des korrelativen Wechselspiels von Glaube und Erfahrung interpretieren lassen. Diese Phasen sollen in sich die Logik des religionsunterrichtlichen Handlungszusammenhangs deutlich machen und widerspiegeln, wie er sich in der Schule konstituiert.

Zur Dramaturgie des Unterrichtsaufbaus

Es lassen sich sechs Phasen des Unterrichtsverlaufs unterscheiden, in denen sich die Dramaturgie einer Unterrichtsstunde entfaltet. Dabei weist jede dieser sechs Phasen eine eigene Notwendigkeit und Dignität auf:

- Vorphase des Unterrichts,
- Motivation/Dramaturgische Platzierung,
- Erarbeitung,
- Sicherung / Vertiefung,
- Ausdruck / Gestaltung,
- Ausklang.

Vorphase des Unterrichts

Die Stunde beginnt mit dem Klingelzeichen; der Unterricht beginnt, wenn der Lehrer ihn eröffnet. Die Phase zwischen Stundenbeginn und Unterrichtsbeginn möchte ich als die vorunterrichtliche Phase bezeichnen. Dass uns diese Phase heute als Problem und Aufgabe der Unterrichtsgestaltung ins Bewusstsein tritt, hängt mit den veränderten Bedingungen von Kindheit und Schule zusammen. In dieser Phase geht es um Voraussetzungen von Unterricht, die sich der Unterricht selber schaffen muss: um die Herstellung eines gemeinsamen Erfahrungs- und Lernraumes, in dem die religionsunterrichtlichen Lernprozesse stattfinden können. Wird dieses Fundament nicht geschaffen, dann kommt es im späteren Unterricht aufgrund der nichterledigten Aufgaben des Anfangs immer wieder zu Störungen und Konflikten, mag sein Verlauf auch noch so minutiös durchdacht und geplant sein. Genauerhin sind in dieser Vorphase des Unterrichts vier Aufgaben zu lösen:

Die Gestaltung des Klassenzimmers und der dinglichen Voraussetzungen

Kinder, ebenso wie Erwachsene, nehmen die Lernsituation ganzheitlich wahr. Die *Räumlichkeit* des Lernortes wirkt sich in starker Weise auf ihr Reagieren und Verhalten aus. Es ist der Unterschied zwischen einem gedeckten und einem nicht gedeckten Tisch in einem gestalteten oder nicht gestalteten Raum, an den sich eine Gruppe zum Essen setzt. Obwohl wir in fundamentaler Weise auf die räumliche Strukturierung und Ästhetik reagieren, ist dies den Schülern und leider auch vielen Lehrern weithin nicht bewusst: Die Räumlichkeit gehört zum großen Reservoir der un- bzw. vorbewussten Bedingungsfaktoren des Unterrichtens; von ihr kann Unruhe oder Ruhe, Diffusion oder Konzentration angeregt werden. In der Grundschule ist hier ein gewisses Bewusstsein vorhanden; je höher jedoch die Klassen, desto zufälliger und auch phantasieloser stellen sich die Räume dar. Oft konkurrieren sie mit der Sterilität von Krankenzimmern in Kliniken, unterbrochen vielleicht durch einige von den Schülern mitgebrachten Bildern aus Jugendzeitschriften. Vor allem an Gymnasien finden sich weithin die trostlosesten Lernräume. Weder Lehrer noch Schüler würden sich freiwillig längere Zeit darin aufhalten. Lehrerinnen und Lehrer müssen von der Wirkung und Bedeutung der Räumlichkeit wissen, um die vorgefundenen Bedingungen im Klassenzimmer möglichst günstig für das Unterrichts- und Lerngeschehen zu gestalten. Die schlechteste aller Möglichkeiten ist, wenn Meister Zufall regiert und Lehrer – wie Schüler – etwa eine unstrukturierte und zusammenhanglose Sitzordnung, die sich beispielsweise aus der Zusammenlegung zweier oder mehrerer Klassen im Religionsunterricht »einfach so ergibt«, als fraglose Realität des Unterrichtens nehmen. In den allermeisten Fällen gibt es Interventions- und Gestaltungsmöglichkeiten. Die unterschiedlichen Sitzordnungen eignen sich je nach dem Lehr- und Lernstil einer Klasse; in jedem Falle soll die Sitzordnung die unterrichtliche Kommunikation nicht behindern, sondern begünstigen.

Die *Tafel* liegt im zentralen Blickfeld der Schüler; von ihr soll, gerade am Beginn des Unterrichts, Ruhe ausgehen: Die Tafelbilder der vorhergehenden Unterrichtsstunden sollten deshalb abgewischt sein; selbst dann, wenn die Tafel nicht im Unterricht gebraucht wird. Der Religionsunterricht hat, wie jedes andere Fach, ein Recht, mit einer leeren Tafel zu beginnen und die ganze Tafel im Unterricht als Lehr- und Lernmittel benutzen zu können. Oft muss dies vorhergehenden Lehrkräften ins Bewusstsein gebracht werden, die regelmäßig Tafelbilder hinterlassen und über die Schüler der nachfolgenden Lehrkraft mitteilen, dass diese »noch gebraucht werden«. Auch sollte die Tafel nicht mit einem Kreidefilm verschmiert sein: Die Tafel ist das »Heft« des Lehrers (oder der ganzen Klasse), wie umgekehrt das Heft der Schüler ihre »Tafel« ist. Eine gut geputzte Tafel ist wie die neu aufgeschlagene Doppelseite in einem Heft, in der die nun beginnende Unterrichtsstunde Gestalt gewinnen kann; sie gehört zu den Anfangsritualen einer Unterrichtsstunde. Natürlich ist es auch möglich, eine Unterrichtsstunde mit einem Tafelbild zu beginnen, das der Lehrer vor dem Unterricht an der Tafel gestaltet hat. Dieses Tafelbild gehört aber dann zur neuen Unterrichtsstunde. Meist ist es in solchen Fällen besser, das Tafelbild im Inneren der Tafel anzubringen, sie zu schließen und am Beginn aufzuschlagen.

Prinzipiell geht es darum, den »neuen« Unterricht nicht mit »altem« zu belasten. Dies trifft auch auf den »*Arbeitsplatz*« *der Schüler* zu: Hefte und Bücher der vorhergehenden Stunden oder auch sonstige Dinge auf den Tischen lenken ab. Es ist beispielsweise kein Zeichen von Schülergemäßheit, wenn die Kinder Trinkflaschen zur immerwährenden Verwendung auf ihren Tischen stehen haben, so wichtig das Trinken für die Schüler und für das Lernen ist; oder wenn sich auf den Arbeitstischen Teddybären oder sonstige »Spiel-Lernsachen« befinden, die heute in allen bunten Farben und Formen von der Schülerbedarfsindustrie zuhauf angeboten werden. Gerade hier gilt: Wenn ich arbeite, arbeite ich, wenn ich trinke, trinke ich, wenn ich spiele, spiele ich: Alles muss in der Schule zu seinem Recht kommen, jedoch nicht alles zusammen. Gerade vom unmittelbaren Blick- und Handlungsfeld der Schüler soll Aufmerksamkeit und Konzentration angeregt werden. Der Lehrer muss dieses Problem wahrnehmen; in den unteren Klassen ist er für den Arbeitsplatz der Schüler mitverantwortlich: Hier ist es erforderlich, den Schülerinnen und Schülern genaue Anweisungen zu geben, welche Lern- und Arbeitsmaterialien sich auf den Tischen befinden sollen; u.U. ist es hilfreich z.B. zu sagen: »Schließt euer Mäppchen und legt es mit dem Heft und dem Buch an eure obere Tischecke«. In den höheren Klassen sollten hier die Lehrkräfte mit den Schülerinnen und Schülern in partnerschaftlicher Weise Übereinkünfte suchen.

Zu den dinglichen Voraussetzungen zählt weiterhin die *frische Luft* im Klassenzimmer, für die der Lehrer sorgen muss; sie gehört zu den physiologischen Voraussetzungen des Lernens und der Entwicklung von Energie und Konzentration. In diesen Bereich fällt ebenso die Wahrnehmung und Gestaltung der *Lärm- und Lichtverhältnisse*. Meist ist es günstiger, vor dem Unterricht zu lüften und dann die Fenster zu schließen, um den Außenlärm möglichst gering zu halten.

Einen weiteren Bereich bildet das Herrichten und das kurze Ausprobieren der *Geräte*, die im Verlauf der Unterrichtens verwendet werden: Tageslichtprojektor, Kassettenrecorder, Film etc. Beispielsweise haben viele Klassenzimmer zwar einen Tageslichtprojektor, jedoch keine oder nicht genügend freie Fläche für die Projektion der Folien. In der vorunterrichtlichen Phase kann der Lehrer solche Probleme wahrnehmen und Lösungen suchen. Ein Film muss zuvor eingelegt, kurz angespielt und eingestellt werden; es ist auch günstig, die Verdunkelung schon jetzt zu betätigen und die Beleuchtung einzuschalten; gleiches gilt für die Verwendung des Diaprojektors. Prinzipiell geht es darum, dass die verwendeten Unterrichtsmittel später, wenn sie im Unterricht eingesetzt werden, keine Störungen verursachen, die den Unterrichtsprozess abbrechen lassen.

Offene Beziehung zu den Schülerinnen und Schülern

Zentrales Moment der vorunterrichtlichen Phase ist die Herstellung einer Beziehung zu den Schülerinnen und Schülern jenseits der Einschränkungen des Unterrichts. Unterricht konstituiert sich durch eigene Grenzen und Begrenzungen des Handelns und Wahrnehmens: auf ein Fach, ein Thema, bestimmte Unterrichtsziele, Unterrichtszwecke, auf bestimmte Medien, Lernverfahren und Lernschritte etc. Durch diese Eingrenzungen erst werden die Bedingungen schulischen Lernens geschaffen: vor allem Fokussierung und Konzentration des Interesses auf Elementares. Umgekehrt gilt aber auch: Diese Fokussierung geht mit einer Eingrenzung und Reduzierung der Wahrnehmung einher. Von hier aus ergibt sich das Erfordernis einer Balance zwischen Offenheit und Fokussierung als Notwendigkeit des Lehr- und Lernhandelns. Wird diese Balance nicht gesucht, dann geraten Schule und Lehrer in Gefahr, die Kinder und Jugendlichen nur noch in ihrer Rolle wahrzunehmen: als Schüler und Lernende im Religionsunterricht, in Mathematik, in Deutsch etc. und in Bezug auf die Ziele dieser Fächer. Eine Folge dieser »institutionellen Blindheit des Lehrerhandelns«[3]: Häufig haben Lehrer, die jahrelang mit denselben Schülern wöchentlich zwei oder mehrere Stunden zusammen sind, den Eindruck, sie wüssten nichts von ihnen. Die oft empfundene Seelenlosigkeit heutiger Schul- und Unterrichtswirklichkeit hängt mit dieser funktionalen Reduktion zusammen. Wenn dagegen, wie das Selbstverständnis heutiger Religionslehrerinnen und -lehrer zeigt, dem Religionsunterricht die »Identität«[4] seiner Schülerinnen und Schüler wichtig ist, dann muss er sich für ihr Leben und für ihre Welt öffnen. Die Vorphase des Unterrichts enthält die Möglichkeit, vor den unterrichtlichen Einschränkungen die Schülerinnen und Schüler in einer offenen Weise wahrzunehmen: die Klasse als Gruppe in ihrer besonderen Stimmung, ihren »Klassengeist« sowie einzelne Schüler. Der Lehrer nimmt die Signale der Schülerinnen und Schüler wahr; er ist ansprechbar; er hat einen Blick für ihre Gegenwärtigkeit. Und diese Gegenwärtigkeit muss oft zu ihrem Recht kommen können, bevor im Unterrichtsprozess von ihr fortgeschritten werden kann. Dieser Blick auf die Kinder und Jugendlichen in ihrer Besonderheit, in ihrem Wachsen, in ihren Selbstdefinitionen[5] ist die Basis der Lehrer-Schüler-Beziehung, die für den Unterricht von entscheidender Bedeutung ist. In der vorunterrichtlichen Phase werden hierzu die Weichen gestellt.

Das, was erfahrene Klassenlehrerinnen und -lehrer vor der ersten Unterrichtsstunde von 7.45 Uhr bis 8.00 an Gewinn für ihren Unterrichtstag allein dadurch beziehen, dass sie einfach da und für die Schülerinnen und Schüler als Mensch ansprechbar und erreichbar sind, muss grundsätzlich für jede Lehrkraft und jedes Fach gelten, wenn auch vor der ersten Unterrichtsstunde hierfür sicherlich ein breiterer Raum zur

Verfügung steht. Bevor wir mit den Schülern lernen, müssen wir mit ihnen zusammenkommen; bevor wir von ihnen etwas wollen, müssen wir ihnen begegnen; bevor wir sie zu Zielen führen, müssen wir sie in ihrer konkreten Verfassung annehmen. Dabei wird eine Logik des unterrichtlichen Handelns deutlich, die prinzipielle Bedeutung hat: von der Offenheit zur Strukturiertheit, vom Ganzen zum Detail. Nur wenn sich die Kinder und Jugendlichen wahrgenommen und mitgenommen fühlen, werden sie die unterrichtlichen Lernwege auf Dauer mitgehen. Diese offene Beziehung zu den Schülern hat auf einer grundsätzlichen religionspädagogischen Ebene auch damit zu tun, dass ein konkreter Lehrer viele Stunden seines Lebens mit konkreten Schülern verbringt und mit ihnen diese unwiederbringliche Lebenszeit teilt. Dieses Mitleben ist ein Aspekt des Lehrerseins, den wir zukünftig stärker betonen sollten, gerade wenn wir »es mit den Lebensproblemen der Schüler aufnehmen (müssen), bevor wir ihre Lernprobleme lösen können«, wie Hartmut von Hentig jüngst gefordert hat.[6]

☞ *Das Mitleben, das unwiederbringliche Teilen der Lebenszeit ist ein Aspekt des Lehrerseins, den wir stärker betonen sollten.*

Bezug zur eigenen Person

Nach der Herstellung einer Beziehung zu den Schülern liegt ein weiterer Aspekt der vorunterrichtlichen Phase darin, dass der Lehrer eine Beziehung zur eigenen Person sucht. Dies hat etwas mit Ruhigwerden, mit Konzentration und mit einer kurzen Besinnung zu tun. Wie eine gute Rede mit einem Augenblick der Stille »anfängt«, so soll die Unterrichtsstunde mit diesem Moment der Konzentration und Ruhe beginnen. Es ist eine Art »Tiefung«, die hierdurch hergestellt wird. Dieser Begriff stammt aus der Gestaltpsychologie und meint, dass eine Person zu ihren Tiefenschichten eine Beziehung sucht, bevor sie sich zum Ausdruck bringt. Ebenso wie sich Hektik und Unruhe auf die Klasse überträgt, hat ein Moment der Ruhe und Konzentration Auswirkungen auf die Schüler. »Religiös wird Sprache niemals vom Thema, sondern ausschließlich von ihrer Qualität her« (Hubertus Halbfas).[7] Und diese Sprach- und Ausdrucksqualität vermag sich hier schon anzubahnen. Dieser Bezug zur eigenen Person vor den Schülern kann damit einhergehen und verbunden werden, dass Lehrerin oder Lehrer den räumlichen Ort im Klassenzimmer einnimmt, der der eigenen Person und dem eigenen Religionslehrersein angemessen ist. Wenn dieser Ort immer derselbe ist, kommt es zu wichtigen Ritualisierungen und »Verankerungen«: Schüler und auch die Lehrkraft verbinden mit der Einnahme dieses Ortes den Moment der Konzentration und das Signal, dass nun gleich der Unterricht beginnt.

Körperlichkeit

Überhaupt ist es günstig, wenn die vorunterrichtliche Phase mit einer körperlichen Synchronisierung abschließt. Die einfachste Form: Lehrer und Schüler stehen auf, werden ruhig, begrüßen sich und setzen sich wieder hin. Im Religionsunterricht bietet es sich an, nach der Begrüßung ein Gebet oder einen Text zur Meditation und Besinnung zu sprechen; Lehrer, einzelne Schüler und die ganze Klasse können sich von Stunde zu Stunde abwechseln. Den Schülern sollte die Möglichkeit gegeben werden, hierzu eigene Texte mitzubringen, die für sie Bedeutung haben (Gebete, Liedverse, Zitate etc.). Ein qualitativer Unterschied ergibt sich in gemeinsam gesprochenen Gebeten über die erzeugte kollektive Rhythmik; ein Herunterleiern sollte dabei jedoch vermieden werden. Noch wirkungsvoller an dieser Stelle ist ein Lied, das die Schüler im früheren Unterricht gelernt haben. In den unteren Klassen vermögen Bewegungslieder, deren Inhalt und Symbolik die

Schüler in Gesten und Bewegungen nachvollziehen, kleine Wunder zu bewirken: Immer geht es darum, über eine gemeinsame körperliche Bewegung der un- oder verschiedengerichteten Energie der Schüler eine Form zu geben und über die äußerliche Gemeinsamkeit eine innere Gleichgestimmtheit und Synchronisation anzuregen. Diese Gleichgestimmtheit ist eine Konstitutionsbedingung von Unterricht: Unterrichtliche Lernprozesse sind wesentlich gekennzeichnet durch ein gemeinsames oder besser, durch ein kollektives Lernen. Hierin unterscheiden sie sich von anderen Formen der Wissensaneignung; hierin unterscheiden sich vor allem auch Religionsunterricht und Schulseelsorge.[8]

Die fehlende Gleichgestimmtheit der Schüler ist es, die in der Schule heute weithin zum Problem geworden ist: Schülerinnen und Schüler sind mit sich, ihren inneren Impulsen und Gefühlen, mit ihrer Situation zu Hause oder auf dem Schulhof etc. beschäftigt und werden davon bewegt. Je heterogener die konkrete Gestimmtheit einer Klasse infolge der aktuellen Situation oder aufgrund ihrer Gesamtverfassung induziert ist, desto wichtiger wird die körperliche Synchronisation am Beginn des Unterrichts. Sie hat nichts mit Drill oder gar mit Gleichschaltung zu tun; sie versucht die unabdingbaren Bedingungen für den gemeinsamen Lernprozess herzustellen. Wir werden in späteren Phasen der Unterrichtsstunde die Notwendigkeit des Wechsels vom kollektiven zum individuellen Lernen und der Balance zwischen beidem entdecken; zu Beginn der Stunde ist es jedoch zumeist die kollektive, gemeinsame Seite des Lernens, die im Vordergrund steht.[9]

Es ist sicherlich nicht zufällig, dass wir in den letzten Jahren ein Bewusstsein für die körperliche Dimension des Lernens entdeckt haben: Entspannungs- und Stilleübungen, Meditation, Autogenes Training, Tanz, Bewegungsübungen[10], Tai Tchi, edu-kinästhetische Übungen[11] etc. haben in viele Formen des außerschulischen Lernens Eingang gefunden. Eben weil uns heute die Körperlichkeit zum Problem geworden ist. Vor allem in der Schule macht uns die »motorische« und »hypermotorische« Energie der Schüler zu schaffen. Es geht jedoch darum, diese Körperlichkeit der Schüler nicht nur als Störung des Unterrichts wahrzunehmen. Im Gegenteil: Solche »Störungen« bringen uns vom Unterricht nicht weg, sondern sind Indikatoren, Symptome, die uns den Weg zu einem angemessenen unterrichtlichen Handeln weisen. In den körperlichen »Störungen« steckt die Energie, wir könnten auch sagen, die fehlgeleitete Energie des unterrichtlichen Lernens. Über die Wahrnehmung der Körperlichkeit und über ihre unterrichtliche Gestaltung gilt es, die in ihr steckenden Antriebskräfte in das unterrichtliche Lernen einzubringen. Die Palette dieser körperlichen Ausdrucks- und Synchronisationsmöglichkeiten ist breit; vieles muss einfach entdeckt und zur Kenntnis genommen werden, was vor Ort von vielen Praktikerinnen und Praktikern aus der Not heraus entwickelt und mit Erfolg praktiziert wird.[12] Dabei hat sich in den letzten Jahren in den unteren Klassen eine selbstverständlichere Praxis herausgebildet. Das Problem stellt sich jedoch ebenso in der Sekundarstufe I und II. Auch hier gilt es, die noch zaghaften Ansätze an angemessenen Formen zu erweitern und neue Möglichkeiten zu entdecken und zu erproben. So begann etwa in der Adventszeit der Lehrer eines Gymnasiums die Stunde mit einer Oberton-Klangschale. Hierzu versammelte sich die Klasse in einem Kreis auf dem Boden im hinteren Teil des Klassenzimmers. Die Klangschale wurde ausgepackt und in die Mitte gestellt. Der Lehrer schlug den ersten Ton an und gab das Anschlagholz weiter; drei Schüler konnten die Klangschale anschlagen und dabei die Länge der Pause dazwischen selbst bestimmen. Danach las der Lehrer eine kurze Adventsgeschichte vor. Ein letzter Anschlag durch den Lehrer beendete diese kurze Meditation. Die Schülerinnen und Schüler kamen dabei zur Ruhe über das aufmerksame Hören auf die verklingenden Töne, durch die Wahrnehmung der Stille in der Lerngruppe sowie die Symbolik der Geschichten.[13] Viele Formen außerschulischen Lernens, die sich zunehmend »ganzheitlich« verstehen, vermögen hier sicherlich wichtige Impulse für den Unterricht zu geben.

• *Motivation/Dramaturgische Platzierung*

Nachdem in der Vorphase die Voraussetzungen gestaltet wurden, beginnt nun der Unterricht im eigentlichen Sinne mit der Motivation oder – aus einer etwas anderen Perspektive formuliert –, mit der dramaturgischen Platzierung der Sache, um die es in der Unterrichtsstunde gehen soll. Die Aufgabe dieser Phase ist es, das Interesse der Schülerinnen und Schüler nach außen auf den zu erarbeitenden Inhalt, genauer: auf das Hauptmedium zu richten.[14] Die Schüler sollen die Bereitschaft entwickeln, die Wahrnehmung ihrer inneren Impulse und Regungen zugunsten dieser Außenorientierung zurückzustellen. Die Lehrkraft ist in ihrer Unterrichtsgestaltung für den sensiblen Haushalt zwischen Außen- und Innenorientierung der Schüler verantwortlich. Beide sind wichtige »Aggregatsformen« schulischen Lernens; beide sind jedoch immer nur begrenzt aufrechtzuerhalten, wobei sie sich gegenseitig bedingen und ermöglichen. Das Ignorieren dieses eigentümlichen Aggregatshaushaltes ist eine der wesentlichen unterrichtlichen Ursachen für Unruhe und Unlust in den Klassenzimmern der heutigen Schule. Analog zum kollektiven Lernen steht am Beginn der Unterrichtsstunde meist die Außenorientierung der Schüler, das Interesse am neu zu lernenden Gegenstand.
Ein wichtiger Aspekt der Herstellung dieser Außenorientierung in der Motivationsphase ist die Mobilisierung von Energie für die folgende Erarbeitung und Erschließung. Dabei

☞ *Je ganzheitlicher die sinn-*
liche Wahrnehmung in der Mo-
tivationsphase, desto umfassen-
der aktualisieren die Schüler/-
innen ihre Lernenergien.

spielen die unterschiedlichen sensorischen Erfahrungszugänge über die Sinne, vor allem über das Ohr, das Auge, und über den Bereich der Kinästhetik[15] eine besondere Rolle; sie müssen angeregt und »aufgeschlossen« werden. Eine Lehrkraft, die einen Kieselstein aus der Tasche nimmt, ihn den Schülerinnen und Schülern zeigt, unter Umständen herumreicht, etwas zu seiner Größe, Härte, zu seinen im Flussbett abgeschliffenen Ecken und Kanten etc. sagt und dann den Hinweis gibt, dass in der nun folgenden Geschichte ein solcher Stein eine wichtige Bedeutung hat, vermag für die Erzählung von David und Goliat (1 Sam 17,1-50) in stärkerer Weise die Lernbereitschaft zu mobilisieren, als wenn sie nur eine mündliche – und damit nur den akustischen Zugangskanal der Schüler ansprechende – Hinführung gibt. Je »ganzheitlicher« die sinnliche Wahrnehmung in dieser Phase, desto umfassender aktualisieren die Schüler ihre Lernenergie. Und diese Sinnlichkeit ist mit sehr einfachen Mitteln viel häufiger möglich, als es auf den ersten Blick erscheint. Andererseits: Einer umfassenden Sinnlichkeit sind in der Schule aus mancherlei Gründen immer wieder Grenzen gesetzt. Nicht zu jedem Stundenthema vermag der Lehrer einen sichtbaren, greifbaren und hörbaren Gegenstand mitzubringen. Dies ist auch nicht notwendig und wäre zudem nicht wünschenswert. Fehlt die konkrete Sinnlichkeit, dann kann der Lehrer sie durch eine bildhafte, anschauliche Sprache in der Phantasie der Schüler, quasi auf ihrer »inneren Bühne« anregen und lebendig werden lassen. Er kann erzählen, etwa von dem Kieselstein, den jede Schülerin und jeder Schüler schon einmal aufgehoben, in der Hand gehalten, angeschaut und gespürt hat etc. Die buntesten und lebendigsten Geschichten sind ja bekanntlich in Ermangelung von bunter und lebendiger Realität als »Geschenk der Wüste« entstanden.[16] Auch die Phantasie kann die Sinne der Schüler wecken und aufschließen. Hier wie in vielen anderen Aspekten des Unterrichtens liegt fast alles in der Vermeidung eines Monismus, vor allem der häufig alleinigen Kultivierung des dürren Wortes im diskursiven begrifflichen Lehrer-Schüler-Gespräch und, damit zusammenhängend, der nur akustischen Zugangsweise in der heutigen Schule. Dagegen geht es um einen Wechsel von Stunde zu Stunde, um eine Balance zwischen akustischen, visuellen und kinästhetischen Motivationen. Diese Balance ist auch von den Schülern her erforderlich, eben weil es Schülertypen gibt, die mehr visuell, mehr akustisch oder mehr kinästhetisch in ihrer Weltwahrnehmung geprägt sind. Soll sich der Unterricht nicht nur auf einen Schülertyp beziehen, dann muss er den verschiedenen Erfahrungszugängen der Schülerinnen und Schüler gerecht werden.[17] Gerade in der Motivationsphase, welche die Lernbereitschaft wecken und die Lernenergie aktivieren soll, ist diese Vielgestaltigkeit besonders erforderlich.

Viele Motivationen lassen sich auf drei unterschiedliche Motivationsstrategien zurückführen:

- *Motivation von einem thematischen Zusammenhang her*: Dieser thematische, inhaltliche oder intentionale Zusammenhang ist bei den Schülern bereits lebendig; die Motivation spricht ihn an und macht deutlich, dass die neue Unterrichtsstunde in ihn eingebettet ist;

- *Motivation von den Erfahrungen der Schüler her*: Sie spricht Erfahrungen und Erlebnisse der Schüler an, aktualisiert sie und macht deutlich, dass die heutige Stunde mit diesen Erfahrungen zu tun hat;

- *Motivation vom Hauptmedium der Stunde her*: Das Medium der Unterrichtsstunde besitzt in sich eine Motivationskraft, wie etwa ein Bild; ein schön gestalteter Text im Buch oder auf einem Arbeitsblatt; eine Geschichte, bei der es genügt zu sagen: »Ich erzähle euch heute eine Geschichte«, oder bei einem Märchen: »Es war einmal«; ein realer Gegenstand oder ein Symbol, die Thema des Unterrichts sind, etc. Oder – wie im oben genannten Beispiel vom Kieselstein und der Davidserzählung – ein Element, ein Symbol, ein Gegenstand aus dem Hauptmedium wird herausgenommen und zunächst isoliert betrachtet, um dann mit ihm zum Medium überzuleiten. Hierbei tritt ein Verfremdungs- und Vergegenwärtigungseffekt ein, der für die Schülerinnen und Schüler sehr anregend ist.

Jede dieser Motivationsstrategien hat eigene Stärken und Schwächen sowie eigene Voraussetzungen. Die Motivation vom thematischen Zusammenhang her vermag schnell zur Sache zu kommen; sie setzt jedoch voraus, dass die Schüler an diesem thematischen Zusammenhang bereits – zumindest latent – Interesse gefunden haben und bereit sind, sich mit ihm zu beschäftigen. Dieser Einstieg gerät immer wieder in Gefahr, abstrakt und abgehoben von der Erfahrungswelt der Schüler zu verlaufen. Die Motivation von den Erfahrungen der Schüler her macht den Schülern deutlich, dass es im Unterricht um ihr eigenes Leben geht; sie hat jedoch zur Voraussetzung, dass sich das Unterrichtsthema tatsächlich auf die Lebenswelt der Schüler zurückführen lässt, was in einem korrelativen Religionsunterricht zwar oft, jedoch nicht immer bzw. nicht immer so leicht möglich ist. Die Motivation vom Hauptmedium her hat ihre Stärke in der Dramaturgie sowie in der sinnlichen Unmittelbarkeit; Voraussetzung ist jedoch ein Medium, welches sich dafür eignet bzw. aus dem sich ein Element herauslösen und darstellen lässt. Dies ist gerade im Religionsunterricht, aus seinem Bezug zu einer reichen Erzähl-, Bild- und Symboltradition, sehr häufig der Fall, aber in ihm kommen auch Medien vor, bei denen diese

Voraussetzungen weniger oder überhaupt nicht gegeben sind. Bei den Motivationsstrategien liegt das Geheimnis, wie an anderen Stellen des Unterrichtens, vor allem in der Vielgestaltigkeit und in der Mischung. Oft zeigt sich dabei: Was mit dem einen Handlungselement nicht möglich ist, vermag ein anderes.

Je enger der Zusammenhang zwischen der Motivationsphase und dem im Mittelpunkt der folgenden Erarbeitungsphase stehenden Hauptmedium ist, desto »sparsamer« vermag der Unterricht mit der Energie der Schüler umzugehen, desto mehr wird diese begrenzte Ressource später tatsächlich für den Erarbeitungsprozess zur Verfügung stehen können. Ein Unterricht, der beispielsweise mit einem Bild motiviert, um dann einen Text zu erarbeiten, geht in vielen Fällen sehr verschwenderisch mit der Lernenergie der Schüler um. Denn die meisten im Religionsunterricht verwendeten Bilder haben eine Tiefenschicht; gerade hierin liegt ihre besondere Motivationskraft. Will der Unterricht dieser Tiefenschicht gerecht werden, braucht er Zeit und muss die durch das Bild erzeugte Energie zu einem großen Teil für das Bild selbst verwenden. In jedem Falle ist es vom Energiehaushalt der Schüler her angemessener, mit dem Bild in der ersten Phase nicht nur zu motivieren, sondern dieses Bild als Hauptmedium in der Erarbeitungsphase auch zu erschließen. Umgekehrt: Soll der Text tatsächlich im Mittelpunkt stehen, ist es immer günstiger, wenn die in ihm enthaltenen Motivationspotentiale in der Motivation Verwendung finden (z.B. der Kieselstein in der genannten Davidgeschichte) oder wenn durch eine kurze verbale Motivation zum Text hingeführt wird. Dazu ist es jedoch erforderlich, zunächst die Motivationspotentiale des jeweiligen Hauptmediums zu erschließen und zu entdecken[18] und von hier aus die Motivationsschritte zu bestimmen. Immer jedoch gilt: Die Motivation soll möglichst rasch zum Thema hinführen. Sie gleicht der Einleitung in einem Aufsatz oder Referat und sollte deshalb im Verhältnis zum Ganzen nicht einen zu breiten Raum einnehmen. Wird sie zu lange, dann fehlt später die Energie für den Erarbeitungs- und Erschließungsprozess. Sie ist das Portal, über das wir in die Kathedrale treten: Die Motivation dient letztlich der dramaturgischen Platzierung des Hauptmediums.

Ein Unterricht, der den Schülerinnen und Schülern gerecht wird, vermag sich weithin mit ihrer Energie und nicht gegen ihre Energie fortzubewegen. Deshalb ist die Motivationsphase so wichtig; deshalb geht es in einer Klasse immer auch prinzipiell um die Kultivierung einer Motiviert- und Interessiertheit, auch jenseits der punktuellen Motivationen zu Beginn der Unterrichtsstunde. Diese durch die Motivation aktivierbare Lernenergie der Schüler hat jeweils ein bestimmtes Volumen mit eigenen Möglichkeiten und Grenzen. Aber auch hier liegt das Problem nicht in der Begrenzung. Verstehen wir diese Lernpotentiale zu nützen und die Segel des Unterrichtsschiffs an dieser Energie auszurichten, dann vermag es gute Fahrt zu machen; zuweilen erreicht es auch abgelegenere Inseln, in Sternstunden gar ferne Kontinente. Fehlt jedoch dieser Blick auf die Lernenergie der Schüler, dann wird Unterricht ein Unterfangen des Schiebens und Kämpfens gegen die unterrichtlichen »Naturgewalten«: Das Unterrichtsschiff wird am Ufer entlang dümpeln, oft auf Grund laufen und zuweilen von stürmischer See kräftig unter Wasser gedrückt werden.

● *Erarbeitung*

Vom Energiehaushalt her muss eine Unterrichtsgestaltung, die dem unterrichtlichen Handlungszusammenhang gerecht werden will, eine Option treffen, die weit reichende Bedeutung hat: die Entscheidung für ein Hauptmedium. Die Motivation führt zu ihm hin, die Erarbeitung erschließt es, Sicherung und Gestaltung entfalten die mit ihm geschöpften Erfahrungen und das aus ihm gewonnene Wissen. Dieses Hauptmedium bildet das Mandala einer Unterrichtsstunde, um dessen Zentrum der Unterricht pulsiert. *Ein* (Haupt-)Medium pro Unterrichtsstunde, weil die Erschließung eines Textes, eines Bildes, einer erzählten Geschichte, eines Lehrervortrags- oder Referates etc. in ihrer konkreten dinglichen Materialität einen Großteil der Lernenergie der Schülerinnen und Schüler beansprucht: Fremdes muss entschlüsselt, sein Sinn erschlossen und schließlich zum Eigenen werden. Die Hinwendung zu diesem Fremden und seine Rekonstruktion bilden den energieaufwendigsten Teil im Unterricht. Deshalb auch ein weites Verständnis dessen, was als Unterrichtsmedium zu gelten hat: In den Medien tritt den Schülern ein verschlüsselter Gehalt entgegen, der in dieser fremden Beschaffenheit im Prozess der Erarbeitung und Erschließung verstanden werden soll. Insofern ist auch eine Lehrererzählung oder ein Lehrervortrag ein solches Medium, dessen Gehalt nicht unmittelbar, sondern erst über bestimmte Verfahren des Verstehens in Gänze offenbar wird.

Die Entscheidung für ein Hauptmedium pro Unterrichtsstunde ergibt sich aber vor allem auch von der Qualität der religiösen Lernprozesse her: Weil wir die technischen und logistischen Voraussetzungen über Buch, Kassettenrecorder, Dia-, Film-, Tageslichtprojektor, Kopiergerät, Medienzentralen etc. heute besitzen, entsteht die Gefahr, dass wir die Medienflut, der die Schüler vielfach zu Hause ausgesetzt sind, im Unterricht reproduzieren: Ein Bild oder ein Lied auf Kassette zur Motivation, ein Text zur Erarbeitung, eine Folie zur Sicherung, ein Arbeitsblatt (gar mit Illustration) zum Transfer und vielleicht ein meditativer Text zum Ausklang – so oder ähnlich sind viele Religionsstunden konzipiert; sie kommen meist nicht zu ihrem Ende, weil die Schüler irgend-

wann nicht mehr mitmachen und von diesem Hochge-
schwindigkeitszug abspringen: Sie werden unruhig und fallen
schließlich von den Stühlen. Und gehörte es nicht zum Ideal
eines audiovisuellen Unterrichts, dass möglichst von jeder Art
ein Medium in einer Unterrichtsstunde vorkommen sollte?
Die Folge: die einzelnen Texte, Geschichten, Bilder, Lieder,
Symbole etc. können nicht erschlossen, sie können nur oberflächlich gestreift werden; Bedeutung wird nicht aus ihnen
rekonstruiert, sondern übergestülpt und ihnen zugeschrieben. An die Stelle der Erschließungserfahrung tritt der ständi-
ge Reiz des Neuen. Dabei werden die großen Ausdrucksformen der christlich-jüdischen Tradition eigentümlich blass
und grau; alles verschwimmt zum immer gleichen katechetischen Medienbrei.

Eine der Hauptaufgaben heutigen Religionsunterrichts besteht darin, dass wir ein neues religionsdidaktisches Verständnis und damit zusammenhängend eine angemessene
Erschließungspraxis der Medien entwickeln. Sie sind nicht
einfachhin »Mittel« zum Zweck, Mittel, über die wir schlicht
bestimmte Lernziele erreichen könnten; ebenso wenig darf es
nur um die Illustration einer außerhalb dieser Medien stehenden Lehre, Botschaft, Theologie oder was auch sonst immer
gehen: Medien haben immer eine Eigenbotschaft, einen Eigenwert, eine Eigenschwere. Und dieser Eigengehalt wird
zugänglich in ihrer konkreten materialen Form. Günter Lange
hat das Problem für die großen Bilder im Religionsunterricht
formuliert und davon gesprochen, dass »jedes Bild ein Einzelfall, unvergleichbar, eigensinnig und von einmaliger Würde« sei.[19] Das gleiche gilt für alle großen Ausdrucksformen
des Christentums: Texte, Geschichten, Lieder, Symbole etc.
Lange beschreibt hieraus ein religionspädagogisches Deside-
rat: »Wir sind Agenten der Theologie und der Kirche, und wir
sind auch Anwälte der jungen Menschen mit ihren Bedürf-
nissen, aber wir müssen vielleicht erst noch lernen, müssen

jedenfalls noch besser lernen, Anwälte der Würde der Gegenstände zu sein, an denen und aus denen wir lernen«.[20]

Die Entscheidung für ein Medium schafft in der eigentümlichen Dialektik des unterrichtlichen Handelns die Bedingung, dass das einzelne Medium den Reichtum seiner in ihm geronnenen Welt im Unterricht offenbaren kann.[21] Von dieser Verlangsamung[22] wird die Qualität der religiösen Lernprozesse im Religionsunterricht entscheidend abhängen. Sie ergibt sich jedoch vor allem aus der unterrichtlichen Handlungslogik, die sich im Religionsunterricht konstituiert, soll die Fremdheit des Mediums zum Eigenen der Schüler werden, oder genauer: soll sich das Eigene der Schüler an der Erschließung des Fremden entwickeln und »bilden« können. Denn Verlangsamung ist die Rückseite von Vertiefung. Ihr Prinzip lautet: nicht immer anderes in gleicher Weise, sondern das Gleiche in immer anderer Weise.

In diesem Erarbeitungs- und Erschließungsprozess lassen sich drei aufeinander aufbauende Schritte unterscheiden. Jede dieser Stufen enthält eigene Handlungsanforderungen, denen der Unterricht nachkommen muss, damit der Erschließungsprozess in Gang kommen kann bzw. nicht aus den Fugen gerät. Es sind dies die Schritte:

- Präsentation,
- Decodierung,
- Interpretation.

Präsentation

Das Medium muss zunächst in den Unterricht eingebracht werden: Es wird präsentiert, d.h. es soll im gemeinsamen Aufmerksamkeitsraum der Lerngruppe eine Gegenwart erhalten. Die Handlungsanforderung: Jede Schülerin und jeder

Schüler muss Zugang zu dieser Präsentation des Mediums haben. Häufig ergeben sich hier schon Probleme, die von Beginn an den Erschließungsprozess behindern. Beispielsweise kann die Sitzordnung den Blick nach vorne auf Tafel, projizierte Folie, Dia etc. verhindern oder erschweren; gerade bei Gruppentischen ist dies häufig der Fall, da einige Schüler ständig Kopf und Oberkörper drehen müssen, um nach vorne zu schauen. So sehr Gruppentische die Integration von Subgruppen in der Klasse fördern, – unter dem Gesichtspunkt der Präsentation und, damit verbunden, der Körperlichkeit der Schüler ist eine solche Lernhaltung auf Dauer höchst problematisch. Die Lichtverhältnisse, die sich unter Umständen an einem Vormittag durch unterschiedlichen Sonneneinfall ändern, können die Folienprojektion unmöglich machen. Werden Bücher verwendet, muss jedem Schüler eines zur Verfügung stehen, bzw. muss er bei seinem Nachbarn mit hineinschauen können. Arbeitsblätter müssen genügend vorhanden sein. Ein Gegenstand, den der Lehrer mit den Schülern betrachtet, muss von allen gesehen werden können; der Lehrer darf beispielsweise hier nicht einigen Schülern mit dem Rücken den Blick versperren etc. Zur Präsentation gehört auch, dass das einzelne Medium in sich übersichtlich gestaltet und klar gegliedert ist. Arbeitsblätter sollten nur enthalten, was auch in der Unterrichtsstunde erschlossen wird; oft werden einfach Buchseiten kopiert und als »Arbeitsblätter« verteilt, wobei dann nur mit einem Text- oder Bildteil unterrichtet wird. Schere und Klebestift sind hier wichtige Werkzeuge eines Lehrers: Was auf einem Arbeitsblatt nicht zum Unterricht gehört, stört den Unterricht und muss weggeschnitten, und das Ganze muss in eine übersichtliche Form gebracht werden. Die Qualität von Schulbüchern lässt sich wesentlich daran messen, ob sie eine solche Übersichtlichkeit und Klarheit in den Doppelseiten aufweisen. Für Schulbücher gilt das »Doppelseitenprinzip«: aus der Erkenntnis, dass ein aufgeschlagenes Buch in seiner Ganzheit auf die Schüler wirkt, sollen die Doppelseiten auch als Ganze gestaltet werden; ein sehr wichtiges Prinzip, dem die unterschiedlichen Schulbücher mehr oder weniger gerecht werden. Häufig ist bei Projektionen die Übersichtlichkeit und Deutlichkeit dadurch stark beeinträchtigt, dass in das projizierte Bild ein Tafelflügel, ein Bild, der Spiegel des Waschbeckens oder ähnliches hineinragt. In den meisten heutigen Klassenzimmern steht ein Tageslichtprojektor und wird dort auch regelmäßig verwendet; in einer Vielzahl dieser Klassenzimmer ist jedoch eine übersichtliche Projektion nicht möglich, weil an ihrer Stirnseite eine genügend große freie Projektionsfläche fehlt oder in die einzige freie Fläche eine Lampe hineinragt etc. Es ist frappierend, wie wenig das Bewusstsein für solche Notwendigkeiten bei den Benutzern von Tageslichtprojektoren und bei Ausstattern von Klassenzimmern vorhanden ist. Hier werden oft auf Jahre hinweg Störungen räumlich installiert, und keiner der Verantwortlichen hat einen Blick dafür. Lernen hat mit einer Reduktion unnötiger Komplexität zu tun, damit die Lernenergie für die sachliche Komplexität des Mediums zur Verfügung stehen kann. Wobei es sicherlich immer um eine altersgemäße Reduktion von Komplexität gehen muss. Letztlich ist jedoch damit auch das Prinzip der Elementarisierung berührt, durch das sich schulisches Lernen vom Alltagslernen unterscheidet.

Die Präsentation schafft das Fundament der Erarbeitungsphase: die sinnliche Wahrnehmung, den sensorischen Ausgangspunkt des Erschließungsprozesses. Deutlich wird dabei: Es geht nie nur um einen Text, ein Bild, ein Lied, einen Film »an sich« etc., sondern jeweils um ihre konkrete dingliche, materiale Gestalt in der Gegenwart des Klassenzimmers: um

> ☞ *Lernen hat mit der Reduktion unnötiger Komplexität zu tun, damit die Lernenergie für die sachliche Komplexität des Mediums zur Verfügung stehen kann.*

einen Text, der in bestimmter Weise von einem bestimmten Lehrer vorgetragen wird oder der auf einem bestimmten gestalteten oder nichtgestalteten Arbeitsblatt oder in einem Buch sichtbar und greifbar ist etc. Denn die Schüler reagieren nicht auf den Text »an sich«, sondern auf seine konkrete Materialität im konkret präsentierten Medium. Inhalt und Form lassen sich hier nicht trennen, zumindest nicht am Anfang des Erschließungsprozesses.

Vonseiten der Schüler findet in der Präsentation die Erstbegegnung mit dem Medium statt. Sie ist entscheidend für ihr weiteres Engagement. Die spontane Reaktion der Schüler auf ein Medium hat einen ganzheitlichen Charakter; der Lehrer darf in der Erstbegegnung diese ganzheitliche Wahrnehmung nicht stören; oft geschieht dies, wenn er beispielsweise in einer Buchdoppelseite oder in einem Arbeitsblatt sofort das Interesse auf ein Detail lenkt. Das Medium als Ganzes wirkt auf die Schüler; und bevor die Konzentration auf einen Teil möglich ist, muss dieses Ganze zu seinem Recht gekommen sein. In der Präsentation ist es erforderlich, diesen ganzheitlichen Eindruck als Handlungsnotwendigkeit zu gestalten. Gerade hier muss das Prinzip leiten: vom Ganzen zum Detail. Dieses Prinzip markiert überhaupt den Weg des Erschließungsprozesses.

Decodierung

Nachdem die Schüler das Medium in dieser Weise wahrgenommen haben, kann nun seine Decodierung beginnen. Verschiedene Mediengattungen unterscheiden sich durch unterschiedliche Codes, in denen ihr Gehalt codiert ist: gesprochene Sprache (Laute), geschriebene Sprache (Buchstaben etc.), Bilder (Farben, Formen, Komposition, Ikonografie), Musik (Melodie, Rhythmus etc.) etc. Sie erfordern jeweils auch eine unterschiedliche Logik der Decodierung. Bei einem geschriebenen Text: Buchstaben, Wörter, Sätze, Satzfolgen müssen in Bedeutungen, Vorstellungen, Zusammenhänge, Bilder, Handlungen etc. überführt und innerlich lebendig werden. Dieser Decodierungsprozess hat mit Arbeit zu tun; er erfordert Zeit und Energie. Die Schüler sind bereit, beides in der ersten Hälfte der Unterrichtsstunde aufzubringen. Häufig jedoch wird diese Decodierungsstufe wenn nicht übersprungen, so doch auf ein Minimum reduziert, mit der Folge, dass der Erschließungsprozess nicht richtig in Gang kommen kann: Die Lehrkraft lässt etwa einen Text vorlesen, um dann Fragen zum Inhalt oder gleich zu seiner Bedeutung zu stellen. Dabei sollte sich jedoch niemand wundern, wenn das Unterrichtsgespräch nur schleppend in Gang kommt und zudem sehr bald vom Text abschweift. Denn durch ein einmaliges Lesen hat der Entschlüsselungsvorgang in der Klasse zwar begonnen; sollen die Schüler den Text und seine Welt jedoch verstehen und an ihm lernen, ist die Decodierung damit bei weitem noch nicht abgeschlossen. Bei einem geschriebenen Text gliedert sie sich in drei aufeinander aufbauende Mikrostufen: mehrere Male lesen, Eindruck, Nacherzählen/mit eigenen Worten formulieren. Es sind allesamt Stufen der Verlangsamung, damit der Text in den Schülern lebendig werden kann:

Mehrere Male lesen: Die Lehrkraft muss sich vor einer Wahrnehmungsverzerrung hüten: Sie versteht sicherlich den Text, nachdem er im Klassenzimmer einmal gelesen wurde; denn sie kennt den Text bereits, unter Umständen schon (etwa bei biblischen Texten) sehr lange und hat ihn vermutlich in ihrer Unterrichtsvorbereitung nochmals gelesen. Für die Schüler trifft dies jedoch nicht zu. Texte müssen deshalb mehrmals, mindestens zweimal gelesen werden. Beim ersten Lesen bekommen die Schüler einen Überblick über Inhalt, Richtung und Rahmen des Textes; häufig stehen dabei auch noch

Probleme des Leseverstehens im Vordergrund. Hier gilt: »Was bekannt ist, ist noch lange nicht erkannt« (Hegel). Wichtig beim mehrmaligen Lesen ist ein Wechsel in den Arten des Lesens: leise lesen, laut lesen, unter Umständen mit verteilten Rollen lesen, nach dem Prinzip: das Gleiche in anderer Weise. Wird das Gleiche in gleicher Weise wiederholt, reagieren die Schüler mit Langeweile: »Das haben wir doch schon gemacht«; nicht so jedoch bei einem Wechsel.

Vor allem bei Texten, deren Sprache den Verstehensvoraussetzungen der Schüler nahe ist, hat sich als eine sehr fruchtbare Kombination die Abfolge erwiesen: 1. leise lesen, 2. laut lesen; nicht umgekehrt. In der Regel genügen bei solchen Texten zwei Durchgänge. Bei sehr schwierigen Texten kann es hilfreich sein, wenn der Lehrer den Text zuerst sinnerfassend vorliest, er im zweiten Durchgang von einer guten Leserin oder einem guten Leser vorgetragen wird und ihn drittens mehrere Schüler abschnittsweise lesen. Bei kürzeren rhythmischen Texten (Gedichte, Gebete, Psalmen, Lieder, Hymnen etc.) vermag es für den Erschließungsprozess sehr anregend zu sein, wenn die ganze Klasse im dritten Durchgang den Text gemeinsam liest. Es gibt jeweils günstigere und ungünstigere Kombinationsmöglichkeiten, die ausprobiert werden müssen.

Je länger ein lesendes Verweilen bei einem Text möglich ist, ohne dass es langweilig wird, desto mehr wird der Text in den Schülern lebendig. Vor allem bei Erzähl- und Erfahrungstexten, in denen sie sich wiederfinden, kann es zu gemeinsamen »Leseerfahrungen« im Klassenzimmer kommen, zum Erlebnis, dass Lesen Freude bereitet. In der Berufsschule konnte ich immer wieder die Erfahrung machen, dass bei solchen, durchaus auch längeren Texten beim leise Lesen zu Beginn der Unterrichtsstunde eine Stille eintrat, in der man eine fallende Stecknadel gehört hätte. Diese fruchtbare Stille ist ein Kriterium für das, was ich »Leseerfahrung« nennen möchte. In dieser ästhetischen Dimension liegt ja auch die lebensweltliche Bedeutung des literarischen Lesens: Es ist zuerst vor allem die Freude, die Menschen veranlasst, Bücher zu lesen. Oft werden schwierige Texte oder Geschichten mit verschlungenen Handlungen gleich von Beginn an abschnittsweise gelesen, um dazwischen Verständnisfragen zu klären. Meiner Erfahrung nach führt dies immer zu einem Verlust der Spannung im Erschließungsvorgang. Auch wenn an einem Text nicht alles verstanden wird, ist es immer besser, zunächst den ganzen Text aufzunehmen und Verständnisfragen später zu klären; zumal Texte eine Redundanz aufweisen, innerhalb derer unverständliche Wörter in ihrer Bedeutung erahnt werden können. Hinzu kommt: Unverständliche Details erhöhen oft die Spannung und regen die Lernbereitschaft an. Unter Umständen kann auch ein unverständliches Wort vor dem Lesen an die Tafel geschrieben und erklärt werden. Weist ein Text eine zu große Menge für die Schüler nicht verständlicher Worte und Passagen sowie schwer nachvollziehbare Wendungen auf, ist die Frage, ob er überhaupt für die Klasse geeignet ist bzw. ob er vom Lehrer nicht vereinfacht werden müsste.

Eindruck: Bei allen Medien, welche die Schüler in ihren Erfahrungen ansprechen, ist es erforderlich, dass sie nach dem Aufnahmeprozess ihren Eindruck formulieren können; bei gefühls- und erfahrungsmäßig »neutralen« Medien ist dies weniger erforderlich. Diese Eindrücke dürfen nicht bewertet werden; weder vom Lehrer noch von anderen Schülern. Sollte der geäußerte Eindruck eines Schülers als »abwegig« erscheinen, kann der Lehrer andere Schüler ermutigen und auch seinen eigenen Eindruck einbringen. Diese Offenheit nach der Begegnung mit dem Text beflügelt den Erschließungsprozess, eben weil die unterschiedlichen Wirkungen des Mediums auf die Schüler zur Sprache kommen können. Da sich ihre Subjektivität an dieser Stelle zur Sprache bringen darf,

kann sie sich relativieren und muss nicht im weiteren Erschließungsprozess die Oberhand behalten. Gerade in der Schule
ist Subjektivität gegenüber den Medien wichtig, sie soll sich
jedoch nicht jenseits ihrer Objektivität, d.h. jenseits ihrer
materiellen Textgestalt, geltend machen. »Hier wird am meisten gesündigt« schreibt Günter Lange in Bezug auf Bildmedi-
tationen.[23] Das gleiche gilt auch beim Umgang mit Texten,
wenn es etwa bei bestimmten Methoden der »Bibelarbeit«
vor allem um die Frage geht, was der Text bei den Gesprächs-
teilnehmern auslöst. Hier thematisiert sich die Subjektivität
zuungunsten der Objektivität des Textes. Dies mag in bestimmten katechetischen Situationen legitim sein. In der
Schule geht es jedoch um eine Vermittlung der Subjektivität
der Schüler mit der Objektivität der Bildungsgehalte und
umgekehrt; hierüber geschieht Weltbegegnung und Selbst-
werdung. Nachdem die Schüler in einer Art Pendelbewegung
von der Gerichtetheit auf die Objektivität des Textes beim
Lesevorgung zur Subjektivität ihres Eindrucks zurückgekehrt
sind, kann nun erneut die Hinwendung zu seiner objektiven
materiellen Gestalt stattfinden.

Sprachlicher Nachvollzug: Dies geschieht im Nacherzählen
bzw. in der Formulierung des Textes mit eigenen Worten.
Dabei wir die Gestalt des noch fremden Textes in der eigenen
Sprache rekonstruiert. Es ist wie in einem Wechselgespräch,
in dem der Antwortende, bevor er seine Stellungnahme ab-
gibt, die Worte des Sprechers noch einmal selbst formuliert.
Die Schüler gehen von sich weg und nehmen den Standpunkt
des Autors, d.h. des Erzählers, des Schreibers ein. Im Nacherzählen etwa einer Geschichte wird sie ein weiteres Mal,
wieder in anderer Weise, wiederholt. Die Schüler lassen die
Geschichte auf ihrer inneren Bühne nochmals lebendig werden, wobei sie über Assoziation und Identifikation ihre eigenen Erfahrungen und Erlebnisse mit ins Spiel bringen, etwa

Zwerg- und Riesenerfahrungen, die Erfahrungen mit Steinen und Kampf, mit Hohn und Genugtuung, Rüstung und Unge-schütztheit, Stärke und Schwäche, Klugheit, Tapferkeit und Sieg etc. in der erwähnten Davidsgeschichte. Viele Schüle-rinnen und Schüler haben ein großes Talent, Geschichten bis in die kleinsten Einzelheiten nachzuerzählen. Oft verwenden sie dabei eigene Formulierungen, fallen in ihren familiären Tonfall und Dialekt; die Erzählung entwickelt eine eigene Dynamik. Dies sind alles Anzeichen, dass in ihrer Nacher-zählung ihr lebensweltlicher Hintergrund mitschwingt. Die Lehrerin, der Lehrer sollte diese »Umformungen« im Nach-erzählen zulassen; obwohl es immer noch um Decodierung des Textes geht, beginnen die Kinder die Geschichte vor dem Hintergrund ihrer Welt zu entfalten und sie dabei in gewisser Weise neu zu erzählen.

Unter bestimmten Bedingungen wird dieses Nacherzählen zu einer sehr dichten und fruchtbaren Unterrichtsphase: Zum einen sollte das Nacherzählen nicht als die Aufgabe eines einzelnen Schülers erscheinen, schon gar nicht als eine Leis-tung, die beurteilt wird, ganz im Gegenteil: »Erzählen wir die Geschichte gemeinsam nach. Wer möchte beginnen?«. Zum Zweiten: Obwohl das Nacherzählen eine gemeinsame Auf-gabe ist, sollte auch hier die Geschichte nicht abschnittsweise nacherzählt werden, sondern der Schüler, der anfängt und sich auf die Erzähldynamik einlässt, darf seine Geschichte zu Ende erzählen. Denn jeder Schüler entfaltet, orientiert an der mehrmals gelesenen Geschichte, auch seine eigene Erzähldy-namik und seinen eigenen Erzählrahmen. Ist ein Schüler zu Ende gekommen, fragt die Lehrkraft, ob es noch etwas von der Geschichte zu erzählen gibt. Die Schüler ergänzen; unter Umständen entfaltet ein Schüler dabei seinen Erzählrahmen. Auch die Lehrkraft kann sich am Nacherzählen beteiligen. In höheren Klassen können an dieser Stelle Eigenarten der Textstruktur zur Sprache gebracht werden.

Beim Nachformulieren von Sachtexten bewirkt die Verlangsamung zum Ersten eine erneute Wiederholung in anderer Form, zum Zweiten die Hinwendung zur Struktur des sprachlichen Gebildes und zum Dritten, dass ähnliche Texte, Begriffe und sachliche Zusammenhänge, welche die Schüler schon kennen, in assoziativer Weise aktualisiert werden. Hierüber erst wird ein Hintergrund lebendig, der für den folgenden Schritt der Deutung, Interpretation und Integration des Textes eine wesentliche Voraussetzung darstellt. Diesen Hintergrund in den Schülerinnen und Schülern zugänglich zu machen und zu aktualisieren, darf nicht dem Zufall überlassen bleiben sondern stellt eine wesentliche didaktische Aufgabe der Texterschließung dar. Denn Wissen alleine genügt für den Deutungsvorgang nicht. Es muss im Deutungsprozess zugängliches Wissen sein.[24]

Deutung

Auf der Basis des so decodierten Textes kann nun seine Deutung und Interpretation beginnen. In gewisser Weise schieben die Decodierungsstufen die Deutung hinaus, um sie textangemessener zu machen; denn die Deutung soll sich nicht aus dem spontanen subjektiven Eindruck des Beginns, sondern aus der Rekonstruktion der materialen Gestalt des Textes ergeben. Das Interpretationsprinzip, das Günter Lange für die Bilderschließung formuliert hat, gilt grundlegend für alle Medien: »Der Gehalt ergibt sich aus der Gestalt«.[25] Jetzt erst soll es um Deutung und Interpretation des Textes gehen, nachdem er im bisherigen Erschließungsprozess vergegenwärtigt wurde. Diese Deutung hat ihrerseits wiederum Zwei aufeinander aufbauende Stufen: Die immanente Deutung und die kontextuelle Deutung:

In der *immanenten Deutung* soll der Text aus sich heraus gedeutet und interpretiert werden. Als Deutungshorizont fungiert die decodierte Gestalt: seine konkrete Materialität, Struktur, Symbolik und Begrifflichkeit etc. Je lebendiger der Text bisher wurde, desto leichter fällt die reife Frucht der Deutung vom Baum der Erarbeitungsphase. Oft müssen Schüler schon während der Decodierung in ihren Deutungen zurückgehalten werden, d.h. die Lehrkraft muss die Schüler bitten, ihre Interpretationsvorschläge zurückzustellen. Nun genügen häufig einfache Fragen: »Um was geht es in der Geschichte?«, »Welche Überschrift könnten wir dem Text geben?«, »Worin besteht der Mittelpunkt (das Zentrum) der Geschichte?« u.ä. Die immanente Deutung versucht dem Eigenwert und der Eigenschwere eines Mediums gerecht zu werden, jenseits seiner Funktionalität und Einbindung in Kontexte, andere Fragestellungen, Zwecke, Lernziele etc. Gerade Theologen, die oft in Gefahr sind, mit biblischen Texten ihr theologisches Denken vor allem zu illustrieren und zu bestätigen, entdecken im Verweilen bei der konkreten Materialität biblischer Texte, also über ihre immanente Interpretation, oft ganz neue, überraschende Seiten, auch wenn ihnen die Texte schon lange bekannt sind.

In der *kontextuellen Deutung* werden Deutungshorizonte herangezogen, die jenseits der konkret sicht- und greifbaren Materialität des Textes liegen und die ihn in einem bestimmten Kontext interpretieren[26]: Bei der erwähnten Davidserzählung etwa: historische Horizonte (z.B. Bedeutung im Zusammenhang der Konstitution des Königtums in Israel), theologisch-heilsgeschichtliche Horizonte (z.B. Jahwes Handeln und die Geschichte Israels), psychologische Horizonte (z.B. Prozesse der Individuation: der Weg Davids zu seiner Aufgabe, Berufung, »Bestimmung«), literarische Horizonte (z.B. Heldenerzählung bzw. Heldensage), Horizonte aus der Lebens- und Erfahrungswelt der Schülerinnen und Schüler (z.B. der kleine David kämpft mit dem großen Goliat), Horizonte aus den Zielen des Lehrplans (z.B. »Die Bibel als ein Buch verstehen

☞ *Die großen Medien sind eigenständige Ausdrucksformen, die es in dieser Eigenständigkeit an die kommende Generation weiterzugeben gilt: sie enthalten etwas vom „Wärmestrom" der Menschheit.*

lernen, das von Gottes Taten erzählt, die die Menschen froh machen«[27]) etc. Es gibt eine Vielzahl solcher sinnvoller kontextueller Horizonte im Religionsunterricht, innerhalb derer ein jeweiliges Medium gedeutet und interpretiert werden kann. Von einem hermeneutischen Standpunkt aus sind diese Horizonte unendlich, weshalb der Interpretations- und Deutungsprozess eines Mediums prinzipiell unabschließbar ist.

Diese aufeinander folgende Zweistufung der Deutung vermag im Religionsunterricht einer kruden Zweckrationalität im Umgang mit Medien entgegenzuwirken, unter der sich die großen Ausdrucksformen der christlich-jüdischen Tradition zu verflüchtigen drohen: Erst nachdem sich die immanente Deutung über die Eigengestalt dem Eigengehalt genähert hat, fragt die kontextuelle Interpretation nach der Bedeutung, die ein Medium in bestimmten Kontexten, Lebenszusammenhängen, für bestimmte Ziele, Absichten und Aussagen etc. hatte und hat. Ein solcher Umgang betrachtet die großen Medien auch als eigenständige Ausdrucksformen, die es in dieser Eigenständigkeit weiterzugeben gilt, damit sie in Horizonten und Zusammenhängen fruchtbar zu werden vermögen, die ein gegenwärtiger Religionsunterricht überhaupt noch nicht erahnen kann. Neben der Frage nach dem Kontext, der ohne Zweifel für einen korrelativen Religionsunterricht von zentraler Bedeutung ist, muss der andere Aspekt des Eigengehalts und der immanenten Interpretation im Religionsunterricht stärkeres Gewicht bekommen: Denn die großen Texte haben nicht nur eine Gegenwart – betrachten wir sie so, dann geht uns auch weithin ihre Gegenwartsrelevanz verloren –, sie haben vor allem auch eine Zukunft.[28] Sie sind gleichsam Edelsteine, Rubine, die wir der kommenden Generation mit in ihr Gepäck geben sollten; sie enthalten etwas vom »Wärmestrom« der Menschheit (Bloch), der immer wieder erwartet wird und seinerseits auf Entfaltung harrt.

Sicherung / Vertiefung

Die Energie, welche den Schülern hilft, sich von ihrer eigenen Person weg nach außen zu richten, um etwas Neues zu erarbeiten, reicht etwa 20 Minuten. Dieses Maß ist aus mehrjährigen Unterrichtsbeobachtungen gewonnen; es bestätigt sich in bestechender Weise von Unterrichtsstunde zu Unterrichtsstunde immer wieder neu.[29] Viele erfahrene Lehrerinnen und Lehrer wissen davon. Wobei sich in der 1. und 2. Grundschulklasse diese Zeit etwas reduziert, da die Schüler hier noch in prinzipieller Weise lernen müssen, »still zu sitzen«. Auch zwischen unterschiedlichen Klassen gibt es Differenzen, die sich jedoch in einem engen Raum von nur plus /minus zwei bis drei Minuten bewegen. Nach diesen 20 Minuten macht sich die Subjektivität der Schülerinnen und Schüler geltend. Deshalb fordert die Logik des Unterrichtsprozesses in der Sicherungs- und Vertiefungsphase einen grundlegenden Wandel in der Dramaturgie der Unterrichtsstunde: von der Außengerichtetheit zur Innengerichtetheit, vom kollektiven Lernen zum individuellen Lernen, von der Orientierung am Neuen zum Verweilen am Bisherigen. Vollzieht sich die Erarbeitungsphase in der Regel im Lehrer-Schüler-Gespräch, so ergibt sich nun die Notwendigkeit eines Codewechsels bei den Schülern: vom Reden (akustischer Erfahrungszugang) zum Tun (kinästhetischer Erfahrungszugang). Geschieht dieser Wechsel nicht, so nehmen mit jeder Minute Unkonzentriertheit, Unruhe und der Bewegungsdrang in der Klasse zu: Es kommt zur weitverbreiteten Lehrer-Schüler-Gesprächs-Krankheit, unter der so viele Unterrichtsstunden in der heutigen Schule akut leiden. Hiermit ist ein Unterricht gemeint, in dem von Anfang bis zum Ende geredet wird, in dem der akustische Erfahrungszugang dominiert, ohne Stille- und Ruhezonen, in dem die Schüler dauernd zuhören und mitreden müssen, ohne etwas tun zu können, der ein andauerndes kollektives, nach außen gerichtetes Lernen verlangt. Diese Lehrer-Schüler-Gesprächs-Krankheit lähmt den Unterrichtsprozess, nimmt ihm die Spannung und verlangt von den Schülern und vom Lehrer ein Übermaß an Anstrengung, damit der Unterricht noch aufrecht erhalten werden kann; darüber hinaus muss der Lehrer nun zusätzliche Energie aufbringen, um der Unruhe und den jetzt verstärkt beginnenden »Disziplinproblemen« zu begegnen. Ärger und Unmut auf beiden Seiten nehmen zu. Der Unterricht »läuft« zunehmend mit gezogener Handbremse und kommt deshalb nicht voran: Aufwand und Erfolg geraten immer mehr in ein Missverhältnis.

Der notwendige Wechsel leitet den Lernprozess auf Bereiche, die bisher zurückgestellt werden mussten: zum Inneren der Schüler, zu ihrer Individualität, zu ihrer Körperlichkeit und Motorik, zum Verweilen und zur Stille. Weil diese Dimensionen nun zum Zuge kommen dürfen, bleiben die Schüler bei der Sache, ihre Aufmerksamkeit, Konzentration und Lernbereitschaft halten an; ja die kreative Spannung des Unterrichts bekommt eine ganz eigene Qualität. Denn dieser Wechsel bewirkt einen »Erholungseffekt« im Energiehaushalt der Schüler: Die Schleusen ihrer zurückgehaltenen Bedürfnisse werden geöffnet, und die dadurch frei werdende Energie bewegt den Lernprozess weiter. Der Unterricht »dreht« sich »leichter«, weil er *mit* den Schülern geht, weil er sich in seiner Logik an den Aggregatsformen ihres Energiehaushaltes ausrichtet, und sie zum Motor des weiteren Unterrichtsprozesses macht. »Stress« im Unterricht entsteht unter diesem Gesichtspunkt nicht in erster Linie durch die Lernmenge, sondern durch einseitiges Lernen, das etwa nur über ein andauerndes (nach außen gerichtetes akustisch-verbales) Lehrer-Schüler-Gespräch verläuft. Kommt es zu einer Balance, nimmt der Lernstress ab.

In dieser Sicherungs- und Vertiefungsphase sollten keine neuen Medien »zur Vertiefung« eingebracht werden. Ein Medium, auch wenn es zum thematischen Zusammenhang der Unterrichtsstunde »passt«, müsste als neues Medium decodiert und gedeutet werden; dies würde ein außengerichtetes Lernen mit Lehrer-Schüler-Gespräch erfordern, und es könnte nicht zum erforderlichen Wechsel kommen. Dagegen geht es nun um ein Verweilen, Sichern und Vertiefen dessen, was in der bisherigen Erarbeitungsphase erschlossen und erfahren wurde.

Besondere Bedeutung erhält in dieser Phase das *Schreiben*. Prinzipiell sind viele Formen der Körperlichkeit zu jedem Zeitpunkt des Unterrichtsverlaufs denkbar. Nicht jede Form aber ist immer möglich und auch nicht immer günstig. Das Schreiben stellt eine Form der Motorik dar, die im Unterricht immer möglich ist: Die körperliche Haltung ändert sich, der Blick bewegt sich vom Lehrer und von der Lerngruppe weg auf den Nahbereich des Schülertisches, Arme, Hände und Finger werden aktiv und nehmen taktile Eindrücke wahr. Vom Bewegungsgrad her stellt das Schreiben eine der untersten Ebenen der Körperlichkeit dar. Je weiter der Unterricht in der zweiten Hälfte der Unterrichtsstunde fortschreitet, desto höher sollte dieser motorische Bewegungsgrad sein. Das, was bisher kollektiv erarbeitet wurde, kann nun aufgeschrieben und ins Heft eingetragen werden; etwa: der Lehrer schreibt das Ergebnis an die Tafel, die Schüler schreiben es in ihr Heft, oder er hat zuvor in der Erarbeitungsphase aus dem Lehrer-Schüler-Gespräch ein Tafelbild entwickelt, welches von den Schülern nun abgeschrieben wird. Wichtig auch hier, dass das Lehrer-Schüler-Gespräch (Außengerichtetheit, Kollektivität, akustische Dominanz) nicht weitergeführt wird, sondern im Tun soll die Motorik der Schüler in den Vordergrund treten. Unter Umständen kann der Lehrer auch das Ergebnis diktieren. Am wirkungsvollsten ist jedoch ein Schreiben in Stille: Der einzelne Schüler transformiert den erschlossenen Gehalt der Erarbeitungsphase in geschriebene Buchstaben, Worte, Sätze, in ein Schriftbild. Die Bewegung der De-Codierung im ersten Teil der Unterrichtsstunde führt so zur Bewegung der Neu-Codierung in der zweiten Stundenhälfte. Hierzu ist vor allem ein neues Verständnis des Schreibens im Unterricht erforderlich: Es ist nicht nur ein Mittel der Informationsweitergabe, sondern hat auch – wie alle unterrichtlichen Vollzüge – eine eigene didaktische Dignität und Aufgabe. Über das Schreiben geschieht ein Verweilen und Gegenwärtighalten dessen, was zuvor im Mittelpunkt des gemeinsamen Interesses stand. Auch hier gilt das vertiefende Prinzip: das Gleiche in anderer Weise. Dieser Aspekt des Verweilens wird gefördert, wenn wir die gestalterische Dimension des Schreibens stärker berücksichtigen. Er droht in der Schule in weiten Strecken – vor allem in der Sekundarstufe I und II – zu degenerieren. Betrachten wir die Geschichte des Schreibens, dann erscheint die Reduktion auf den Zweck der Informationsweitergabe alles andere als selbstverständlich. In klösterlichen Skriptorien des Mittelalters etwa hatte das Schreiben immer etwas mit Gestaltung und Meditation zu tun; ebenso in der Schreibtradition des Ostens, vor allem in China. Es gibt in unserer Kultur die Tradition des Schönschreibens, die Kalligrafie, die ob ihres gestalterisch-meditativen Charakters gegenwärtig vielfach wieder entdeckt wird. Die neuen Computerprogramme der Textverarbeitung zeichnen sich dadurch aus, dass mit ihnen »schöne« Texte hergestellt und vor allem gestaltet werden können; sie enthalten viele kalligrafische Elemente; beispielsweise unterschiedliche Schrifttypen, Initialen und dergleichen. Demgegenüber wurde weithin der handschriftliche Ausdruck auf den Charakter einer Notiz und des Ausfüllens von Lückentexten reduziert. Überhaupt: Eine wesentliche Ursache der Marginalisierung des Schreibens im Unterricht liegt in der inflationären Verwendung von Arbeitsblättern. Über Arbeitsblätter muss man viel reden, sie sind quasi »Lehrer-Schüler-gesprächsintensiv«; in sie kann man meist wenig schreiben. Sie sollen den Unterricht vereinfachen, indem sie den Schülern (und den Lehrern) etwas abnehmen; in Wahrheit verkomplizieren sie den Unterricht, eben weil sie den Schülern das Schreiben und Gestalten abnehmen und das immerwährende Lehrer-Schüler-Gespräch fördern. In dieser Hinsicht hat vermutlich das Kopiergerät die Schule der letzten 20 Jahre mehr verändert als alle schulpädagogischen und didaktischen Theorien. Um nicht falsch verstanden zu werden: Natürlich können Arbeitsblätter im Unterricht eine wichtige Aufgabe erfüllen; es geht um einen sinnvollen Einsatz. Für ein Arbeitsblatt als Medium gilt, was wir für Medien überhaupt formuliert haben: pro Unterrichtsstunde ein Medium. Und sie dürfen nicht andere Handlungsvollzüge wie das Schreiben, Erzählen, das Singen, das Malen, das Spiel etc. ersetzen.

Gerade unter dem Gesichtspunkt des Verweilens und der Körperlichkeit gilt es, den gestalterischen Aspekt für die Schule wiederzugewinnen. Im Schreiben können die Schüler etwas »tun« und müssen nicht nur zuhören und reden. Gelingt es, dass die Schüler in einer Religionsstunde einen Text in Stille schön schreiben und dabei beim Gehalt der Worte verweilen, haben sie mehr von Meditation verstanden, als wenn in einer Unterrichtseinheit über Stunden hinweg das »Thema« Meditation »besprochen« wird. Die Sicherungs- und Vertiefungsphase sollte den Charakter einer Ruhezone in der Dramaturgie der Unterrichtsstunde haben. Sie darf deshalb nicht zu kurz sein, da sich sonst die Ruhewirkung nicht entfalten kann; dauert sie andererseits zu lange, bleibt für die nachfolgende Unterrichtsphase des Ausdrucks und der Gestaltung nicht mehr genügend Zeit. Ein genaues zeitliches Maß lässt sich nur schwer angeben; es hängt von der konkreten vorangegangenen Erarbeitungsphase ebenso ab wie von der nachfolgenden Ausdrucks- und Gestaltungsphase. Aus Erfahrung wirkt eine Sicherungs- und Vertiefungsphase unter vier bis fünf Minuten nicht beruhigend; dauert sie länger als acht bis zehn Minuten, kann danach nicht mehr viel anderes getan werden.

Darüber hinaus hat die Sicherung natürlich die Aufgabe, das gemeinsam Erarbeitete und Erschlossene übersichtlich darzustellen. In dieser sichernden Darstellung materialisiert es sich in codierter Form. Die schriftliche Sicherung im Heft vermag deshalb auch zur Grundlage für spätere Leistungsnachweise zu werden. Sie ist ein Spiegel des unterrichtlichen Lernens, auf den sich Lehrer und Schüler beziehen können. Die Sicherung hilft dem Lehrer, die Aufgaben zu stellen und dient den Schülern als Orientierung bei der Vorbereitung der Leistungsnachweise. Es ist keine pädagogische Tugend, es den Schülerinnen und Schülern in dieser Hinsicht schwer zu machen, indem sie für die Leistungsnachweise all das zu wissen hätten, was im zurückliegenden Unterricht irgendwann und irgendwo »erwähnt« wurde. Auch hier wird landauf, landab viel gesündigt; Frustration und Unmut auf beiden Seiten sind die Folge. Letztlich kann nur Thema von Leistungsnachweisen sein, was im Unterricht erarbeitet und in einer bestimmten Form gesichert wurde. Das Heft stellt in diesem Sinne ein kritisches Auswahlinstrument dar, indem es zeigt, was tatsächlich im Mittelpunkt des Unterrichts stand; vorausgesetzt natürlich, dass der Unterricht ein Zentrum hatte und dieses Zentrum gesichert wurde.

Wir wissen auch, dass Eltern den Unterricht ihrer Kinder wesentlich über die Schülerhefte wahrnehmen. Ob ihnen der

Religionsunterricht als sinnvolles Unterfangen erscheint – eine Frage, die für den Religionsunterricht in der Schule langfristig von essentiellem Interesse ist –, hängt neben den Erzählungen und Berichten ihrer Kinder von solchen Beobachtungen ab. Wobei hier natürlich nicht nur die Hefteinträge der Sicherungs- und Vertiefungsphase, sondern die gesamte »Heftführung« eine Rolle spielt, welche vor allem auch die nachfolgende Ausdrucks- und Gestaltungsphase, wie unter Umständen die vorausgehende Motivationsphase und die Erarbeitungsphase mit einschließen kann.

• *Ausdrucks- und Gestaltungsphase*

Ist die Sicherung und Vertiefung noch in weiten Teilen ein reproduktiver Vorgang, der sich in Form des schriftlichen Verweilens auf das zuvor Erschlossene und Erarbeitete bezieht, so hat die nun beginnende Phase die Aufgabe, die erfahrungs- und wissensmäßigen Eindrücke, welche die Schüler dabei gewonnen haben, zum Ausdruck zu bringen und zu gestalten. Das, was durch die fremde Form (das Hauptmedium) angestoßen und in deren Erschließung und Interpretation lebendig wurde, soll nun eine neue, eigene Form erhalten, ja es soll zum Eigenen der Schülerinnen und Schüler werden. Der Vorgang der Neu-Codierung, der in der Sicherung und Vertiefung begonnen wurde, setzt sich fort, jetzt jedoch vor dem Hintergrund der je individuellen Erfahrung der Schüler. Über diese gestalterische Neu-Codierung geschieht die Integration und Verarbeitung im biografischen und lebensweltlichen Horizont der Lernenden. Dieser Ausdrucks- und Gestaltungsprozess wird in Gang gesetzt über die Bereitstellung offener Strukturen, in denen sich die Schüler in ihrer Weise ausdrücken, in denen sie ihre »Antwort« in ihrer eigenen »Handschrift« gestalten können. Diese offenen Strukturen stellen gleichsam Codes dar, über die eine individuelle Neu-Codierung möglich wird. Eine einfache und gebräuchliche Handlungsform, die solche offenen Strukturen verfügbar macht, stellt das Malen dar. Um es an unserer Davidsgeschichte zu verdeutlichen: Nachdem im bisherigen Unterricht die Geschichte in den Schülern lebendig wurde, sie diese gedeutet und diese Deutung festgehalten haben, malen sie nun ein Bild und bringen zum Ausdruck, was diese Geschichte von David und Goliat in ihrer konkreten Materialität, Dramatik und Symbolik in ihnen angesprochen und ausgelöst hat. Dabei fließt der Hintergrund der Schüler in den konkreten Ausdruck mit ein, ja er wird während des Gestaltungsvorgangs spürbar und lebendig, ohne dass dies den Schülern meist bewusst wird. Der Gestaltpädagoge Albert Höfer nennt das Malen deshalb auch eine »Zugsalbe«: In den Bildern der Malenden kristallisieren sich Erfahrungen, Ängste, Konflikte, Hoffnungen etc. ihres Lebens.[30] Die biblische Geschichte wird gleichsam zur Folie für Bedeutungsgehalte ihrer eigenen Geschichte. Umgekehrt: Die Davidserzählung gewinnt vor diesem erfahrungsmäßigen Hintergrund eine jeweils individuell verschiedene Plastizität und Signifikanz. Es ist ein gegenseitiger Erschließungsvorgang von Text und Erfahrung, ein korrelativer Prozess, der sich jenseits der Sprache bzw. in einem vorsprachlichen Bereich abspielt. Vermutlich sind diese nichtsprachlichen, symbolischen und gestalthaften Formen von Korrelation für den langfristigen religiösen Bildungsprozess bedeutsamer als die Verbindungen, die oft im Lehrer-Schüler-Gespräch in einem Hauruck-Verfahren zusammengezwungen werden.

In der Praxis stellen sich häufig zwei *Hindernisse* in den Weg, die das Malen und die Entwicklung seiner eigenen Potentiale für den religiösen Lernprozess im Klassenzimmer verhindern. Zum Ersten wird das Malen sehr häufig als Zeitfüller in den letzten Minuten des Unterrichts eingesetzt in Verbindung mit der Hausaufgabe, das Bild daheim fertig zu stellen; zum Zweiten gilt es als Methode der Grundschule und des Kindergartens, die üblicherweise nichts in der Sekundarstufe I und II verloren habe. Beide Male wird die eigene didaktische Dignität des Malens verkannt. Die Gestaltpsychologie etwa oder andere Formen des außerschulischen Lernens, welche die Wirkung der »Visualisierung« für Lernprozesse entdeckt haben, stoßen die Schule mit der Nase auf die Bedeutung des bildhaften Ausdrucks für alle Altersstufen, besonders auch für Jugendliche und Erwachsene. Gerade im Unterricht höherer Klassen, der überladen ist mit Worten und Begriffen, vermag das Malen in der Ausdrucks- und Gestaltungsphase segensreiche Potentiale zu entfalten. Nicht zuletzt auch deshalb, weil sich dabei der Prozess vom Hören und Sprechen zur Körperlichkeit und Motorik fortsetzt und weiter zur Entfaltung kommt, ja ergänzt wird durch den visuellen Aspekt. Natürlich muss die Art dieser unterrichtlichen Handlungsform des Malens der jeweiligen Altersstufe angemessen sein. Die Palette der verschiedenen Arten des Malens in ihrer je eigenen Zielrichtung und Potenz für den Lern- und Ausdrucksprozess reicht von sehr offenen Formen, die den Schülern eine Vielzahl von Wahl- und Gestaltungsmöglichkeiten überlassen, bis zu mehr geschlossenen Formen, die bestimmte Elemente vorgeben.[31]

Für diese Ausdrucks- und Gestaltungsphase eignen sich neben dem Malen alle Ausdrucks- und »Sprach«-Formen, über die die Schülerinnen und Schüler ihre Welt darstellen können: Schreiben[32], Singen, spielerische bzw. szenisch-dramatische Darstellung[33], bastelnder bzw. handwerklicher Ausdruck etc. Die Bereiche des Bastelns und des Werkens liegen für den Religionsunterricht noch viel zu wenig im Feld der Wahrnehmung, gerade wenn es um eine Handlungsorientierung im Unterricht geht, die derzeit nicht zufällig im Mittelpunkt der schulpädagogischen Diskussion steht. In jedem dieser Ausdrucks- und Gestaltungsbereiche bieten sich verschiedene Möglichkeiten an, die häufig schon mehr oder weniger praktiziert werden, die es aber auch noch angemessen zu entdecken und in ihrer je eigenen didaktischen Qualität zu reflektieren gilt. Im Ganzen ist die Palette der Ausdrucksmöglichkeiten in der Schule jedoch nicht so entfaltet wie die Palette der Eindrucksmöglichkeiten. Die Schule der Zukunft muss sich hier auf die Suche machen, damit sie nicht nur eine Eindrucksschule, sondern auch eine Ausdrucksschule zu sein vermag.

Die Ausdrucks- und Gestaltungsphase erfordert am Ende eine *Rückmeldung*: Die Schüler sollen die Möglichkeit erhalten, ihr gestaltetes Produkt zu präsentieren; z.B. Bilder können gezeigt, Texte vorgetragen werden etc. Ist dies aus zeitlichen Gründen nicht immer im ganzen Klassenverband möglich, so sollten sie in jedem Falle vom Lehrer wahrgenommen werden; sie können auch einigen Mitschülern gezeigt werden. Diese Rückmeldung ist für alle am Unterricht Beteiligten sehr anregend. Prinzipiell gilt: Die Aufgaben, die aus dem Unterricht erwachsen und von ihm ausgehen, müssen auch wieder zum Unterricht zurückfinden. Dabei reichert er sich mit der Welt der Schüler an; er bekommt eine lebensweltliche Qualität. Der Lehrer sollte für die so entstehenden »Zeugnisse« seiner Schüler in diskreter Weise offene Augen und Ohren haben; in diesen Codierungen bringen sich die Schülerinnen und Schüler selbst zur Darstellung. Deshalb gehört zur Rückmeldung der Ausdruckformen der Schülerinnen und Schüler immer auch die ihnen zugestandene Freiheit, etwas nicht zu zeigen. Gerade bei älteren Schülern sollte respektiert werden, wenn sie ihr Produkt nicht präsentieren wollen; dies heißt nicht, dass die Lehrkraft Schüler in solchen Situationen nicht ermutigen könnte und auch sollte.

Es gibt Themen im Religionsunterricht, welche diesen Ausdruck und diese Gestaltung nicht oder wenig erfordern; es sind dies weithin die »sachlichen« oder »neutralen« Inhalte des Religionsunterrichts, von denen die Schüler weniger in ihrer Person und Erfahrung angesprochen werden. Es ergibt sich auch immer wieder, dass zwar ein stärkerer Eindruck vorhanden ist, jedoch angemessene Handlungsformen für Ausdruck und Gestaltung nicht zur Verfügung stehen. In allen diesen Fällen bietet es sich an, die Sicherungs- und Vertiefungsphase auszudehnen und über verschiedene Formen des Verweilens, wie Üben, Anwenden, Übertragen etc. den erarbeiteten und erschlossenen Gehalt des Anfangs vertiefend zu umkreisen, um so eine Verarbeitung und Integration zu ermöglichen.

Geschehen dieser Ausdruck und diese Gestaltung im Unterricht auf Dauer nicht, dann beginnen die Schülerinnen und Schüler an *Ausdrucksverstopfung*[34] zu leiden, einer zweiten akuten Krankheit der heutigen Schule. Gemeint ist, dass wir die Schüler mit einer Vielzahl von Eindrücken, Erfahrungen, Wissensbeständen etc. tagtäglich konfrontieren, ja bombardieren, ohne ihnen die Möglichkeit zu geben, sie genügend zu verarbeiten und zu integrieren, d.h. sie auf ihrem jeweiligen biografischen und lebensweltlichen Hintergrund zu gestalten und auszudrücken. Die Ausdrucksverstopfung kennzeichnet so die »Innenseite« der erwähnten Medienflut innerhalb und außerhalb des Kassenzimmers. Die Folgen dieser Ausdrucksverstopfung liegen auf unterschiedlichen Ebenen und sind sehr weit reichend: Vermutlich werden die »Bewegungsprobleme« und die Hypermotorik vieler Schüler durch dieses Missverhältnis von Eindruck und Ausdruck zumindest verstärkt, wenn nicht gar mitverursacht. Kann sich die so erzeugte Spannung nicht in kreativer und konstruktiver Weise entladen, dann sucht sie sich ungelenke und unter Umständen auch destruktive Weisen. Auf der Ebene des Lernens führt dieses Missverhältnis zur »Kultivierung« des Kurzzeitge-

dächtnisses: Wissen, das nicht verarbeitet und in den Erfah-
rungshintergrund integriert wird, erscheint als quantitative
Lernmasse, die es heute aufzunehmen gilt, um sie morgen
wieder abzugeben und zu vergessen, damit neue Lernmasse
Platz hat. Die Schule wird zu einer Lernfabrik des ewig
Gleichen. Dagegen geht es doch gerade um die Qualität der
Lernstoffe, um ihren Gehalt, der im Unterricht zur Entfaltung
kommen soll, damit die Subjektivität der Schülerinnen und
Schüler sich daran entwickle – vor allem und besonders im
Religionsunterricht; wobei hier ein prinzipielles Erfordernis
der heutigen Schule angesprochen ist. Im Ganzen ergibt sich
die Notwendigkeit einer Balance zwischen Eindruck und
Ausdruck im Unterricht. Kommt sie zustande, schließt sich
der Kreis schulischen Lernens; die Schüler entspannen sich
und werden ausgeglichener und ruhig; sie sind bei sich, wenn
sie am Ende das Klassenzimmer wieder verlassen.

• *Ausklang*

Es gibt einen zeitlichen point of no return in der Dynamik der
Unterrichtsdramaturgie – er liegt in den letzten Minuten –,
nach dessen Überschreiten der Unterricht nur noch auszu-
klingen vermag. Danach können noch Dinge zu Ende gebracht und fertiggestellt werden; neue Impulse sind nicht
mehr möglich: die Handlungsorientierung der Schülerinnen
und Schüler ist auf das Unterrichtsende gerichtet. Sehr häufig
ergeben sich Probleme, weil der Lehrer noch einmal eine
gemeinsame Aufmerksamkeit einfordert, um beispielsweise
einen zusammenfassenden Text zu lesen oder resümierende
Fragen an die Schüler zu stellen. Oft kommt es deshalb am
Unterrichtsende zu mehr oder weniger starken Dissonanzen.
Es ist immer besser, den Unterricht tatsächlich ausklingen zu
lassen: Genug Heu wurde in die Scheune eingefahren; Neues

hat keinen Platz; es ist am besten, die Tore zu schließen. Vor allem bei jüngeren Schülern ist es erforderlich, kurz vor Stundenende den Unterricht zu beenden – auch hier sind Unterrichtsende und Stundenende analog zum Stundenbeginn nicht identisch – den Arbeitsplatz aufzuräumen und die Lernwerkzeuge und -materialien wegzuräumen. Überhaupt gehört es zur Disziplin des Lehrers, die Schulstunde nicht zu überziehen. Die Schüler werden ihm dies danken. Wenn noch eine kollektive Aufmerksamkeit, dann beim gemeinsamen Verabschieden. Unter Umständen kann hier noch ein Lied oder ein Gebet stehen, welches die Schüler auswendig kennen. Meiner Erfahrung nach ist es jedoch immer günstiger, ein geistliches Element an den Unterrichtsanfang zu setzen. Wurde während der Stunde ein neues Lied gelernt, so eignet es sich nochmal für das Unterrichtsende. Nie jedoch sollte nach dem Klingelzeichen gesungen oder gebetet werden, denn die Schüler sind mit ihren Gedanken und Interessen schon auf dem Pausenhof. Im Ganzen gilt: Auch am Unterrichtsende leisten Ritualisierungen wichtige Dienste, weil sie das gemeinsame Handeln strukturieren und erwartbar machen.

Unterrichtsdramaturgie und Zeitstruktur

Die beschriebene Dramaturgie des Unterrichtsverlaufs lässt sich im Zusammenhang seiner Zeitstruktur in einem Phasendiagramm grafisch darstellen:

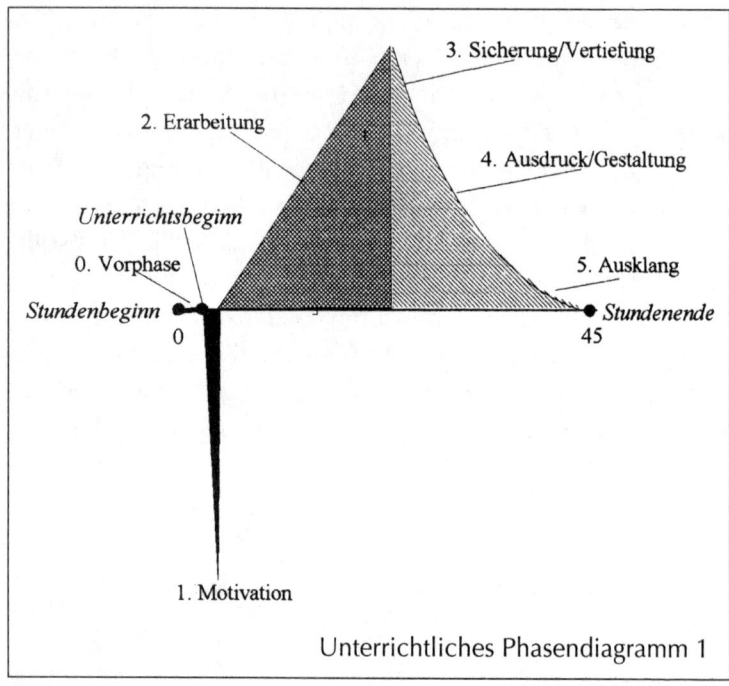

Unterrichtliches Phasendiagramm 1

Die vorunterrichtliche Phase wird in der Regel zwei bis drei Minuten dauern; sie kann sich jedoch auch ausdehnen auf fünf Minuten, eine Viertelstunde oder gar auf eine ganze Unterrichtsstunde, wenn etwas im Raum steht, das die Schüler stark bewegt: Probleme und Ereignisse, welche die Schüler von vorhergehenden Stunden oder von »außerhalb« in die Schule mitbringen. Der Religionsunterricht sollte den Mut haben, hier eine Entscheidung für die Schüler zu treffen. Das, was Ruth Cohn für das gemeinsame Lernen in Gruppen postuliert, gilt im Besonderen für die Schule: »Störungen haben Vorrang«. Dürfen sie zu ihrem Recht kommen, dann verzögert sich zunächst zwar das fachliche Lernen; im Ganzen kommt der Religionsunterricht dabei jedoch viel weiter, und auch in fachlicher Hinsicht gelangt er letztlich schneller ans Ziel.[35] Dies ist keine Legitimation, herumzulavieren und Zeit zu vergeuden; wir haben gesehen: Gerade am Stundenanfang ist sie ein kostbares Gut. Es geht darum, die Bedingungen des Unterrichtens zu gestalten und die Schülerinnen und Schüler in ihrer konkreten Verfassung in das gemeinsame Lernen im Religionsunterricht mit hineinzunehmen.

Nach einer kurzen und kräftigen Motivation[36] sollte die Erarbeitung möglichst früh beginnen. In der ersten Stundenhälfte kann die Linie des Lernprozesses durchaus »steil« ansteigen. Den Schülern steht ein großes Maß an außengerichteter Energie zur Verfügung; sie sind offen für Neues und haben Kraft, dieses Neue zu erschließen. Nach 20 Minuten ist diese außengerichtete Energie in den Schülern aufgebraucht. Wenn sich dabei die vorunterrichtliche Phase durch ein notwendiges Gespräch ausdehnt, die Außenorientierung der Schüler also schon hier beginnt, verkürzt sich die mögliche Erarbeitungsphase entsprechend. Die Orientierung muss sich nun umkehren und die Spannungslinie über Sicherung / Vertiefung, Ausdruck / Gestaltung und Ausklang wieder abfallen.

Die erste Hälfte ist für die Unterrichtsdramaturgie die »goldene Zeit« der Unterrichtsstunde.[37] Neues muss hier eingebracht, decodiert und erschlossen werden; je früher desto besser. In der zweiten Hälfte müssen die Schüler zu sich entlassen und Spannung muss abgebaut werden. Dehnt sich die Außenorientierung aus, nimmt ab der Stundenmitte der Bewegungsdrang und in seinem Gefolge der Unruhegrad der Schüler in einer steilen Kurve zu:

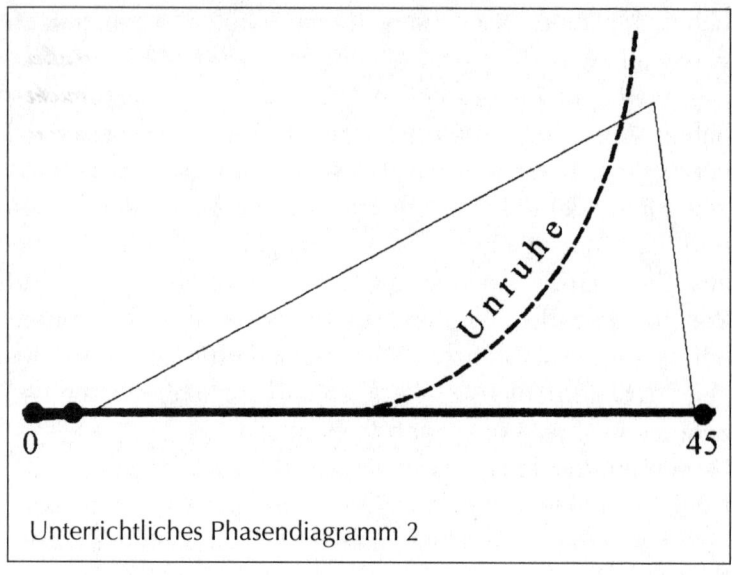

0   45

Unterrichtliches Phasendiagramm 2

Das Problem sind dabei nicht die unruhigen, unkonzentrierten, religiös indifferenten oder wie auch immer sonst zu kennzeichnenden Schülerinnen und Schüler, sondern ein Unterrichtsarrangement, das blind ist gegenüber dem Möglichkeitsgefüge der unterrichtlichen Zeit- und Energiestruktur. Der Rhythmus von Außenorientierung und Innenorientierung in der Dramaturgie der Unterrichtsstunde lässt sich mit dem Rhythmus des menschlichen Ein- und Ausatmens vergleichen: Mit dem Einatmen der frischen Luft nimmt die Spannung in der Lunge zu, im Ausatmen tritt Entspannung ein, die Bewegung kehrt zu ihrem Ausgangspunkt zurück; wobei das Ausatmen etwas länger andauert als das Einatmen. Unter diesem Blickwinkel leiden viele Unterrichtsstunden der heutigen Schule unter einer Hyperventilation, die weder den Schülern noch den Lehrern, weder dem Lernen noch der Schule gut bekommt. Wir brauchen eine Balance zwischen Außengerichtetheit und Innengerichtetheit, zwischen Kollektivem und Individuellem, zwischen Erarbeitung und Verweilen, zwischen Eindruck und Ausdruck, zwischen Spannung und Entspannung: Über einen solchen Balancerhythmus müssen die Lernprozesse zu atmen beginnen und lebendig werden.

☞ Wir brauchen eine Balance zwischen Außengerichtetheit und Innengerichtetheit, zwischen Erarbeitung und Verweilen, zwischen Eindruck und Ausdruck, zwischen Spannung und Entspannung.

Es gibt unterrichtliche Ausnahmesituationen, in denen die dargestellte Logik des religionsunterrichtlichen Handlungszusammenhangs von den Schülerinnen und Schülern her eine Relativierung erfährt, ja außer Kraft gesetzt wird: Unterrichtssituationen, in denen ihr kollektives, nach außen gerichtetes Interesse durch die Unterrichtsdynamik in einer Weise angesprochen wird, dass das kollektive Gespräch auch über eine ganze Unterrichtsstunde hinweg möglich, ja notwendig ist und die Schüler beim Erklingen des Pausenzeichens überrascht äußern: »Ach, die Stunde ist schon vorbei?« Diese Situationen sind jedoch nicht planbar; sie ereignen sich. Der Lehrer, die Lehrerin muss ein Gespür für solche Situationen entwickeln und sich auch hier im unterrichtlichen Handeln für die Gegenwärtigkeit der Schüler offen halten. Gerade wenn sie durch den Unterricht in ihren lebensweltlichen Erfahrungen angesprochen oder herausgefordert werden und sich hieraus die Notwendigkeit eines Gesprächs ergibt, sollte der Lehrer solchen lebensweltlichen Unterbrechungen seines Unterrichtens zustimmen, ja, sollte sie bewusst ergreifen und gestalten. Dies gehört zu einer Kairologie des Unterrichtens, die das Handeln am fruchtbaren Augenblick neu zu strukturieren vermag.

Handlungsmodelle und der unterrichtliche Handlungszusammenhang

Dieses grundlegende Modell des Unterrichtsaufbaus ist nicht das einzig mögliche. Statt mit Außenorientierung und kollektivem Lernen könnte auch mit Innenorientierung und individuellem Lernen begonnen und von hier fortgeschritten werden. Auch die Energie dieser Auf-sich-Bezogenheit der Schüler ist begrenzt, und es stellt sich das Erfordernis, durch einen Wechsel nach außen eine Balance herzustellen. Ebenso sind an verschiedenen Stellen der Unterrichtsdramaturgie immer Modifikationen möglich, in denen etwa Gruppenarbeit oder Partnerarbeit zum Tragen kommen können. Beide Arbeitsformen stellen gegenüber dem Lehrer-Schüler-Gespräch reduzierte Formen der Außenorientierung dar und müssen als solche in einen Zusammenhang mit dem Energiehaushalt der Schüler und der Dynamik des Unterrichtsprozesses gebracht werden. Da dieser Energieaspekt bisher zu wenig gesehen wurde, gab es in der Praxis der Gruppen- und Partnerarbeit durch eine zu lange Außenorientierung sehr häufig große Frustrationen, – galten sie doch als die Arbeitsformen eines schülerorientierten Unterrichts.

Im Ganzen ist die Zahl solcher Modelle, die landauf, landab tagtäglich im Religionsunterricht mit Erfolg realisiert werden, vermutlich nicht beliebig groß. Dies rührt vom allgemeinen Charakter des unterrichtlichen Handlungszusammenhangs her, in dem sie Orientierung geben sollen. Religionspädagogik muss sich zur Aufgabe machen, diese gelingenden Handlungsmodelle zu rekonstruieren; die Modelle des Alltags (Konstruktionen ersten Grades) vermögen so zur Grundlage bzw. zu einem wichtigen Bezugspunkt der religionspädagogischen Modell- und Theoriebildungen (Konstruktionen zweiten Grades) zu werden.[38] In der Tradition dieses Denkens steht ein Verfahren, das in den Vereinigten Staaten unter dem Stichwort »modelling« entwickelt wurde: An den Meistern des Alltags sollen die Grundelemente des professionellen Handelns bestimmt werden.[39] Gerade für die Religionslehrerausbildung erweisen sich solche grundlegenden Modelle des Lehrerhandelns als fruchtbar; sie stellen gleichsam erlernbare Grundakkorde dar, die mit der Entwicklung der Handlungskompetenz immer mehr erweitert, variiert und differenziert werden können. Nie sind diese Modelle beliebig, denn sie müssen dem Mikrokosmos des religionsunterrichtlichen Handlungszusammenhangs gerecht werden, der sich im Religionsunterricht als objektives Möglichkeits- und Begrenzungsgefüge konstituiert.

2. Grundmodelle des Umgangs mit Medien im Religionsunterricht

Die dargestellte Dramaturgie des Unterrichtsaufbaus kennzeichnet eine noch formale Abfolge des unterrichtlichen Handelns. Die konkrete Unterrichtsgestaltung gewinnt erst durch das verwendete Hauptmedium seine lebendige Form und Vielfalt. Das Hauptmedium enthält die eigentlichen Lernpotentiale des Unterrichtsprozesses. Aus der spezifischen Medienart ergibt sich im unterrichtlichen Handlungszusammenhang eine jeweils besondere Erschließungs- und Handlungsfolge. Beides macht die didaktische Eigenschwere der Medien im Unterricht aus. Übergehen wir dieses Eigengewicht, so werden wir den Medien nicht gerecht; wir werden vor allem auch den Schülerinnen und Schülern nicht gerecht, die an diesen »Mittlern« der religionsdidaktisch relevanten Wirklichkeit begegnen sollen, um an ihr zu lernen. Verwursten wir die großen Texte, Bilder und Lieder des Glaubens und der Religion in einer äußerlichen, ihnen nicht entsprechenden Weise, dann bleibt das Lernen eigenartig blass, mag die Zahl der verwendeten Medien noch so groß und ihre Vielfalt noch so bunt sein. Das Problem des religionsunterrichtlichen Handelns besteht heute nicht im Mangel an »Material«: Bücher und Lernmaterial stehen wie noch nie zur Verfügung; die Medienzentralen quellen über und über; auch die persönlichen Materialsammlungen von Religionslehrerinnen und Religionslehrern haben in der Regel nach wenigen Jahren Schulpraxis ein Maß erreicht, welches eine Übersicht schwierig macht. Das Problem liegt vielmehr darin, wie dieses »Material« im Unterricht fruchtbar zum Gegenstand des Lernens werden kann. Es geht im Letzten um eine angemessene Mediendidaktik, die in elementarer Weise die eigene didaktische Dignität der Medien als Bezugspunkt des Unterrichtens entdeckt und für das Handeln lebendig werden lässt. Hierin besteht das Programm einer religionspädagogischen Mediendidaktik: vom toten »Material« zum lebendigen Zeugnis; ein Wandlungsprozess, der die vielen Ausdrucksformen des Glaubens zu erschließen vermag, ohne ihnen ihre Würde und ihr Geheimnis[1] zu nehmen. Denn es geht im religionsdidaktischen Erschließungsprozess immer auch um eine Hinführung der Schüler zum Unsagbaren und Unaussprechlichen in den Gegenständen des religiösen Lernens. In diesem Sinne ist Religionsdidaktik wesentlich immer auch profunde Mediendidaktik; sie ist dies in einem viel umfassenderen Sinne als gewöhnlich angenommen wird, wenn Mediendidaktik auf den Sonderbereich der elektronischen Medien wie Film und Video eingegrenzt wird.

Einem solchen Verständnis der Medien steht ein unterrichtliches Handlungsmuster gegenüber, das Medien unter zweckrationalen Gesichtspunkten vor allem als Mittel zur Erreichung von Lernzielen oder zur Erarbeitung bestimmter Themen sieht. Es führt zu einem deduktiven Verfahren, das von Zielen, Themen, Theorien oder Theologien etc. ausgeht und zu ihrer Umsetzung Medien sucht. Seine Hauptfrage lautet: Wo finde ich Material für meine Absicht? Eigenartigerweise entsprechen die so gefundenen und verwendeten Medien zumeist nur zum Teil den Zielen und Absichten, eben weil sie nicht für den betreffenden Unterricht »gemacht«, sondern in anderen situativen Zusammenhängen entstanden sind, etwa biblische Texte, kunstgeschichtliche Bilder etc. Sie sind in sich vielschichtig und enthalten immer auch eine Menge widerständiger Elemente, die in einer funktionalen Verwendung permanent zum Problem werden: Sie bringen bei den Schülern etwas in Gang, was nicht beabsichtigt ist, oder sie erzeugen durch ihren fremden Ton Unverständnis und Kopfschütteln; vieles zwickt sich und passt nicht zusammen. Eine deduktiv-zweckrationale Logik nimmt die Medien von vornherein selektiv, in Bezug auf ihre Brauchbarkeit für bestimmte Absichten wahr. Sie übersieht deshalb vieles, blendet aus und tut den großen Ausdrucksformen des Glaubens und der Religion von Beginn an Gewalt an.

Entscheidend: Medien sind keine Mittel, sondern sie sind *Mittler*. In ihrer konkreten materialen Gestalt und Form tritt uns eine fremde Welt gegenüber, der wir uns im Erschließungsprozess mit den Schülern zunächst nähern müssen. Ein sachgerechter Umgang mit Medien sieht in ihrer Vielschichtigkeit und ihren widerständigen Elementen nicht eine Störung, sondern sie kennzeichnen eben den Weg, über den die in ihnen repräsentierte fremde Welt zugänglich wird. Unterricht muss deshalb den Medien immer zunächst in ihrer Eigenschwere gerecht werden, bevor sie in bestimmten Kontexten gedeutet und interpretiert zu werden vermögen. Wohl helfen Ziele, konkrete Fragestellungen, bestimmte Themen etc., Medien zu suchen. Ist in diesem Suchprozess dann die Entscheidung für ein Medium gefallen, gilt es jedoch, die ursprüngliche Absicht zunächst zurückzustellen, um ihm in seiner eigenen materialen Gestalt und Potentialität gerecht zu werden.[2] Diese Hinwendung zum Eigengehalt hat Rückwirkungen auf die ursprüngliche Absicht. Vor dem Hintergrund des konkreten Mediums muss sie korrigiert, modifiziert, erweitert oder unter Umständen auch »verkleinert« werden. Und gerade im sachgerecht erschlossenen Detail vermag das Ganze, im Konkreten das Allgemeine zugänglich zu werden. Hier gilt die eigentümliche Dialektik, die Federico Fellini für die Entstehung seiner Filme formuliert hat: »Ein Film ist wie eine Reise. Sie kann nach einem Programm geplant werden, aber die Orte selbst entdeckt man erst während der Fahrt.« Für den Religionsunterricht bedeutet dies: Der religiöse Lern-

☞ *Der religiöse Lernprozess ist wie eine Reise. Er kann nach bestimmten Zielen und Absichten geplant werden, aber die didaktischen Lernorte entdeckt man erst während der Erschließung des Eigengehalts der Medien.*

prozess ist wie eine Reise. Er kann nach bestimmten Zielen und Absichten geplant werden, aber die didaktischen Lernorte entdeckt man erst während der Erschließung des Eigengehalts der Medien.

Nicht über Deduktion und Zweckrationalität, sondern über ein Verfahren des Entdeckens und der Wechselwirkung konstituiert sich eine sachgerechte religionsdidaktische Handlungslogik im Umgang mit Medien. Ziele determinieren nicht den Unterrichtsprozess, sondern sie sind Suchinstrumente für Unterrichtsarrangements; sie haben in diesem Sinne eine heuristische Aufgabe.[3] Dabei wird vor allem auch deutlich, dass in den großen Texten und Bildern immer mehr steckt, als das in einer jeweiligen Unterrichtssequenz beabsichtigt und zur Geltung gebracht werden könnte. Unterrichtliche Ziele und Themen stellen jeweils neue Kontexte dar, in denen die Mittler gedeutet und interpretiert zu werden vermögen, nachdem in der immanenten Erschließung zunächst ihr Eigengehalt umkreist wurde. Vor allem aber gewinnt ein Religionsunterricht, der den konkret materialen Gehalt der Medien in den Mittelpunkt rückt, an Lebendigkeit; seine Lernprozesse werden erdhaft, bunt, konkret.

Für Anfänger stellt der Wandel von einem deduktiv-zweckrationalen Handlungsmuster zu einer Handlungslogik des Entdeckens und der Wechselwirkung eine der schwierigsten Etappen hin zu einem angemessenen Unterrichtshandeln dar. Die Gründe hierfür sind vielfältig: Zum einen denken Anfänger noch zu sehr und zu ausschließlich fachwissenschaftlich, sprich theologisch. Theologie gelte es, mit den »Mitteln« der Didaktik zu zerkleinern und umzusetzen. Didaktik als Ganze wird in einer Zweck-Mittel-Relation gedeutet. Die Wahrneh-

mung der eigenen Diginität der unterrichtlichen Handlungslogik, die nicht aus einem theologischen Denken deduzierbar
und ableitbar ist, bildet einen entscheidenen Schritt in diesem
Prozess der Annäherung an den Unterricht. Hinzu kommt
natürlich, dass die universitäre Religionsdidaktik selbst zu
theologisch und zu wenig didaktisch orientiert ist. Zum Dritten stellt die deduktiv-zweckrationale Mentalität, von einem
Bezugspunkt die Welt in hierarchischer Weise zu betrachten,
ein kulturelles Muster dar, das tief in unserem Denken, vor
allem auch in unserem theologisch-kirchlichen Denken verankert ist.

Das Erfordernis einer Handlungslogik der unterschiedlichen
Bezugspunkte, des Entdeckens deren eigener Dignität, ihrer
Wechselwirkung und Kommunikation, stellt sich aus dem
Mikrokosmos des unterrichtlichen Handlungszusammenhangs – wollen wir ihm gerecht werden. Mit den »*Grundmodelle des Umgangs mit Medien*« soll diese eigentümliche
unterrichtliche Handlungslogik eingeübt werden.

Die Grundmodelle spezifizieren die Dramaturgie des Unterrichtsverlaufs vor dem Hintergrund der verschiedenen Medienarten. Diese unterscheiden sich durch verschiedene Codes,
in denen ihre Botschaft aufbewahrt ist. Die unterschiedlichen
Codes erfordern jeweils eigene Decodierungs- bzw. Erschließungsschritte, die von den Schülerinnen und Schülern gegangen werden müssen, damit die in den Medien verschlüsselte
Welt verständlich und lebendig werden kann. Auch bewirkt
ein Text andere innere Wahrnehmungsprozesse als ein Bild
oder gar ein Film; hieraus ergeben sich jeweils mehr oder
weniger nahe liegende Vertiefungs- und Gestaltungsmöglichkeiten. Es geht darum, die je eigenen unterrichtlichen Lern-
notwendigkeiten und Lernmöglichkeiten der verschiedenen
Medienarten in den Blick zu nehmen. Ziel ist dabei immer,
Medium und Schüler zusammenzuführen, damit das Medium

zum Mittler der für religiöse Lernprozesse relevanten Wirklichkeit werden kann.

Sachgerecht erschlossene Medien öffnen den Unterricht. Durch sie tritt der Glaube und das Weltverständnis von Menschen anderer Lebenswelten, Generationen und Epochen in den Raum des Religionsunterrichts. Sie entlasten damit auch den Religionsunterricht von der alleinigen Zeugenschaft des Lehrers und der Lehrerin. So wichtig die Glaubwürdigkeit der Lehrkraft und ein gutes Verhältnis zu den Schülern im Religionsunterricht sind, – vermag das religiöse Lernen nur auf ihr Zeugnis zu bauen, so führt dies zum einen zu einer Überforderung der Lehrkräfte und zum anderen zu einer Reduktion der Glaubenserfahrung auf die unmittelbar am Unterricht Beteiligten. Zeugenschaft des jüdisch-christlichen Glaubens ist von Beginn an die Zeugenschaft vieler: jener, die sich auf den Ruf Gottes eingelassen und mit ihrem Leben darauf geantwortet haben: der Stammväter und -mütter, der Propheten und Prophetinnen, der Jünger und Jüngerinnen, der Apostel, der Heiligen, der großen Gestalten des Glaubens etc. Das eine besondere Zeugnis wird durch die anderen ergänzt und auch relativiert.

Die Hervorhebung des persönlichen Aspekts des Lehrerhandelns im Religionsunterricht darf nicht verwechselt werden mit einer Reduktion auf den persönlichen Aspekt. Dass das religiöse Lernen in der Schule zuweilen überhaupt nur noch in dieser Reduktion aufs Persönliche erscheint, hängt mit einem wenig entwickelten religionsdidaktischen Niveau zusammen; besonders auch im Verständnis von und im Umgang mit Medien. Und es ist sicherlich kein Zufall, dass innerhalb eines solchen Religionsunterrichts das Lehrer-Schüler-Gespräch zur dominanten Unterrichtsform wurde, mit allen unter dem Stichwort der »Lehrer-Schüler-Gesprächskrankheit« beschriebenen problematischen Folgen. Schon zu Beginn der Dikussion über den »Religionslehrer als Zeugen« hat

Adolf Exeler in seinem programmatischen Aufsatz von 1981 einschränkend formuliert: »Guter Unterricht besteht nicht nur aus perönlichem Zeugnis. Er enthält viele andere Elemente ... Das persönliche Zeugnis stellt in diesem Kontext ein didaktisches Element dar«[4]. Ist nicht mehr nur die Lehrerin und der Lehrer Quelle religiöser Erfahrung und gläubigen Bekenntnisses, sondern treten die Medien als Mittler der vielen Zeugnisse hinzu, dann erst vermag das persönliche Zeugnis im Konzert der vielen sein Gewicht und seine besondere Aussagekraft zu gewinnen.

Diese Weitung und Öffnung nach dem Draußen des Glaubens und der Religion, zur Vielfalt ihrer Ausdrucksformen, hängt in zentraler Weise mit methodischen Fragen des »Umgangs« mit Medien zusammen. Deutlich wird dabei – und auch dies gehört zur Eigenart der unterrichtlichen Handlungslogik –, dass diese methodischen Fragen nicht nachgeordnet oder zweitrangig sind; im Gegenteil: Konzeptionelles Neuland kommt erst dann in den Blick, wenn ein Weg zu ihm gangbar wird, d.h. wenn diese Neuorientierungen methodisch auch realisierbar sind. In der Soziologie wird in diesem Zusammenhang von Enaktierungspotentialen gesprochen: Handlungsvoraussetzungen, innerhalb derer sich Orientierungen überhaupt erst entfalten können.[5] Auch hier: Zwischen Konzeption und »Methode« besteht keine Zweck-Mittel-Relation, sondern ein Verhältnis der Wechselwirkung, wobei eine Veränderung auf einer Ebene Veränderungen auf der anderen nach sich zieht.

Alle diese Handlungsformen des »Umgangs mit Medien« widmen dem jeweiligen Medium als »Medium an sich« im Unterricht ein gutes Stück Zeit, gemeinsame Aufmerksamkeit, Energie. Sie verstehen sich als »Grundmodelle«, die vor dem Hintergrund der unterrichtlichen Handlungslogik immer auch modifiziert, erweitert, ausdifferenziert werden können. Dabei beziehen sie sich auf den Grundrahmen einer 45-minütigen Unterrichtsstunde. Sie haben ihren Ort sehr nahe an der Unterrichtspraxis und wollen hierzu eine übersichtliche Strukturierungs- und Gestaltungshilfe im Horizont der jeweiligen Art des Hauptmediums sein. In diesen Grundmodellen ist jeweils die Vorphase des Unterrichts, wie sie in der Dramaturgie einer Unterrichtsstunde beschrieben wurden, als Phase 0 nicht mehr immer eigens erwähnt, da diese in prinzipieller Weise vor jeder Unterrichtsstunde die Voraussetzungen für den Unterricht gestalten soll.

3. Ein Grundmodell des Umgangs mit Texten im Religionsunterricht

- 1. Motivation/Dramaturgische Platzierung
  Den Text in das Zentrum des gemeinsamen Interesses rücken:
  Zu jedem Text müssen die Schüler »motiviert« werden
  Hinführung zum Text

- 2. Die Schüler nehmen den Text auf
  Der Text muss von den Schülern innerlich wahr- und aufgenommen werden:
  Mehrere Male den Text lesen;
  Prinzip: das Gleiche in immer anderer Weise (leise lesen, laut lesen, mit verteilten Rollen lesen etc.)

- 3. Eindruck
  Die Schüler sollen verschiedene Eindrücke und Gefühle äußern können, die das Lesen des Textes bei ihnen auslöst. Wichtig: Hier gibt es kein »richtig« oder »falsch«; Eindrücke dürfen nicht bewertet werden.

- 4. Nacherzählen/Nachformulieren mit eigenen Worten
  Die Schüler vergegenwärtigen den Text nochmals, gestalten ihn aber auch schon in ihrer eigenen Sprache.

- 5. Immanente Deutung
  Die Schüler deuten den Text aus den bisherigen Erschließungsschritten, z.B.:
  «Welche Überschrift könnten wir dem Text geben?»
  «Worum geht es in dem Text?»
  «Worin besteht das Zentrum des Textes?» usw.

- 6. Kontextuelle Deutung
  Deutung und Interpretation des Textes vor dem Hintergrund verschiedener Kontexte:
  des Stundenthemas
  der Lernziele
  der Wirkungsgeschichte des Textes
  der Biografie des Autors
  sonstiger Fragestellungen
  usw.

- 7. Sicherung / Vertiefung
  Das Erarbeitete wird im Heft gesichert

- 8. Ausdruck / Gestaltung
  Die Schüler gestalten ihre mit dem Text gemachten Erfahrungen: Malen, kreatives Schreiben, Singen, Spielen, Gestaltung des Hefteintrages usw.
  Oder: Üben, Anwenden, Übertragen etc.

- 9. Ausklang

Da die Dramaturgie einer Unterrichtsstunde im ersten Kapitel am Beispiel des Umgangs mit einem Text dargestellt wurde, genügen hier nur kurze Hinweise, um die Handlungsfolge dieses ersten Grundmodells zu erläutern. Es gliedert sich in 9 Schritte; gegenüber den dargestellten 6 Phasen der Unterrichtsdramaturgie ist die Phase der Erarbeitung nun ihrerseits in 5 Schritte (Punkt 2 – 6) differenziert, um für das praktische Handeln die entscheidenen Schaltstellen deutlicher zu machen. Die Hinweise unter den Überschriften sollen stichpunktartig wesentliche Elemente des jeweiligen Handlungsschritts in Erinnerung rufen. Darüber hinaus sollen drei Aspekte beim unterrichtlichen Umgang mit Texten hervorgehoben werden:

Der besondere Energieaufwand bei Texten,
zum Umfang der Texte,
innere Wahrnehmungsprozesse bei Texten.

• *Der besondere Energieaufwand bei Texten*

Die Erarbeitung, besonders die Decodierung geschriebener Texte, erfordert im Unterricht ein großes Maß an Energie. Die Schüler müssen Buchstaben, Wörter, Sätze, Satzfolgen, Abschnitte etc. zunächst in Bedeutungen, Vorstellungen und innere Bilder umwandeln, um sie dann als Ganzes zu verstehen. Es ist ein Transformationsprozess vom toten Buchstaben zur lebendigen Vorstellung, vom dinglichen Zeichensystem zur sinnvermittelnden Kommunikation. Dieser Prozess mag für Erwachsene, zumal, wenn sie als Lehrerinnen und Lehrer ein Studium abgeschlossen haben und mit Büchern und Texten leben, inzwischen als das Selbstverständlichste der Welt erscheinen; für die Schüler ist dies nicht so; zumindest nicht für die Schülerinnen und Schüler als Lerngruppe, auf die sich das kollektive unterrichtliche Lernen bezieht. Er stellt immer eine energieaufwendige Angelegenheit dar, für die im Unterricht genügend Zeit zur Verfügung stehen muss. Sicherlich differiert dieses Maß von Schulart zu Schulart, aber wir wissen auch, dass das Leseverstehen und die Interpretationsfähigkeit nicht nur in der Grund- und Hauptschule eine besondere Aufmerksamkeit erfordern; das Problem stellt sich in etwas anderer Form auch in Realschulen, Gymnasien, ja selbst an Hochschulen und Universitäten.

Die Entwicklung der Literalität, d.h. der Kommunikation über die Schrift in Form des Lesens und Schreibens, stellt in der ontogenetischen und phylogenetischen Entwicklung der Menschen eine bedeutende und einflussreiche Hürde dar.

Der amerikanische Medienwissenschaftler Neil Postman hat diesen schwierigen Prozess der Literalisierung sehr eindrücklich beschrieben. Für ihn hängt das Verständnis von Kindheit und Erwachsensein in der abendländischen Zivilisation im Inneren mit dieser Entwicklung zur Literalität zusammen. Umgekehrt sieht er in ihrer tendenziellen Auflösung über die geringer werdende Bedeutung der Schrift und des Lesens durch die modernen elektronischen Medien ein »Verschwinden der Kindheit« in den modernen Gesellschaften.[1]

Über diese Tendenzen zur Auflösung der Literalität gilt es nicht nur ein Klagelied anzustimmen, wie es allenthalben, zumal unter Pädagogen aller Couleur, zu vernehmen ist. Die Lernstätten selbst, von der Grundschule bis zur Universität, haben Anteil an dieser Entwicklung, eben weil sie etwas als selbstverständlich voraussetzen, was alles andere als selbstverständlich ist. Der Prozess des Leseverstehens und der Interpretation muss deshalb viel stärker in die Lern- und Lehrformen als bewusste Aufgabe Eingang finden und auch methodisch gestaltet werden.

Für die Unterrichtsstunde bedeutet dies zuerst: Weil der Erschließungsvorgang von Texten eine energieaufwendige Aufgabe darstellt, muss er an einer Stelle beginnen, an der den Schülern die meiste Kraft und Lernbereitschaft zur Verfügung steht. In unserem Modell der Unterrichtsdramaturgie möglichst am Anfang: je früher, desto besser. Ist die voruntterrichtliche Phase abgeschlossen, sollte rasch nach der Motivation die Texterschließung beginnen. Die Motivation sollte wirkungsvoll, jedoch zeitlich kurz sein; häufig genügt das ansprechende Layout einer Buchseite oder eines Arbeitsblattes, damit die Schülerinnen und Schüler Interesse und Lesebereitschaft entwickeln.

Umgekehrt: Je mehr Energie für andere Dinge am Beginn verwendet wird, desto schwieriger und schleppender wird der Erschließungsprozess von Texten sich dahinziehen. Es gibt in der Schule einige Unterrichtsgewohnheiten, die am Unterrichtsbeginn kostbare Lernenergie aufzehren, so dass sie dann für die Erschließung des Hauptmediums fehlt. Zwei solcher Gewohnheiten sollen erwähnt werden:

Abfragen: Durch Abfragen am Beginn der Stunde sollen mündliche Noten ermittelt und der Stoff der letzten Stunde wiederholt werden. Oft zieht sich das Abfragen bis zu zehn Minuten oder gar länger dahin. Es ist in der Sekundarstufe I und II weit verbreitet und hat vor allem an Gymnasien eine lange Tradition, ja es gehört zuweilen fast zu den unterrichtlichen Anfangsritualen dieser Schulart. Befürworter des Abfragens weisen darauf hin, dass hierdurch die Schüler gezwungen seien, zu Hause den Lernstoff vertiefend nachzuarbeiten bzw. die neue Stunde vorzubereiten.

Betrachten wir das Abfragen am Unterrichtsbeginn vom Energieaspekt und von der Unterrichtsdramaturgie her, dann wird diese weit verbreitete Gewohnheit höchst fragwürdig: Die »goldene Zeit« der ersten Stundenhälfte wird darauf verwendet, um von zwei oder drei Schülern eine mündliche Note zu ermitteln. Dauert die Abfrage zehn Minuten, dann ist die Hälfte der Erarbeitungsenergie verbraucht. Darüber hinaus beginnt mit dem Abfragen die Unterrichtsstunde mit einer Prüfungssituation: Diejenigen, die es trifft, haben Pech, die übrige Klasse soll aufmerksam zuhören. Oft wird auf diese Weise der Stundenbeginn gleich mit Disziplinproblemen belastet.

Der Gewinn der Ermittlung von wenigen mündlichen Noten steht in keinem Verhältnis zu dem, was dabei didaktisch verloren geht: volle Energie und Lernbereitschaft, um etwa einen Text zu erarbeiten. Die Folge: Das Lehrer-Schüler-Gespräch dehnt sich aus, da in der verbleibenden Erarbeitungszeit das neue Medium nicht erschlossen werden kann; damit verbunden: ein Wegfall der Vertiefung und Gestaltung. Beides soll nun zu Hause von den Schülern bewerkstelligt werden. Von hierher ergibt sich wiederum die Notwendigkeit, am Beginn der nächsten Stunde breit abzufragen und zu wiederholen. Über diese Folgemechanismen kommt es zu einer fortgesetzten Lähmung in der Unterrichtsdramaturgie: Die vorhergehende Stunde belastet die gegenwärtige und die gegenwärtige Stunde wird die folgende belasten. Dem Unterricht wird ständig die dramatische Spannung genommen. Auch hier gilt: Neues soll nicht mit Altem belastet werden. Sicherlich, eine Wiederholung am Stundenbeginn kann sinnvoll sein; sie hat oft gar einen motivierenden Charakter. Sie darf sich jedoch nicht zu lange hinziehen; und es ist allemal besser, sie nicht durch eine Prüfungssituation zu belasten. Alle Schüler können und sollen sich dabei angstfrei beteiligen.

Natürlich ist es auch möglich, die Wiederholung zum Schwerpunkt einer Unterrichtsstunde zu machen, so dass danach nichts Neues mehr erarbeitet, sondern die Wiederholung selbst in der zweiten Stundenhälfte »vertieft« und »gestaltet« wird; beispielsweise am Ende einer thematischen Einheit oder vor einem Leistungsnachweis. Die Frage ist, wie auf diesem Hintergrund sinnvoll mit dem Abfragen umgegangen werden kann, da es sich oft durch die Zahl der in den Schulordnungen verlangten mündlichen Noten tatsächlich aufzudrängen scheint. Eine Möglichkeit besteht etwa darin, gelegentlich die letzten zehn Minuten einer Unterrichtsstunde für das Abfragen zu verwenden, während die anderen Schülerinnen und Schüler sich still beschäftigen. Vielleicht kann aber auch, mit etwas Phantasie, dieses fragwürdige Anfangsritual höherer Lehranstalten durch andere Formen der mündlichen Darstellung, Explikation und Leistungsmessung überhaupt ersetzt werden.

Leistungsnachweise zurückgeben: Eine weitere unreflektierte Gewohnheit, die den Stundenbeginn zugegebenermaßen seltener belastet, ist es, korrigierte Extemporalien, Stegreifaufgaben, Proben etc. am Beginn der Stunde auszuteilen. Auch hier ist das Stundenende von der Unterrichtsdramaturgie her viel besser geeignet. Die Lehrkraft kann zehn Minuten oder eine Viertelstunde vorher abbrechen, je nachdem, wie groß der zu erwartende Klärungsbedarf in der Nachbesprechung ist. Sollen die Aufgaben grundlegend durchgesprochen und unter Umständen wiederholt werden, ist es auch hier günstiger, eine ganze Unterrichtsstunde dafür zu verwenden und dann auch die Vertiefungsphase zu berücksichtigen. Verbleibt dann am Stundenende noch etwas Zeit, kann etwa ein Spiel o.ä. die Situation auflockern.

• *Zum Umfang der Texte*

Grundsätzlich gilt »*nach unten hin*«: Auch kurze Texte müssen im Unterricht decodiert werden, d.h. mehrere Male gelesen, nacherzählt oder -formuliert und gedeutet werden. In der Praxis wird auf kurze Texte, ob ihrer Kürze, oft keine Erschließungssorgfalt verwendet; deshalb verfehlen sie zuallermeist ihre didaktische Wirkung. Gerade im Religionsunterricht zeichnen sich kurze Texte wie Bekenntnissformeln, Spruchweisheiten, kurze Gebete oder Gebetsrufe, Liedverse, Zitate etc. durch ihren komprimierten Gehalt aus. Deshalb bedürfen sie besonders der Verlangsamung über das Prinzip »das Gleiche in anderer Weise«, damit ihr Gehalt im Unterricht zu expandieren vermag. Ingo Balderman[2] und in seinem Gefolge Rainer Oberthür[3] haben an Psalmen gezeigt, wie sich die Schülerinnen und Schüler in einzelnen Psalmrufen, etwa: »*Ich bin ein zerbrochenes Gefäß*« (Ps 31,19)[4] oder: »*Du nennst mich bei meinem Namen*«(Ps 91,14)[5], oder »*Ich danke Dir dafür, dass ich wunderbar gemacht bin*« (Ps 139, 14)[6] etc. selbst entdecken können. Die Autoren identifizieren in den Psalmen kurze »elementare Sätze«, »lebendige«

sprachliche Einheiten, um sie als »Kristalle der Sprache«[7] zum jeweiligen Hauptmedium des Religionsunterrichts zu machen. Die Deutung kann angeregt werden mit Fragen, etwa: Wie geht es einem Menschen, der einen solchen Satz ausspricht? Die Schülerinnen und Schüler sollen dabei Situationen imaginieren, in denen diese Worte einen Sinn ergeben und verständlich sind. In gewisser Weise findet hier eine entgegengesetzte Interpretationsbewegung wie bei entfalteten Texten statt: Wird etwa in einer Geschichte nach dem extrakthaften Sinn gefragt, so sucht die deutende Fragerichtung bei extrakthaften »elementaren Sätzen« nach Geschichten, vor deren Hintergrund sie einen Sinn ergeben. Die eine Richtung geht in induktiver Weise vom Besonderen zum Allgemeinen, die andere, umgekehrt, in deduktiver Weise vom Allgemeinen zum Besonderen.

Sicherlich: Im Ganzen ist die Erschließungszeit dieser kurzen und »elementaren Sätze« im Unterricht geringer, dafür nimmt jedoch die Ausdrucks- und Gestaltungsphase einen breiteren Raum ein, in der ihr Gehalt sich vor dem Hintergrund der eigenen Erfahrung entfalten kann: etwa, dass die Schüler aus der Idendifikation mit dem Schreiber ein Bild malen oder einen Text verfassen. Kurze gehaltvolle Texte eignen sich auch immer, kalligrafisch gestaltet zu werden. In Anlehnung an Psalm 139,14 gab die Religionslehrerin in einer 8. Hauptschulklasse[8] den Gestaltungsauftrag, ein Gebet zu schreiben, das mit den Worten beginnt »Ich bin ein guter Gedanke Gottes ...« Die Hauptschülerinnen und Hauptschüler formulierten sehr eindrucksvolle Texte, in denen ihre Erfahrungen einen Ausdruck fanden. Ein Mädchen schrieb:

»Herr, ich bin ein guter Gedanke von Dir,
weil es mir eigentlich sehr gut geht. Wenn man bedenkt, dass wir nicht reich sind, fühle ich mich doch wohl. Ich habe viele Freunde, die mir helfen, wenn ich Probleme

habe. Auch habe ich die Eigenschaft, meinen wirklichen Freunden zuzuhören und ihnen beizustehen. Das finde ich toll. Oft werde ich blöd angemacht, wegen meiner Cousine M. Ich habe einen Ruf als Nutte. Das stimmt doch gar nicht. Alle denken, ich steige mit jedem ins Bett. Ich möchte nur, dass sie mich normal behandeln. Dafür dass M. meine Cousine ist, kann ich ja auch nichts. Meine schlechteste Seite an mir ist, dass ich immer gleich schreie und schlage. Vor allem meine kleine Schwester muss sehr darunter leiden. Oft bin ich sauer auf Frau A., weil sie mich immer besser behandelt als die anderen in der Klasse. Das finde ich ungerecht.

Ich habe nicht viele gute Seiten, weil ich manchmal einfach alles rauslassen muss. Ich bekomme von meinen Eltern, was ich will, und es tut mir leid, wie ich sie immer anschreie.

Ich bin ziemlich – naja, eigentlich nicht mehr so gut in der Schule. Aber doch dankbar für den Verstand, den ich habe. Ich lerne nicht gern, und das ist schuld daran.

Ich kann es auch absolut nicht leiden, wenn so ein paar Machos aus meiner Klasse sagen: › Komm schon, heut' hau' ich dich 'nauf!‹ [9], oder so. Das ist so gemein. Aber ihnen zu sagen, dass ich lieber ihre beste Freundin sein will, trau' ich mich nicht. Jetzt hab' ich einen Freund, der sehr nett ist, mit dem ich aber darüber nicht reden kann. Ich hab' mich daran gewöhnt, als Schlampe abgestempelt zu sein, aber ich kann ja nichts ändern. Und wenn ich betrunken bin, weiß ich nicht mehr, was ich tue.

Aber im Großen und Ganzen bin ich mit meinem Leben doch zufrieden.«

Sicherlich vermag eine solche Offenheit der Schülerinnen und Schüler sich nur auf der Grundlage einer positiven, von Bejahung getragenen Lehrer-Schüler-Beziehung zu entwi-

☞ *In elementaren Sätzen und fremden religiösen Sprachformen lernen Schüler/innen sich selbst auszusprechen – in einer Ausdrucksweise, welche die Alltagsprache nicht zu erreichen vermag.*

ckeln. Die Religionslehrerin an dieser Hauptschule ist von den Schülern sehr anerkannt. Aber der Religionsunterricht muss über die Medien auch Begegnungsmöglichkeiten mit zunächst noch fremden religiösen Sprachformen, wie etwa den Psalmen herstellen, über deren erschließender Aneignung sich die Schüler selbst »aussprechen« können; dies in einer Ausdrucksweise, welche die Alltagssprache nicht zu erreichen vermag. Über eine solche Erweiterung ihrer Sprach- und Ausdrucksfähigkeit vollzieht sich das religiöse Lernen. Das »Haus ihrer Sprache« (Heidegger) erhält neue Räume und Ausblicke und wird somit bewohnbarer.

Die Kraft solcher »elementaren Sätze« in den Psalmen und anderer »Kristalle« der religiösen Sprache und der Lebensweisheit sollte viel stärker für das religiöse Lernen in der Schule nutzbar gemacht werden. Gerade wenn es um ein religiöses Lernen geht, das für die Schülerinnen und Schüler alltagsrelevant sein soll. Die kurzen sprachlichen Wendungen prägen sich den Schülern leicht ein, und sie vermögen so in ihrem Alltag als Deutungswissen zur Entfaltung zu kommen.[10]

Die jeweils vorhandene Erarbeitungszeit in einer Unterrichtsstunde verlangt jedoch eine Begrenzung des Umfangs von Texten »*nach oben hin*«. Sicherlich ist dieses Maß von Schulstufe zu Schulstufe verschieden: In der Primarstufe ist es geringer als in der Sekundarstufe I oder II; auch zwischen den einzelnen Schularten ergeben sich Unterschiede: Immer richtet sich das Höchstmaß des Umfangs nach dem, was tatsächlich in der etwa 20-minutigen Erschließungszeit decodiert und gedeutet werden kann. Ein Beispiel, das für viele Unterrichtsstunden steht: Der Religionslehrer teilt in einer 11.

Klasse des Gymnasiums einen auf zwei DIN A4-Seiten kopierten eng gesetzten Spiegel-Artikel über neue Formen der Religiosität aus. Nach jedem gelesenen Abschnitt schließt sich eine Gesprächsphase über dessen Inhalt an. Am Ende der Stunde hatte der Lehrer den Artikel zu etwa dreiviertel »durchgearbeitet« – wie er sagte. Er war jedoch etwas enttäuscht, da er sich ein lebendigeres Gespräch über diesen »brandaktuellen« Artikel erwartet hatte. Die Länge des Textes führte dazu, dass die Schülerinnen und Schüler ihn eigentlich nicht decodieren konnten: Ein einmaliges Lesen genügt auch in der Oberstufe des Gymnasiums nicht, um einen Text so zu verstehen, damit über ihn »diskutiert« werden kann, – ganz abgesehen davon, dass das Lehrer-Schüler-Gespräch sich über die ganze Unterrichtsstunde hinweg ausdehnte und die Schüler den Text von Anfang an nur in Abschnitte zerstückelt wahrnehmen konnten. Vor allem aber ermöglichte diese Art des »Durcharbeitens« nicht, dass die Schüler den besonderen polemischen Ton dieses Artikels benennen konnten, um ein Maß an Distanz ihm gegenüber zu gewinnen, aus der heraus sie der Position des Autors gegenüber eine zustimmende oder ablehnende Haltung einnehmen konnten. Die Schüler nahmen diese Polemik zwar wahr – in ihr lag eine eigene Wirkung des Textes –, der Umfang des Textes ließ jedoch keine Zeit und keinen Raum, sie zum Thema des Gesprächs zu machen.

Sind Texte zu lang, dann fehlt die Zeit, sich von ihrer unmittelbaren Wirkung zu lösen, dann vermag nicht deutlich zu werden, welche Wertentscheidungen ihnen zugrunde liegt, dann vermag auch die Textgattung und die -form nicht in Erscheinung zu treten, die nicht nur beim Verständnis von biblischen Texten eine besondere Rolle spielt.[11] Bei einem geringeren Textumfang wäre es über ein mehrmaliges Lesen und über ein Nachformulieren möglich gewesen, die über einen Bericht hinausgehenden kommentierenden und in bestimmter Weise wertenden Wendungen zu identifizieren, um zunächst dem Text in seinem Eigengehalt gerecht zu werden. Nur so lassen sich auch im Unterricht die Voraussetzungen für einen Diskurs herstellen. Gerade in der Schule, in welcher es um ein Verstehen der Wirklichkeit geht, darf das Verstehen von Texten nicht naiv, sondern muss sachgerecht erfolgen und eingeübt werden. Es geht vor allem um die Überwindung einer kruden Texthermeneutik des didaktisch bewusstlosen »Durcharbeitens«. Deutlich wird dabei immer mehr: Die Frage des »Wie« rückt neben der Frage nach dem »Was« in den Vordergrund: Ein Zeitungsartikel kann ein angemessenes Medium des religiösen Lernens sein, wenn er sachgerecht erschlossen wird; umgekehrt: Ein biblisches Gleichnis mag im Unterricht nichts als Belanglosigkeit zeitigen, wird mit ihm in einer äußerlichen, ihm unangemessenen Weise verfahren.

Der Umfang ist deshalb eine wichtige Voraussetzung für einen angemessenen Umgang mit Texten im Religionsunterricht. Zu lange Texte sind nicht geeignet oder müssen gekürzt werden. Die didaktische Würze liegt eben nicht in langen, sondern in »exemplarischen«, beispielhaften Texten und Textpassagen; nicht jede Entfaltung oder jeder Fall einer Sache muss Erwähnung finden. Auch beim Umfang ist weniger mehr. Und auch hier: Schere und Klebestift gehört zum natürlichen Handwerkszeug, wenn es darum geht, Texte von außerhalb als Medien für den Unterricht zu transformieren.

Ein Unterschied im Umfang ergibt sich auch zwischen den verschiedenen Textarten: Erzählungen dürfen ausladender sein; bei theologischen, philosophischen oder sonstigen theoretischen Texten können oft wenige Sätze die Erschließungszeit und -energie aufbrauchen. Das konkrete Maß kann letztlich immer nur in Anbetracht des konkreten Textes, seiner Dichte, seines Schwierigkeitsgrades etc. in Bezug auf eine konkrete Klasse bestimmt werden.

Grundsätzlich ist es für das Lernen immer günstiger, wenn ein Text auf der Vorderseite eines Arbeitsblattes Platz findet. Hierdurch kann der Text als ganzer überblickt werden; die Schülerinnen und Schüler vermögen so den Bezug zum Textganzen immer visuell herzustellen. Im Zeitalter von Textverarbeitungssystemen ist es bei abgeschriebenen Texten kein Problem, durch eine kleinere Zeichengröße eine zweite Seite zu sparen. Bei kopierten Texten ist es auch in höheren Klassen meist ein Zeichen von zu großem Textumfang, wenn sie nicht auf einer Vorderseite Platz finden, da sie in der Regel klein gesetzt sind.

Selbst bei der Lektüre eines Buches im Religionsunterricht ist es erforderlich, für die unterrichtliche Erarbeitung Erschließungseinheiten zu bestimmen, die im Unterricht exemplarisch decodiert und gedeutet werden. Auf der Grundlage dieser erschlossenen Einheiten kann dann die individuelle Lektüre des Gesamttextes aufbauen.

• *Innere Wahrnehmungsprozesse bei Texten*

Unterschiedliche Medienarten bewirken bei den Schülerinnen und Schülern jeweils spezifische Wahrnehmungs- und Erlebensvorgänge. Diese inneren Prozesse sind für die Religionsdidaktik von entscheidender Bedeutung, weil sich über sie der religiöse Lernprozess vollzieht. Je mehr es gelingt, den Unterricht von diesen inneren Prozessen her zu gestalten, desto schülergemäßer wird das Lernen, eben weil es sich an der Logik der Schüler orientiert. Die Schüler müssen vor allem auf die ihnen in den Medien begegnende und in ihrem Inneren auf bestimmte Weise repräsentierte Wirklichkeit antworten können. Erzeugt die Schule Eindrücke, muss sie auch Distanz von diesen Eindrücken ermöglichen. Hierin ergreift sie Partei für die Schülerinnen und Schüler gegenüber den

bedrängenden Ansprüchen der Wirklichkeit. Religionspädagogisch geht es darum, die Balance zwischen Welt und
Schüler, Äußerem und Innerem, Fremdorientierung und
Selbstorientierung, Eindruck und Ausdruck anzubahnen. Nur
über diesen Weg vermögen die Schüler die ihnen im Unterricht begegnende Welt in ihren Bezugsrahmen zu integrieren.
Nur so kann sie wirklich zu ihrer eigenen Welt werden.

Der Vorgang der Decodierung und Erschließung eines Textes
ist verbunden mit einem Prozess der Imagination von inneren
Bildern, Gefühlen, Geräuschen, etc. und der Assoziation von
kognitiven Zusammenhängen vor dem Hintergrund der eigenen biografischen Erfahrung und des bisherigen Wissens: Der
Vater und das Kind, von denen ich in einer Geschichte lese,
erhalten aus meinen Vater- und Kind-Erfahrungen ihre eigentümlichen Färbungen; die Wüste vom Sand, von den Dünen,
von der Sonne und Hitze, vom Wind, die ich selbst gespürt
oder von denen ich zuvor gelesen, erzählen gehört oder in
einen Film Bilder gesehen habe etc. Die Erschließung eines
theologischen Textes lässt in einem assoziativen Prozess
lebendig werden, was ich mir bisher schon über den dargestellten Zusammenhang theologisch oder aus anderen Blick-
richtungen angeeignet habe. Dieser Vorgang hat eine
objektive (der Text) und eine subjektive Komponente (das
Leseerleben), die sich im Prozess des Aneignens verschrän-
ken. Handelt es sich hierbei um ein prinzipielles Muster, über
das wir die Welt jeweils im Horizont unseres biografischen
Wissens[12] in unserer eigenen Weise verstehen, so liegt die
besondere Kraft von Texten darin, dass die subjektive Komponente stärker hervortritt als bei Bildern oder Filmen. Dies
ist auch der Grund, warum viele Leser enttäuscht sind, wenn
sie ein Lieblingsbuch verfilmt sehen, eben weil sie sich die
handelnden Personen und ihr konkretes Verhalten anders als
der Regisseur »vorgestellt« haben. Gegenüber der Wucht von
Filmen und Bildern sind Texte deshalb auch »innerlichere«,

oder wir könnten auch sagen »sanftere« Medien; wir mischen uns bei der Decodierung von vornherein mehr mit ein; in dem, was wir lesen, begegnen wir stärker uns selbst. Tatsächlich: »Jeder, der liest, ist ein Leser seiner selbst« (Marcel Proust).

Für den Umgang mit Texten im Religionsunterricht bedeutet dies zuerst, dass wir den Texten mit ihren eigenen Imaginationspotentialen trauen: Lassen wir uns Zeit, umkreisen wir einen Text in den verschiedenen Decodierungs- und Deutungsschritten, dann vermögen diese Imaginationspotentiale auf der »inneren Bühne« der Schülerinnen und Schüler je besonders zur Entfaltung und zu ihrem »Auftritt« zu kommen. Vor allem sollten wir nicht meinen, Texte ständig durch Bilder illustrieren zu müssen. Zumeist reichen die Zeichnungen, mit denen etwa auf Arbeitsblättern vielfach biblische Geschichten »veranschaulicht« werden, bei weitem nicht an die ästhetische Qualität der biblischen Bildsprache heran. Solche oft trivialen Zeichnungen ermöglichen keine Imagination; ganz im Gegenteil, sie verhindern Imagination durch den Text, eben weil sie die Vorstellung auf sich fixieren. Zwar können bildlich dargestellte Details, die zunächst betrachtet werden, zum Text motivieren: etwa ein Bild des Sinaigebirges, ein Dornbusch oder Sandalen etc. bei der Erzählung über die Berufung des Mose (Ex 3,1-15). Die Geschichte selber sollte jedoch – haben wir uns für einen Text entschieden – auch durch den Text und nicht durch ein Bild »plastisch« und lebendig werden: wenn Text, dann ganz Text, und umgekehrt: wenn Bild, dann aber ganz Bild. Es gibt zwar eine Kombinationsmöglichkeit von anspruchsvollen Bildern mit dem biblischen Text, dabei sollte jedoch der Text nicht lesend erschlossen, sondern erzählt werden.[13]

Eine andere problematische Unterrichtsfolge ergibt sich, wenn zwar in der Erarbeitungsphase der Text an sich erschlossen und in den Schülern lebendig wurde, dann jedoch für die

Ausdrucks- und Gestaltungsphase etwa ein Bild ausgeteilt wird, um es auszumalen, wie dies häufig in der Grundschule geschieht. Zwar kommt es hierbei zum notwendigen Codewechsel vom Reden zum Tun und Gestalten – durch das neue Bild ergibt sich jedoch eine Konkurrenz und Dissonanz zu den je eigenen Bildern der Schüler, die sie in der ersten Unterrichtshälfte imaginiert haben. Das neue Bild deckt quasi die eigenen imaginierten Bilder der Schülerinnen und Schüler zu. Wenn in der ersten Stundenhälfte über einen Text auf der »inneren Bühne« der Schüler Bilder lebendig wurden, dann sollten auch in der zweiten Stundenhälfte diese inneren Bilder gestaltet werden und eine Ausdrucksmöglichkeit erhalten. Dabei geht es um eine Neucodierung der Eindrücke vor dem Hintergrund der eigenen Erfahrungen über malen, schreiben, dramatische Darstellung etc. Auf diesem Weg können sich die Schülerinnen und Schüler von der Unmittelbarkeit der Eindrücke auch wieder lösen. Die dramatische Bewegung der Unterrichtsstunde führt zu ihrem Ausgangspunkt zurück.

Didaktische Aufbereitung eines Medium: Text

- 1. Ich begegne dem Text

  Auch die sich vorbereitende Lehrkraft soll den Text in seiner Ganzheit in Ruhe aufnehmen. Sie sollte ihn – auch wenn sie ihn schon kennt – mehrmals lesen, ihn nachformulieren (evtl. schriftlich in Stichworten).

  Wie wirkt der Text auf mich?

  Welche literarische Gattung stellt der Text dar (Erzählung, Parabel, Legende, Märchen, Lehrtext, Gebet, Brief, Lied, Zeitungsbericht, Reportage, Gesetzestext etc.)?

  Welche Gliederung und Struktur weist der Text auf?

  Welche sonstige Eigenart zeigt sich im Text?

  Welche Symbole enthält der Text?

  Welche theologischen und sonstigen Fragen und Probleme wirft der Text auf?

  In welchen Kontexten hat bzw. hatte der Text eine besondere Bedeutung?

  Worum geht es meines Erachtens in dem Text?

- 2. Den Text mit den Augen und Ohren der Schülerinnen und Schüler aufnehmen

  In Gedanken versetze ich mich in die Lage der Schüler: Wie wirkt der Text vermutlich auf die Schüler? Was löst er in ihnen aus?

  Können sich die Schülerinnen und Schüler mit ihren Erfahrungen in dem Text wiederfinden? Wenn ja, in welcher Weise?

Lösen Worte, Begriffe, Sätze, Passagen bei den Schülern Verständnisschwierigkeiten aus (Unterstreichen bzw. Festhalten dieser Schwierigkeiten)?
Baut ein Verständnis des Textes auf Voraussetzungen, welche die Schüler nicht kennen? (Festhalten dieser Voraussetzungen)?

- 3. Welche Lernziele können die Schülerinnen und Schüler mit dem Text erreichen?
Auflistung möglicher Lernziele

- 4. Welche unterrichtlichen Handlungsmöglichkeiten ergeben sich vom Text her?
Auflistung von Möglichkeiten in der
  Motivation/Dramaturgischen Platzierung,
  Erarbeitung (Präsentation, Decodierung, Interpretation / Deutung),
  Sicherung,
  in Ausdruck / Gestaltung.

Die einzelnen Schritte des »Grundmodells des Umgangs mit Texten« finden durch das verwendete Hauptmedium ihre konkrete Gestaltung. In ihm liegen letztlich die didaktischen Potentiale des Unterrichtsgeschehens. Sie müssen deshalb in der Unterrichtsvorbereitung entdeckt werden, damit sie tatsächlich in das Lerngeschehen Eingang finden können. Die didaktische Aufbereitung eines Mediums zeigt seine unterrichtlichen Möglichkeiten. In gewisser Weise stellt sie eine Art didaktischer Analyse des Hauptmediums dar, in dem sie nach seinem eigenen Gehalt, seiner Bedeutung, seinen Implikationen sowie seinen unterrichtlichen Konsequenzen fragt. Die didaktische Aufbereitung eines Mediums folgt jedoch einer entgegengesetzten Denkrichtung als die didaktische Analyse. Die didaktische Analyse, die nach Wolfgang Klafki den »Kern der Unterrichtsvorbereitung«[14] darstellt, wendet sich zuerst der didaktischen Bedeutung der Ziele und Inhalte zu und klärt die »Sachstruktur« in einem fachwissenschaftlichen und pädagogischen Horizont; in einem zweiten Schritt sucht sie die »Mittel«, unter anderem die »Medien«, um die im ersten Schritt gewonnenen Ergebnisse umzusetzen. Dagegen stellt die didaktische Aufbereitung eines Mediums das Medium ins Zentrum und fragt nach seiner Bedeutung und seinem Eigenwert; in einem weiteren Schritt erhebt sie die unterrichtlichen Möglichkeiten, die in ihm enthalten sind. Die didaktische Analyse geht deduktiv-zweckrational vor, von den Zielen und Inhalten quasi hinunter zur konkretisierenden Umsetzung im Klassenzimmer; die didaktische Aufbereitung eines Mediums folgt einer induktiven Logik, vom Eigenwert des konkreten Mediums zu seinen didaktischen Potentialen in unterrichtlichen Lernprozessen. Bleibt die Denkbewegung der didaktischen Analyse allein, dann führt sie zu jener beschriebenen Funktionalisierung der großen Texte und Bilder, die ihnen ihren Eigenwert raubt, weil sie diese sofort in bestimmten Zusammenhängen wahrnimmt; deren »überschüssiger« Gehalt wird ihr zu einem ständigen Problem. Hinzu kommt: Die eigentlichen Erfordernisse der Gestaltung unterrichtlicher Lernprozesse bleiben von ihr weithin unberührt: Sie richtet sich mehr auf den Kontext des Unterrichts, auf die Sphäre der didaktischen Begründung und Legitimation und weniger auf die Ebene des konkreten Unterrichtshandelns. Die didaktische Analyse stellt deshalb nur den halben Kern der Unterrichtsvorbereitung dar. Ihre deduktiv-zweckrationale Logik muss von der induktiven Denkbewegung der didaktischen Aufbereitung eines Mediums ergänzt werden. Die Eigenart der Unterrichtsvorbereitung liegt gerade in einer Handlungslogik der Wechselwirkung zwischen Deduktion und Induktion, zwischen funktionalem

Denken und einer Vorgehensweise, welche das einzelne Medium in sich ernst nimmt und ihm zu seinem Recht verhilft. Das, was am Ende dieses Vorbereitungsprozesses steht, ist so nie nur allein von den zuvor festgelegten Zielen und Inhalten »ableitbar«, sondern, – ist die Entscheidung für ein Medium getroffen – mischt es sich in dieses Ergebnis mit seinem Eigenwert, seinem Eigengewicht, mit seinen besonderen unterrichtlichen Möglichkeiten mit ein. Der Eigenwert eines Mediums stellt ein Prinzip der Unterrichtsgestaltung dar.

Diese eigentümliche Handlungslogik der Wechselwirkung spiegelt sich auch im Verhältnis zwischen immanenter Erschließung und kontextueller Erschließung im Erarbeitungsprozess der Unterrichtsstunde. Die immanente Erschließung richtet sich auf den Eigengehalt des Mediums, die kontextuelle Erschließung deutet es in Kontexten, Zusammenhängen, Fragestellungen, Zielsetzungen etc., die von außen an es herangetragen werden. Das Merkmal der immanenten Interpretation ist das Entdecken und Neuentdecken, das Merkmal der kontextuellen Interpretation ist die Reflexion in bestimmten Kontexten und Horizonten. Von der Unterscheidung und Aufeinanderbezogenheit dieser unterschiedlichen Erschließungs- und Interpretationsweisen im Unterricht sowie in der Unterrichtsvorbereitung hängt entscheidend die Qualität des religiösen Lernprozesses ab.

In der didaktischen Aufbereitung wendet sich die Lehrkraft in der Unterrichtsvorbereitung der konkreten Inhaltlichkeit eines Mediums zu; sie repräsentiert eine eigene Welt. Hat die Lehrkraft diese Welt rekonstruiert, kann sie auch in ihre Unterrichtgestaltung Eingang finden. Oft werden Medien nur kurz »angetippt« und »gestreift«, weil ihnen sofort eine bestimmte Funktion im Unterrichtsablauf gegeben wird, ohne dass zuvor ihr Eigengehalt rekonstruiert wurde. Hierzu trägt gerade bei Theologinnen und Theologen eine eigentümliche Blindheit bei: Weil wir viele Texte und Bilder aus der christlich-jüdische Tradition kennen, sie seit unserer Kindheit immer wieder gehört und gesehen, uns im Studium mit ihnen beschäftigt haben etc., hören und schauen wir nicht mehr genau hin. Sie sind mit bestimmten theologischen oder sonstigen Kon-

☞ Die großen Texte und Bilder des Glaubens in ihrer Fremdheit wahrzunehmen: hierin liegt ein fruchtbarer Ausgangspunkt, um sie ganz neu zu entdecken.

texten verbunden und uns insofern selbstverständlich geworden. Es ist wie bei den Einwohnern einer historischen Stadt, denen der Dom, die Brücken und gewundenen Gassen zum selbstverständlichen Hintergrund ihrer Geschäftigkeit wurden, bei denen es nichts mehr zu staunen und zu entdecken gibt, weil sie schon immer da sind.

Hubertus Halbfas spricht in diesem Zusammenhang von der Notwendigkeit der »bewusste(n) Übung des Selbstverständlichen« im Religionsunterricht. »Auch wenn dies das Alltägliche ist und als hinreichend bekannt erscheint, so ist es in Wahrheit doch das eigentlich Fremde.«[15] In diesem veränderten Blick auf das Bekannte und Selbstverständliche als das »in Wahrheit doch eigentlich Fremde«, ist die Voraussetzung gegeben, dass wir uns der Wirklichkeit neu zuwenden und wieder zu fragen beginnen. Die großen Texte und Bilder des Glaubens in ihrer »Fremdheit« wahrzunehmen – hierin liegt ein fruchtbarer Ausgangspunkt, um sie ganz neu zu entdecken.[16] Wir betrachten sie in quasi experimenteller Weise, als ob wir ihnen zum ersten Mal begegneten. Diese Entdeckung beginnt deshalb zunächst mit der Zurückstellung dessen, was wir über einen Gegenstand schon wissen, mit der »Einklammerung« unserer Verstehensvoraussetzungen, um sich ihm neu zu nähern.[17] Hat der Prozess der Erschließung in dieser Weise begonnen, vermag unser bisheriges Wissen hinzuzutreten und den Verstehensprozess zu vervollständigen. In diesem Perspektivenwechsel liegt die grundlegende Haltung in der didaktischen Aufbereitung eines Mediums. Es ist die Haltung der Offenheit, des Entdeckens, des Staunens.

Die vier Fragerichtungen der didaktischen Aufbereitung nehmen das Medium vom »Ich« der Lehrkraft, von den Verstehensvoraussetzungen der Schülerinnen und Schüler, von den sich aus ihm selbst ergebenden Lernzielen sowie aus seinen besonderen unterrichtlichen Handlungspotentialen wahr. Sie sind in pragmatischer Absicht für die Vorbereitung einer konkreten Unterrichtsstunde formuliert:

• *Ich begegne dem Text*

Die Textbegegnung und -erschließung durch die Lehrerin bzw. den Lehrer in der Unterrichtsvorbereitung geschieht prinzipiell nach den gleichen Verfahren, die wir für den Unterricht kennen gelernt haben. Sie beginnt mit der Aufnahme und Decodierung des Textes. Die Lehrkraft sollte beim Text lesend verweilen und ihn (unter Umständen in Stichworten) nachformulieren; Decodierung hat etwas mit Umkreisen zu tun. Auch in der Unterrichtsvorbereitung braucht der Text etwas Zeit, um seine Wirkung entfalten zu können. Die Lehrkraft sollte sich Rechenschaft über diese Wirkung geben, die sie selbst wahrnimmt, weil solche Eindrücke auf ihr weiteres Unterrichtshandeln einen Einfluss nehmen.

Auch in der Unterrichtsvorbereitung geschieht die Annäherung an den Gehalt über die Gestalt: bei Texten über Fragen nach der literarischen Gattung, der Textgliederung und -struktur bzw. ihrer sonstigen Eigenart. Darüber hinaus hat die Textgattung für die Unterrichtsgestaltung unmittelbare Konsequenzen: Ein Gleichnis darf nicht als Beispielerzählung oder als Bericht, sondern muss als Gleichnis, eine Wundererzählung als Wundererzählung, eine Symbolgeschichte als Symbolgeschichte und ein Kommentar als Kommentar etc.

erschlossen werden. Obwohl Gattungs- und Formfragen zu den zentralen Erkenntnissen der Exegese gehören und Theologinnen und Theologen davon wissen, wird auf der Ebene des Unterrichtshandelns in dieser Hinsicht landauf, landab viel gesündigt; eben weil zuvor Fragen nach Form und Gestalt nicht berücksichtigt wurden. Darüber hinaus weisen gerade biblische Texte oft eine mehrschichtige und komplexe Struktur auf. Selbst so »einfache« Erzählungen wie die Beispielgeschichte vom barmherzigen Samariter (Lk 10, 25-37). Es ist eine Geschichte in einer Geschichte; genauer: Lukas erzählt von einem Lehrgespräch, in welchem ein Gesetzeslehrer Jesus auf die Probe stellen will, indem er diesen fragt: »Meister, was muss ich tun, um das ewige Leben zu gewinnen?« In diesem Gesprächszusammenhang (Lk, 25-29) erzählt Jesus die Geschichte vom barmherzigen Samariter (Lk, 30-35). Danach kehrt die Erzählung wieder zum Gespräch Jesu mit dem Gesetzeslehrer zurück und endet mit der Aufforderung Jesu: »Dann geh und handle genauso!« (Lk 10, 36-38). Beide Erzählebenen sind aufeinander bezogen und deuten sich gegenseitig.

Der Blick auf die Symbole macht die Tiefendimension eines Textes sowie seine Offenheit und Übertragbarkeit deutlich; zudem eignen sich symbolische Elemente oft für die dramaturgische Platzierung; darüber hinaus enthalten sie fruchtbare Anknüpfungspunkte für die Ausdrucks- und Gestaltungsphase. Die theologischen und auch sonstigen Fragen, welche ein Text aufwirft, machen deutlich, dass viele Texte, die im Religionsunterricht ihren Platz haben, nicht mehr in jeder Hinsicht unmittelbar verstanden werden, weil sich die Verstehensvoraussetzungen verändert haben. Die Lehrkraft muss sich über den Klärungsbedarf eines Textes Rechenschaft geben. Schließlich zeigen die Situationen und Kontexte, in denen ein Text Bedeutung hat bzw. hatte, in welcher Wirkungsgeschichte er steht und welche Rolle er im Leben von Menschen spielte. Und auch hier: Die Frage »worum es im Text geht« steht am Ende dieses Erschließungsprozesses; Deutung und Interpretation ergeben sich hier wie von selbst. Wieder ist es in der Regel nicht nur eine, sondern sind es mehrere Möglichkeiten, in denen sich eine Deutung und Interpretation des Gehalts des Textes anbietet. Wurde ein Text in dieser Weise für die Lehrkraft zur Botschaft, ist eine wichtige Voraussetzung geschaffen, dass er auch im Unterricht für die Schülerinnen und Schüler zur Botschaft werden kann.

Den Text mit den Augen und Ohren der Schülerinnen und Schüler aufnehmen

In Gedanken versetzt sich die Lehrkraft in die Lage der Schülerinnen und Schüler und nimmt den Text auf diese Weise wahr. Dabei kommt es zu einer weiteren Änderung der Perspektiven. Dieser im eigentlichen Wortsinn pädagogische Wechsel der Blickrichtung von der Lehrerperspektive zur Schülerperspektive ist einer der entscheidenden Momente des Lehrerhandelns überhaupt, aus dem eine didaktisch verantwortete Unterrichtsgestaltung erwächst. Religionslehrerinnen bzw. Religionslehrer gewinnen hierdurch eine Vielzahl fruchtbarer didaktischer Informationen und Anknüpfungspunkte. So können sie schon in der Unterrichtsvorbereitung viel von dem entdecken, wie ein Text auf die Schüler wirkt, was er in ihnen auslöst, ob und in welcher Weise sie sich mit ihren Erfahrungen in ihm wiederfinden können: Passagen, welche die Schüler ansprechen, mit denen sie sich identifizieren, die sie beeindrucken etc., enthalten wichtige Lernpotentiale, von denen der Lehrer wissen muss, damit er sie unterrichtlich zur Entfaltung bringen kann. In der Erzählung vom barmherzigen Samariter sind es für Grundschüler vermutlich weithin jene Passagen, in denen die Räuber den Mann ausplündern, niederschlagen, weggehen und ihn halbtot liegen lassen sowie das mitleidige Handeln des Samariters, der hingeht, Öl und Wein auf seine Wunden gießt, sie verbindet und den Verwundeten auf sein Reittier hebt.

Die Lehrkraft kann weiterhin erwartbare Verständnisschwierigkeiten des Textes bei den Schülern wahrnehmen und daraus sich ergebende Handlungsmöglichkeiten für die Unterrichtsgestaltung bedenken; hierzu gehören auch etwaige Voraussetzungen, die der Text macht und welche die Schülerinnen und Schüler nicht kennen. Grundschülern ist in der Erzählung vom barmherzigen Samariter weithin sicherlich nicht nur das Verhältnis der Jerusalemer Juden zu den Samaritern zur Zeit Jesu unbekannt, sondern sie tun sich auch mit Bezeichnungen und Begriffen schwer wie »Gesetzeslehrer«, »Meister«, »ewiges Leben«, »Levit«, »Denar«, wurden sie zuvor nicht im Unterricht behandelt. Dies heißt nicht, dass in jedem Falle die Bedeutung aller Worte genau geklärt werden müsste, da Texte immer auch eine Redundanz aufweisen, innerhalb der auch unverständlichere Worte einen Sinn ergeben; der Lehrer im Horizont der Schüler muss sich jedoch über die Verstehensschwierigkeiten eines Mediums im Klaren sein.

Diese Wahrnehmung des Textes von den Schülern her ist gerade für den Anfänger eine sehr fruchtbare Übung. Mit zunehmender Unterrichtserfahrung bekommt er ein genaueres Bild von den jeweiligen Wirkungen eines Mediums auf seine Schüler. Darüber hinaus kann er hierdurch ein Sensorium für ihre tatsächlichen Reaktionen im Unterricht entwickeln. Gerade die religiöse Ansprechbarkeit heutiger Kinder und Jugendlicher wird nicht so sehr in einer allgemeinen Weise zugänglich, sondern zeigt sich in wichtigen Bereichen in der Begegnung mit konkreten Ausdrucksformen religiöser Wirklichkeit. Lehrerinnen und Lehrer sollten deshalb die ersten Experten in der Gesellschaft sein, wenn es um die Frage geht, wie Jugendliche denken, wie sie empfinden und reagieren. Tatsächlich: »Die Lehrer dürfen nicht nur Lehrer, sie müssen auch Entdecker sein«.[18] Schärfen sie in dieser Weise ihre Wahrnehmung, dann kann ihre Unterrichtsgestaltung den Schülerinnen und Schülern zunehmend gerecht werden.

Welche Lernziele können die Schülerinnen und Schüler mit dem Text erreichen?

Erst nachdem die Lehrkraft das Medium erschlossen und im Horizont der Schüler reflektiert hat, kann das Erfordernis der Ziele geklärt werden, nicht davor. Die Frage lautet: Was können die Schüler an diesem Text lernen? Die didaktische Aufbereitung fragt in dieser Weise nach den Lernzielen »von unten«, das heißt vom Medium her. Gerade vielschichtige Texte, wie sie im Religionsunterricht vorkommen, haben die Qualität, dass Schülerinnen und Schüler mit ihnen immer auch vielfältige Lern- und Erkenntniswege gehen können. Hilfreich ist es deshalb, wenn die Lehrkraft vor dem Hintergrund der bisherigen Erschließung des Textes mögliche Lernziele in assoziativer Weise auflistet. Werden diese Lernwege sichtbar, kann die didaktische Entscheidung für eine oder mehrere Möglichkeiten gefällt werden. Gerade hier wird deutlich: Stundenziele lassen sich von den Lernzielvorgaben des Lehrplans nicht deduzieren oder ableiten, sondern, nachdem Zielmöglichkeiten des Mediums im Horizont einer konkreten Klasse rekonstruiert wurden, geht es um die Frage, ob und wie sich diese Lernwege vom Medium her innerhalb der Zielvorgaben des Lehrplans interpretieren lassen. Prinzipiell kann Unterricht nie von den Makrovorgaben des Lehrplans einfach abgeleitet werden; von ihm angestoßen, folgt er einer eigenen Suchbewegung, deren Ergebnis sich in Bezug auf die Lehrplanvorgaben als sinnvolle Möglichkeit interpretieren lassen muss.

Gerade bei solchen zentralen Texten wie der Beispielerzählung vom barmherzigen Samariter zeigt sich auch: Sie haben ihr Ziel schon weithin in sich, d.h.: Werden solche Texte in den Schülerinnen und Schülern lebendig, dann hat das religionsunterrichtliche Lernen bereits eines seiner wesentlichen Ziele erreicht. Hinzu kommt, dass die Schüler über viele der »kognitiven« Lernziele, welche über das »Mittel« einer biblischen Geschichte erreicht wurden, sehr schnell hinauswachsen, wie aus einer ihnen zu klein gewordenen Kleidung; die inwendig gewordene Gestalt der Geschichte, ihre bildhafte und symbolische Ablagerung in den Schülern bleibt jedoch und kann mit ihnen mitwachsen.[19] Dies bedeutet nicht, dass Lernziele, welche mit einem biblischen Text und über ihn hinaus erreicht werden, irrelevant wären; sie zeigen, dass biblische Texte in immer neuen Zusammenhängen eine Bedeutung erhalten: Es geht um eine angemessene Zuordnung von Zielen, Inhalten und Medien, nicht in einer Zweck-Mittel-Relation, in welcher Medien austauschbar und beliebig werden, sondern in einem Verhältnis der Wechselwirkung unterschiedlicher Bezugspunkte, die der eigenen Dignität und Würde der großen Ausdrucksformen des Glaubens und der Religion gerecht wird.

Welche besonderen unterrichtlichen Handlungsmöglichkeiten enthält der Text?

Auch hier: Die unterrichtlichen Handlungsmöglichkeiten können erst nach der Erschließung des Mediums in den Blick genommen werden; eben weil sie dem Text gegenüber nicht äußerlich sein, sondern aus ihm erwachsen sollen. Je mehr

☞ *Auch Unterrichten besteht aus der Kunst des Möglichen. Jede zusätzlich gefundene Möglichkeit erweitert die Freiheit des Handelns.*

dies geschieht, desto stärker ist der Unterricht in sich abgestimmt, vor allem, desto weniger Schüler- und auch Lehrer-Energien werden von unterrichtlichen Unstimmigkeiten aufgezehrt: das Lehren und Lernen erfährt eine Konzentration und Fokussierung. Konkret: Welche Arrangements sind in der Motivation bzw. der dramaturgischen Platzierung möglich: Von den Erfahrungen der Schüler, von einem inhaltlichen Zusammenhang oder von einem Element des Textes her (evtl. dem Öl oder einer Binde etc. beim barmherzigen Samariter)? Kann ein Text u.U. für die Präsentation sprachlich vereinfacht oder gekürzt werden? Wie ist die Aufnahme und Decodierung des Textes möglich (Erzählen oder mehrmaliges Lesen in unterschiedlicher Weise, Nacherzählen etc.)? Mit welchen Fragen lässt sich der Text erschließen und interpretieren? Welche Informationen zum Kontext eines Textes können eingebracht werden und mit welchen Fragen kann eine kontextuelle Deutung vorgenommen werden? Auf welche Weisen lässt sich das Erarbeitete sichern und vertiefen? In welcher Art vermögen die Schüler ihre Erfahrung mit dem Text auszudrücken und zu gestalten?

Wie jedes praktische Handeln besteht auch Unterrichten wesentlich aus der Kunst des Möglichen. Die unterrichtlichen Möglichkeiten vom Text her werden so in der didaktischen Aufbereitung erhoben. Auch hier stellt das assoziative Sammeln und Auflisten von Möglichkeiten vor dem Hintergrund der bisherigen Texterschließung eine fruchtbare Handlungsweise dar. Jede zusätzlich gefundene Möglichkeit erweitert die Handlungsfähigkeit: Bietet sich nur eine Möglichkeit etwa in der Präsentation eines Textes an, ist die Lehrkraft gezwungen, sie auszuführen; treten dagegen mehrere Möglichkeiten ins Blickfeld, kann sie nach bestimmten Gesichtspunkten auswählen und die Freiheit ihres Handelns wächst. Die didaktische Aufbereitung eröffnet in dieser Weise das Spektrum der Möglichkeiten eines Mediums, aus dem dann für die Unterrichtsgestaltung im Horizont des Grundmodells des Umgangs mit einem Medium ausgewählt werden kann. Gerade in der Trennung zwischen der Suche nach Möglichkeiten einerseits und der Auswahl der Möglichkeiten andererseits zeigt sich eine kreative Handlungslogik der Unterrichtsvorbereitung. Eben weil die Suche nicht gleich mit der Auswahl verbunden ist: die Suche ist offener; die Auswahl muss dagegen die konkreten Bedingungen in Rechnung stellen.[20] In dieser Weise sind die didaktische Aufbereitung eines Textes und das Grundmodell des Umgangs mit Texten aufeinander bezogen; die erste Handlungsrichtung bereitet für die zweite den Boden.

Die vier Fragenbereiche der didaktischen Aufbereitung eines Mediums sind gerade für Anfänger eine große Hilfe in ihrer Unterrichtsvorbereitung. Darüber hinaus zeitigen sie einen starken Lerneffekt bezüglich ihrer didaktischen Handlungskompetenz. Sie stellen eine Einübung in die eigentümliche Handlungslogik der Unterrichtsvorbereitung dar. Sie führen hin zu einem Blick auf die Unterrichtsmedien, welcher sowohl ihre didaktische Relevanz als auch ihre unterrichtlichen Möglichkeiten entdeckt. Insofern ergeben sich aus der didaktischen Aufbereitung unmittelbare Handlungsimpulse für die konkrete Vorbereitung der Unterrichtsstunde.

4. Ein Grundmodell des Umgangs mit erzählten Geschichten im Religionsunterricht

- 1. Motivation/Dramaturgische Platzierung
  Die Erzählung in das Zentrum der gemeinsamen Aufmerksamkeit rücken.

- 2. Die Schüler hören die Erzählung
  Die erzählerische Präsentation der Erzählung:
  Orientierung an der Erzählvorlage: Die eigentümliche Form und Sprache gehören zum Gehalt der Geschichte dazu.
  Man erzähle das, was zu sehen, zu hören, zu spüren und überhaupt wahrzunehmen ist.
  Konkrete Anschauung, kurze Sätze, einfache Syntax, Rhythmisierungen
  Direkte Rede

- 3. Eindruck
  Kurze Stille
  Äußerung des Eindrucks; spontan oder durch einen Lehrerimpuls. Wichtig: Hier gibt es kein »richtig« oder »falsch«; Eindrücke dürfen nicht bewertet werden.

- 4. Nacherzählen
  Die Schüler vergegenwärtigen die Geschichte nochmals, gestalten sie aber auch schon in ihrer eigenen Sprache.

- 5. Immanente Deutung
  Die Schüler deuten die Geschichte aus ihrer bisherigen Wahrnehmung, z.B.:
  »Worum geht es in der Geschichte?«
  »Worin besteht das Zentrum der Geschichte?«»Welche Überschrift könnten wir der Geschichte geben?«
  usw.

- 6. Kontextuelle Deutung
  Deutung und Interpretation der Geschichte vor dem Hintergrund verschiedener Kontexte:
  des Stundenthemas;
  der Lernziele,
  der Wirkungsgeschichte des Geschichte,
  des »Sitzes im Leben« der Gemeinde,
  sonstiger Fragestellungen
  usw.

- 7. Sicherung/Vertiefung
  Das Erarbeitete wird im Heft gesichert.

- 8. Ausdruck/Gestaltung
  Die Schüler gestalten ihre mit der Geschichte gemachten Erfahrungen: Malen, kreatives Schreiben, Singen, Spielen, Gestaltung des Hefteintrages usw.

- 9. Ausklang

Eine besondere Art von »Texten« im Unterricht sind erzählte Geschichten. Sie sind gekennzeichnet durch eine spezifische Art der Textpräsentation und Textaufnahme. Das Erzählen vollzieht sich face to face, von Gesicht zu Gesicht und gehört in dieser Weise zu den ursprünglichen Formen der Sprachlichkeit des Menschen: Bevor Geschichten geschrieben und gedruckt wurden, bevor man lesen lernen musste, um sie verstehen zu können, haben Menschen miteinander gesprochen und sich Geschichten erzählt, wurden Geschichten von Generation zu Generation weitergegeben. Diese kulturgeschichtliche Abfolge wiederholt sich auch in der Entwicklung des einzelnen Menschen in unserer Gesellschaft: In der ersten Zeit seiner primären Sozialisation in der Familie vor dem Schuleintritt stellt die unmittelbare mündliche Kommunikation das Medium seiner sprachlichen Verständigung dar und sie bleibt es auch in wesentlicher Hinsicht während seines übrigen Lebens; andere Formen der Sprachlichkeit wie die Literalität treten jedoch hinzu. Hierin ist die vitale lebensweltliche Kraft des Erzählens verankert. Ob seines fundamentalen Charakters nennt Hans Aebli das Erzählen deshalb die erste seiner zwölf Grundformen des Lehrens in der Schule.[1]

Der Religionsunterricht kann auf das Erzählen aber auch deshalb nicht ohne Schaden verzichten, weil die Urtexte des Christentums und der Religionen narrativen Charakter haben. Und diese Sprachform ist der Botschaft nicht äußerlich: Geschichten gehören zum Urgestein des christlichen Glaubens. Es sind Geschichten von einem, der selbst Geschichten erzählt hat. »Der Rabbi Jesus (war) ein Lehrer als Erzähler« und es muss »eine große Freude gewesen sein ..., ihm zuzuhören, wie immer, wenn einer in Geschichten die

Der RU kann auf das Erzählen nicht ohne Schaden verzichten, weil die Urtexte des Christentums und der Religionen narrativen Charakter haben und diese Sprachform der Botschaft nicht äußerlich ist.

111

Welt auslegt.«[2] Das Erzählen hat deshalb in der Grammatik religiöser Lernprozesse von ihrem Zentrum her einen angestammten Platz.

Der schweizer Erzähldidaktiker Walter Neidhart erzählt in einem autobiografischen Rückblick, dass er immer wieder erlebte, »wie störungswillige Klassen ruhig und friedlich wurden, wenn es mehrere Stunden hintereinander gelang, sie zum Hören einer Geschichte zu verführen. Wenn sie, die vorher nur darauf ausgingen, am Ärger des Religionslehrers ihre Gaudi zu erleben, gespannt dem Bericht über die Geschicke der Königin Ester am persischen Hof lauschten, – dann war das für sie gewiss keine religiöse Erfahrung, wohl aber die kleine Entdeckung, dass in dem Fach, das nicht durch schulische Machtmittel gegen den Einbruch des Chaos geschützt ist, menschliche Schicksale zur Sprache kommen, auf die sich einzulassen doch interessanter ist als Religionslehrer zu ärgern.«[3] Hier kommt zum Ausdruck, wie auch im Raum von Schule und Unterricht etwas von der eigentümlichen Kraft des Erzählens zur Wirkung kommt, wird das Erzählen hier gewagt und geübt. Leider geschieht dies viel zu selten. Die wenigen Lehrerinnen und Lehrer, denen das Talent des Erzählens in die Wiege gelegt wurde, erzählen mit großem Erfolg; die Schüler schwärmen davon, oft noch nach Jahren und Jahrzehnten. Ansonsten steht jedoch der Unterricht weithin unter der Herrschaft des Arbeitsblattes und des Lehrer-Schüler-Gesprächs. Ein Grund hierfür: Durch den Einzug der dinglichen Medien in den Unterricht wurde das Erzählen entbehrlich. Wenn das Erzählen dann noch in gewissem Sinne eine »Kunst« ist, die erlernt werden muss und deshalb vor allem am Anfang mit etwas Anstrengung und Übung verbunden ist, dann gerät es in Gefahr, vom Tisch der didaktischen Handlungsweisen abgedrängt zu werden. Auch in dieser Hinsicht haben der Umdrucker und das Kopiergerät die Schule der letzten 20 Jahre mehr verändert als alle didaktischen Theorien.

Bei Hubertus Halbfas findet sich eine Geschichte über die (Neu-)Einführung des Erzählens in der Schule. Sie handelt von einem »Lande, in dem ... die Menschen ihre Sprache hinter Buchstaben verstecken«. Dort »gab der Minister den Befehl, damit die Köpfe der Kinder nicht größer würden als deren Bauch, dürften nur solche Menschen Lehrer bleiben, die wenigstens drei Geschichten erzählen könnten.« Nach anfänglicher Aufregung, ja Verzweiflung unter den Lehrerinnen und Lehrern – denn wenn sie drei Geschichten gelesen hatten, wussten sie nicht mehr, wie die erste ausging – ließen sie sich überzeugen und begannen in ihrem Unterricht das Erzählen zu üben. »Was dann geschah, wird nirgendwo berichtet, doch sagt man, wenig später sei in ihrer Schule ein seltsamer Brauch entstanden: Plötzlich konnte man während des Unterrichts alle Kinder klatschen hören – laut in die Hände klatschen vor Freude und Begeisterung ... So groß sei die Macht des Erzählens geworden, dass die Lehrer wieder Freude an ihrem Beruf und die Schüler Spaß an der Schule bekommen hätten ...«[4]

Gewiss, eine schöne Geschichte; aber das haben Geschichten so an sich. Wenn es auch vermutlich sehr schwierig sein wird, dass alle Lehrerinnen und Lehrer dem Vorbild dieser Schule folgen, so sollten doch diejenigen, die heute eine religionspädagogische Ausbildung an den Hochschulen absolvieren, am Ende doch mindestens drei Geschichten erzählen können. Mein Vorschlag in aller Bescheidenheit: eine alttestamentliche, eine neutestamentliche und eine außerbiblische Geschichte. Das wäre immerhin ein Grundstock, auf dem sich dann später aufbauen ließe.

In der Religionsdidaktik gibt es seit einigen Jahren ein verstärktes Interesse am Erzählen.[5] Trotzdem stellen sich aus der religionsunterrichtlichen Praxis dem Unterfangen des Erzählens Widerstände entgegen. Neben dem schon erwähnten zweckrationalen Denken, das dem Erzählen in besonders starker Weise zusetzt, ist es vor allem die religionsunterrichtliche Arbeitsökonomie, die sich ihm entgegenstellt. Gemeint ist das Verhältnis von Aufwand und Nutzen des unterrichtlichen Handelns. Gegenüber einer Geschichte in Schriftform, auf die der Lehrer im Buch zurückgreifen oder sie relativ schnell kopieren kann, erfordert das Erzählen, dass er sie in seiner Vorbereitung memorierend erzählen lernt. Da dem Anfänger die Erzählsprache noch nicht so geläufig ist, erfordert dies zunächst etwas Mühe und Zeit. Wenn dann die Erzählung nur ein wenige Minuten andauerndes Element neben anderen Elementen einer vorzubereitenden Unterrichtsstunde darstellt, wird der Vorbereitungsaufwand schnell zu groß.

Der Arbeitseinsatz ist nur dann ökonomisch, wenn die erzählte Geschichte mehr Bedeutung erhält, wenn sie zum Mittelpunkt einer oder auch mehrere Unterrichtsstunden zu werden vermag. Werden die erzählend präsentierten großen Geschichten des Glaubens und der Religion angemessen erschlossen, dann benötigen sie auch diese Zeit, damit ihre didaktischen Potentiale zur Entfaltung kommen können. Das »Grundmodell des Umgangs mit erzählten Geschichten« versucht diesen Notwendigkeiten gerecht zu werden. Es unterscheidet sich vom »Grundmodell des Umgangs mit Texten« vor allem in der Präsentation und der Decodierung der Geschichte (Punkt 2 – 4).

Erzählerische Präsentation der Erzählung

Es ist die Lehrerin bzw. der Lehrer, in denen die Geschichte im Erzählvorgang Gestalt gewinnt. Hierin besteht das besondere Erzählerlebnis: Wir begegnen der Geschichte in einem Menschen, der sie erzählt; dabei wird durch seine Art des Erzählens in Gestik, Mimik, Tonfall etc. deutlich, wie er zu der erzählten Geschichte steht und was ihn davon berührt oder unberührt lässt; kleinste Nuancen im Ausdruck können hierbei dem Ganzen die besondere Färbung geben: Der Lehrer erzählt eine Geschichte und die erzählte Geschichte »erzählt« von ihm. Der Lehrer wird so zum »Medium« für die Schüler, über das sie Zugang zur Geschichte im Lehrer erhalten. Hierbei wird eine mit der Geschichte verbundene und deshalb mit einem Gehalt vermittelte Zeugenschaft ansehnlich, die vermutlich der spezifischen schulischen Handlungssituation angemessener ist, weil sie sich diskreter präsentiert als ein unmittelbar persönliches Zeugnis oder Bekenntnis des Lehrers, das sowieso im Unterricht meist deplaziert ist, wenn die Schüler nicht ausdrücklich danach fragen.

Beim Erzählen biblischer Geschichten sollte nicht »oberflächlich« erzählt oder nur »in etwa« der Text wiedergegeben werden. Eine gut erzählte Geschichte orientiert sich an der biblischen Erzählvorlage. Vor allem nach dem Fremden und Anderen in der Vorlage sollte sich der Lehrer ausstrecken. Denn auch bei den großen Geschichten des Glaubens und der Religion gehören Inhalt und Form zusammen; anders formuliert: Erzählen wir die Geschichte in anderer Weise, dann erzählen wir auch eine andere Geschichte. Günter Stachel charakterisiert deshalb das biblische Erzählen als Nacherzählen. Er betont die Orientierung an der epischen Erzählsprache der Bibel: Man erzähle das, was zu sehen, zu

hören, zu spüren und überhaupt wahrzunehmen ist. Abstrak-
tionen und Deutungen (Psychologisierungen, Theologisie-
rungen etc.) sind unepisch. Die biblische Erzählsprache lebt
von der Konkretheit der Anschauung; sie ist gekennzeichnet
durch kurze Sätze, einfache Syntax; Rhythmisierungen spielen eine große Rolle. Ein weiteres wichtiges Kennzeichen ist
die direkte Rede.[6]

Das Prinzip des Nacherzählens biblischer Geschichten bedarf jedoch einer didaktischen Modifikation: »Wer biblische
Geschichten nacherzählt, gestaltet und entfaltet diese Erzählung so, dass sie für den Hörer › aufnehmbar‹ werden«.[7] Es
sind notwendige Modifikationen und Gestaltungen im Horizont der Schülerinnen und Schüler. Zum einen in quantitati-
ver Hinsicht: Dort, wo der Ursprungstext zu kurz oder zu
dicht ist, soll er entfaltet (Prinzip der Zeitlupe), dort, wo er zu
ausladend ist, zusammengefasst werden (Prinzip des Zeitraf-
fers). Neben einer quantitativen Modifikation des Nacherzählens kommt der Religionsunterricht jedoch auch nicht an
einer qualitativen Modifikation vorbei. Um es an einem
Beispiel zu verdeutlichen: Soll in der Nacherzählung der
bereits erwähnten Davidgeschichte (1 Samuel 17,1-58) in der
Grundschule, für die sie der Lehrplan in einigen Bundeslän-
dern vorsieht, auch das Ende so drastisch geschildert werden,
wie es der biblische Text in Vers 51-58 unternimmt: David,
der dem am Boden liegenden und getöteten Goliat mit dessen
Schwert den Kopf abschlägt und diesen mit nach Jerusalem
nimmt? Würde die Geschichte in der Grundschule so beendet, dann müsste im Rest der Stunde und vielleicht darüber
hinaus mit den Schülern die Enthauptung und die Leichen-
schändung Goliats thematisiert werden, denn hiervon wären
die Schülerinnen und Schüler sicherlich aufgewühlt und in
ihrer Emotionalität am meisten angesprochen. Sowohl vom
Verstehens- und Lebenshorizont der Schüler als auch aus
einer theologischen Perspektive können wir auf eine didakti-

sche Reduktion in qualitativer Hinsicht nicht verzichten. Dabei geht es in elementarisierender Absicht um eine Reduktion der Komplexität der Geschichte, damit den Schülerinnen und Schülern der Erzählkern der Geschichte nicht verstellt wird. Aus einer solchen Absicht heraus ist es in der Grundschule didaktisch angebracht, in der Nacherzählung nach dem Sieg über Goliat auf das Ende ab Vers 51 zu verzichten und Vers 34 erzählerisch hervorzuheben: »Und David sagte weiter (zu Saul), der Herr, der mich aus der Gewalt des Löwen und des Bären gerettet hat, wird mich auch aus der Gewalt dieses Philisters retten. Dann antwortete Saul: Geh, der Herr ist mit Dir.«

Eine solche qualitative Modifikation des biblischen Erzählens wird im übrigen schon in der Auswahl der biblischen Texte für den Unterricht wirksam. Dies bedeutet jedoch nicht, dass auch solche anstößigen Passagen in höheren Klassen in den Unterricht nicht Eingang finden könnten und auch sollten; es geht ja letztlich im Religionsunterricht auch um eine Hinführung zum Umgang mit den konkreten und damit auch sperrigen Texten der Heiligen Schrift. Voraussetzung ist, dass die Schüler/innen über eine Interpretationskompetenz verfügen, die ihnen erlaubt, die Vielschichtigkeit eines Textes zu erfassen; im Fall vom 1 Samuel 17, 51-58: seine Bedeutung für die Konstitution und die Behauptung des Königtums Israels und der Rolle Davids und Jerusalems in diesem Prozess.

Stachel hat zwar grundsätzlich recht, wenn er betont, dass »Lücken, Fremdes, scheinbar Anstößiges ... in der Erzählung nicht überbrückt, gemildert, eliminiert werden (sollten)«[8], da gerade hierdurch für das nachfolgende Gespräch Spannung erzeugt werde. Ich meine jedoch, dieses Prinzip muss in einem religionspädagogischen Horizont differenziert werden: Anstößiges sollte dann erzählerisch relativiert werden, wenn es im nachfolgenden unterrichtlichen Erschließungs- und Deutungsprozess nicht angemessen für die Schüler verstehbar und interpretierbar werden kann. Unter dieser Bedingung ist eine Reduzierung der Komplexität des Textes verantwortbar, ja religionspädagogisch notwendigerweise geboten. Unter Umständen wird bei solchen Überlegungen deutlich, dass ein komplexer biblischer Text für eine bestimmte Jahrgangsstufe nicht geeignet ist.

Eine Erzähldidaktik, die aus dieser Problematik heraus zur Auffassung gelangt, biblische Geschichten seien, da sie heutigen Schülern erzählt werden, prinzipiell neu zu erzählen[9], darf m.E. nicht einer Didakdik des biblischen Nacherzählens entgegengesetzt werden. Denn neu erzählte Geschichten sind tatsächlich andere Geschichten. Sie können biblische Geschichten nicht ersetzen, sondern vermögen sie zu ergänzen: Neue Geschichten lösen in erzählerischer Weise die theologische Problematik einer biblischen Geschichte[10] oder sie versuchen biblische Geschichten auf unseren heutigen Erfahrungshorizont erzählerisch zu übertragen.[11] Hierin besteht jeweils jedoch keine zwingende didaktische Logik; beides kann auch über andere Wege im anschließenden Erschließungs- und Gestaltungsprozess der Stunde erreicht werden. Neu erzählte Geschichten sind deshalb keine biblischen, sondern aus biblischem Erzählmaterial neu geformte Geschichten. Überhaupt gewinnen neu erzählte Geschichten weithin ihre Pointe erst durch die biblische Erzählung, die wir beim Hören immer im Hinterkopf, quasi als Vergleichshorizont haben. Geht es jedoch im Religionsunterricht um eine elementare Begegnung mit der Bibel, kommen wir um ein an der biblischen Erzählvorlage orientiertes Nacherzählen nicht herum. Letztlich vermag also nicht ein »entweder oder«, sondern ein »sowohl als auch« von Nacherzählung und Neuerzählung eine angemessene religionspädagogische Erzähldidaktik zu bestimmen. Wie sich ja überhaupt das Erzählreservoir des Religionsunterrichts bei weitem nicht nur auf biblische Geschichten erstreckt; es wird ergänzt durch die übrige reiche Erzähltradition der Kirche und des Christentums, anderer Religionen und Kulturen sowie durch eine Vielfalt heutiger »Alltagsgeschichten«.

Wir sollten als Lehrerinnen und Lehrer vor allem bei den großen biblischen und außerbiblischen Erzählern in die Lehre gehen und an ihrer Erzählsprache lernen. Dabei gilt es, sich im Besonderen für die eigentümliche Form und Gestalt dieser Sprachgebilde zu öffnen; denn in großen Erzählungen ist weithin – wie Peter Handke einmal sagt – das Wahre »an den Übergängen der Sätze als etwas Sanftes zu verspüren«.[12] Mit jeder Geschichte, die wir uns aneignen, erweitert sich zugleich unser Gespür für die besondere Komposition und Rhythmik, für die »schlichte Ansehnlichkeit«[13] dieser Erzählungen. Richten wir unser Erzählen im Religionsunterricht an diesen Geschichten der Erzähltradition aus, dann entwickelt sich unsere Erzählkompetenz; dann ergibt sich auch wie von selbst ein Unterschied zwischen unserer Erzählsprache und unserer Umgangssprache. In dieser Differenz liegt jedoch kein Mangel oder Schaden; ganz im Gegenteil. Hierin kündigt sich das Andere und doch so Eigene, das Neue und doch so Bekannte an, von dem die Geschichten erzählen und das in unseren Alltag scheinen will. Mithin baut sich durch diese Differenz auch eine konstruktive Spannung auf, die für den religiösen Lernprozess fruchtbar zu werden vermag.

Weil die Erzählungen ein Ganzes aus Sprachgestaltung, Komposition, Rhythmik etc. bilden und hierin einen Spannungsbogen aufweisen, ist es erforderlich, sie auch als ganze zu präsentieren. Aus meiner Erfahrung ist es meist ungünstig, wenn der Erzählfluss unterbrochen wird, etwa dadurch, dass die Lehrkraft Erklärungen oder gar Deutungen einschiebt oder indem sie auf Schülermeldungen zu sehr eingeht. Vor allem in der Grundschule vermögen sich Schüler oft nicht zurückzuhalten, wenn sie eine Geschichte hören und von ihr angesprochen sind. Vielleicht ist ihnen die Geschichte schon bekannt und sie wollen nun ihrerseits erzählen, wie sie weitergeht. Die heutige religiöse Situation ist gerade dadurch gekennzeichnet, dass viele Schüler wenige, dafür wenige Schüler aber sehr viele biblische Geschichten kennen. Oft ist es deshalb so, dass die Geschichten im Religionsunterricht einigen Schülerinnen und Schülern schon bekannt sind. Die Lehrkraft sollte deshalb die Schüler bitten, sich in der Präsentation zurückzuhalten, auch wenn sie die Geschichte vielleicht nicht zum ersten Mal hören. Und Geschichten zeichnen sich ja gerade auch dadurch aus, dass sie öfters erzählt und gehört werden können und auch erzählt und gehört werden wollen. Die Schüler haben nach der Präsentation bei der Formulierung des Eindrucks (Punkt 3), bei der Nacherzählung (Punkt 4) und bei der Deutung (Punkt 5 und 6) Gelegenheit, ihre Erfahrungen, ihr Vorwissen, ihre Assoziationen und Stellungnahmen zur Geschichte einzubringen. Während der Präsentation sollten sie sich jedoch zurücklehnen, nach vorne schauen und gut zuhören.

Es gibt auch eine Art des Erzählens, welche die Geschichte gemeinsam mit den Schülern entwickelt, d.h. die Erzählung wird immer wieder durch ein Lehrer-Schüler-Gespräch über mögliche Alternativen der Erzählhandlung unterbrochen. Dabei ist jedoch sehr stark darauf zu achten, dass der Spannungsbogen nicht abbricht und der Erzählzusammenhang nicht verloren geht. Im Allgemeinen ist es immer günstiger, die Geschichte in konsistenter Weise zu präsentieren und dadurch am Beginn der Erarbeitungsphase ein ganzheitliches Erzählerleben zu ermöglichen, welches dann die Grundlage für den nachfolgenden Erschließungsprozess zu sein vermag. Auch hier gilt das Prinzip: Vom Ganzen zum Detail.

Da in Geschichten Ritualisierungen eine große Rolle spielen, kann es didaktisch sehr hilfreich sein, wenn das Erzählen auch im Unterricht mit einem Ritual verbunden wird. Eine ganz einfache und unkomplizierte Form: Immer wenn der Lehrer eine Geschichte erzählt, nimmt er seinen Stuhl, stellt ihn in die Mitte, setzt sich auf den Stuhl und beginnt in dieser Weise zu erzählen. Ist dieses Ritual »verankert«, erkennen die Schülerinnen und Schüler an der Positionierung des Stuhls: Heute hören wir wieder eine Geschichte. Oder die Lehrerin zündet beim Erzählen jeweils eine Kerze an etc. Durch solche Ritualisierungen werden die unterrichtlichen Handlungsvollzüge ganzheitlicher; sie helfen den Schülern, ihre Wahrnehmung im Unterricht zu strukturieren; darüber hinaus schaffen sie eine dramatische Abwechslung.

Decodierung der Geschichte

Im Unterschied zu einem geschriebenen Text muss die erzählte Geschichte nicht ein zweites Mal präsentiert werden. Eine wiederholte Präsentation durch den Lehrer würde hier im Gegenteil den Erschließungsprozess behindern. Dies hängt mit der Unmittelbarkeit zwischen Erzähler und Hörer zusammen, die im Erzählereignis gestiftet wird. Hans Aebli hat diese Unmittelbarkeit von der Seite der Schüler her beschrieben: »Der Schüler, der dem Lehrer zuhört und ihn während seiner Erzählung beobachtet, fühlt sich in dessen Ausdrucksbewegungen, in die Bewegungen der Sprache und des Körpers ein. Vielleicht ist es sogar so, dass er diese Bewegungen innerlich nachahmt. Dadurch erlebt er sozusagen am eigenen Leib, was den Erzähler bewegt. Es entsteht auf diese Weise eine Verbindung zwischen dem Erzähler und dem Zuhörer, die viel unmittelbarer ist als die Kommunikation über den Intellekt und über das normierte Zeichensystem der Sprache.« Für Aebli verwirklicht sich zudem in dieser »einfühlenden Teilhabe der Zuhörer am Erlebnis des Sprechenden die engste Form der Gemeinsamkeit, die die Schule erreichen kann.«[14] Vom Gesichtspunkt der »Informationsübertragung« aus gesehen bewirkt diese Unmittelbarkeit, dass mehr Informationen vom Lehrer zum Schüler »weitergegeben« werden als bei allen anderen über Medien verlaufenden Vermittlungsformen des Unterrichts. Da das ursprüngliche Medium der mündlichen Kommunikation Träger dieses Prozesses ist, sind zusätzliche Decodierungsleistungen von sekundären Zeichensystemen wie Schrift oder Bild nicht erforderlich. Zudem kommt es in der Face-to-face-Situation zu Rückkopplungsprozessen, in denen sich erzählende Lehrkraft und zuhörende Schülerinnen und Schüler in vielfältiger Weise aufeinander abstimmen und einstellen. Im Ganzen zeichnet sich die erzählende Präsentation im Unterricht deshalb durch eine intensive und schnelle, weil unmittelbare Informationsvermittlung aus. Hierin liegt vermutlich auch einer der wesentlichen Gründe für die eigentümliche Kraft des Erzählens im Unterricht. Nach der einmaligen Präsentation der Erzählung (Punkt 2) ist deshalb auch die Formulierung des Eindrucks der Schüler (Punkt 3) besonders wichtig; hier können sie in spontaner Weise auf die erzählerische Präsentation reagieren. Danach kann, ja sollte sofort mit dem gemeinsamen Nacherzählen (Punkt 4) begonnen werden.

Aus diesem Zusammenhang heraus ist es auch nicht günstig, nach der erzählerischen Präsentation die Geschichte als Text auszuteilen und zu lesen. Die Erzählung genügt; noch mehr: was bei dieser Präsentation an Gehalt bei den Schülerinnen und Schülern ankommt, vermag ein Text nicht zu erreichen. Prinzipiell gilt in der Decodierungsphase des Unterrichts immer die Bewegung vom toten Buchstaben (oder Zeichen) zur lebendigen Vorstellung. Wurde diese lebendige Imagination durch das Erzählen erzeugt, stellt die Beschäftigung mit einem Text einen Rückschritt dar. Soll andererseits ein Vergleich zwischen mündlicher Erzählung und schriftlichem Text hergestellt werden – gerade bei aus biblischem Erzählmaterial neu erzählten Geschichten vermag es sehr fruchtbar zu sein, diese mit der biblischen Vorlage zu kontrastieren –, dann ist es auch hier immer besser, eine zweite Unterrichtsstunde zu verwenden: in der ersten Stunde die Erzählung mit Erschließung und gestalterischer Entfaltung, in der zweiten Stunde der Text mit Decodierung und Vergleich; das Ganze ist natürlich auch immer umgekehrt möglich. Ein Text stellt von seinem medialen Charakter her ein zweites Medium dar, auch wenn er sich auf die gleiche Geschichte bezieht. Deshalb ist es erforderlich, Zutrauen zur Kraft des Erzählens im Unterricht zu entwickeln: Eine Erzählung von wenigen Minuten ist ein Medium für eine ganze Unterrichtsstunde – ja sie bedarf dieses zeitlichen Handlungsraumes, damit sie sich entfalten kann. Sicherlich: Die Decodierungsphase ist gegenüber einem Text zeitlich kürzer; dafür steht jedoch mehr Raum für die Deutung, Sicherung und Gestaltung (Punkte 5 – 8) zur Verfügung. Dies ist auch erforderlich, da sich die Prozesse der inneren Wahrnehmung von erzählten Geschichten gegenüber geschriebenen Texten nicht von ihrem Charakter, wohl aber in ihrer Intensität unterscheiden: Die Imaginationsprozesse auf der »inneren Bühne« der Schülerinnen und Schüler werden durch die Unmittelbarkeit des Erzählens um ein Vielfaches stärker angeregt. Deshalb ergibt sich die Notwendigkeit eines größeren zeitlichen Rahmens für die nachfolgenden unterrichtlichen Deutungs-, Sicherungs- und Ausdrucksprozesse. Ansonsten gilt für die Ausdrucks- und Gestaltungsphase von Geschichten dasselbe wie für geschriebene Texte.

5. Ein Grundmodell des Umgangs mit Bildern im Religionsunterricht

- 1. Erstbegegnung mit dem Bild
  Die Subjektivität der Schüler begegnet der Objektivität des Bildes.
  Unter Umständen Bemerkungen und Impulse, welche die Erstbegegnung erleichtern.

- 2. Das Bild in Ruhe anschauen
  Stilles Betrachten und Abtasten des Bildes:
  »Lassen wir uns etwas Zeit und schauen uns das Bild zunächst einmal an.«

- 3. Immanente Beschreibung
  Das, was wir sehen, »zeichnen« wir in Worten gemeinsam nach. Wir »gehen« beschreibend im Bild »spazieren«. Scheinbar »Unwichtiges« und »Selbstverständliches« soll genannt werden:
  Beschreibung der Farben, Formen, Gesten, des Bildaufbaus, der Struktur etc.
  Beschreibung der auf dem Bild dargestellten Personen und Geschichten etc.
  Unter Umständen fahren Schüler die Bildlinien mit ihrem Zeigefinger nach.

- 4. Kontextuelle Betrachtung
  Die Lehrkraft bringt Informationen in den Erschließungsprozess ein, die im Bild nicht unmittelbar ersichtlich sind oder nicht abgeleitet werden können, d.h. die von außerhalb kommen:

ikonografische Bedeutung von Farben, Linien, Gesten, Symbolen, Gewändern etc.

biblischer Bezugstext

Entstehungssituation des Bildes

biografische Informationen zur Künstlerin, zum Künstler und ihrem/seinem Anliegen

Bedeutung des Bildes in verschiedenen Epochen und bei verschiedenen Menschen (Wirkungsgeschichte)

- 5. Deutung des Bildgehalts aus der bisher rekonstruierten Bildgestalt

  Worum geht es in diesem Bild? Wie hat die Künstlerin, der Künstler das Thema dargestellt und gedeutet? Was ist hervorgehoben? Welche Probleme und Überzeugungen kommen dabei zum Ausdruck? Welche Frömmigkeit spiegelt sich in dem Bild?

- 6. Bildbegegnung

  Die Bilderschließung soll wieder zur Subjektivität der Schülerinnen und Schüler zurückführen.

  »Wo finde ich mich im Bild wieder?«, »Was zieht mich an, womit habe ich Schwierigkeiten?«

  »Wenn die Personen auf dem Bild sprechen könnten, was würden sie sagen?« (wichtig dabei, die wörtliche Rede zu verwenden) etc.

- 7. Sicherung / Vertiefung

  Das Erarbeitete wird im Heft gesichert.

- 8. Ausdruck / Gestaltung

  Die Schüler und Schülerinnen gestalten ihre mit dem Bild gemachten Erfahrungen: Meditative Gestaltung von Umrisszeichnungen, Abzeichnen, Malen mit Modifikationen, kreative Texte, Pantomime, Singen etc.

- 9. Ausklang

Beschäftigen wir uns mit Bildern im Religionsunterricht, dann geht es nicht nur um methodische Fragen. Der Umgang mit Bildern kennzeichnet einen prinzipiellen Weg religiösen Lernens: Religionsdidaktik ist heute in einem wesentlichen Teil Bilddidaktik. Stand früher das

☞ Im religionsdidaktischen Umgang mit Bildern lernen wir, in den alltäglichen Dingen den symbolischen Charakter der Wirklichkeit überhaupt und den Anspruch des Glaubens zu entdecken.

Wort und die zu memorierende satzhafte Wahrheit im Vordergrund, so ist es heute ohne Zweifel der Hinweischarakter der Bildes. Dieser Wandel kommt in der Entwicklung vom Katechismus zum Religionsbuch zum Ausdruck, dessen hervorstechendstes Merkmal die Dominanz der Bilder darstellt. Lehrkräfte, die nicht gelernt haben, mit Bildern umzugehen, tun sich deshalb schwer mit heutigen Religionsbüchern; sie wissen nicht, was sie mit den vielen Bildern anfangen sollen. Die Erschließung von Bildern zeichnet eine bestimmte religionsdidaktische Lernrichtung vor: Es ist der Weg der Erschließung der verschiedenen Wirklichkeitsschichten: von der Oberfläche zum verborgenen Gehalt, von der äußeren Form zum inneren Sinn. Über die Benennung und Beschreibung der Farben und Formen gelangen wir zur Symbolik und von dort zur Botschaft.[1] Wobei vor allem im Symbolcharakter der Bilder ihre Bedeutung für den religiösen Lernprozess liegt. Sie bringen die Wahrheit nicht definitorisch zum Ausdruck, sondern sie deuten sie an und weisen auf sie hin. In paradigmatischer Weise lernen wir so, einen Blick auf die alltäglichen »Bilder« und Gesten unseres Lebens zu werfen und in ihnen die Sinndimension und den Anspruch des Glaubens wahrzunehmen. Letztlich geht es dabei um die Entdeckung des symbolischen Charakters der Wirklichkeit überhaupt. In diesem Prozess des Verständnisses dessen, was religiöses Lernen ist, drückt sich die Hinwendung zur Entwicklung einer Deutungskompetenz aus, damit Religion und Glaube einerseits und Alltag und Erfahrung andererseits nicht als zwei getrennte Bereiche erscheinen, sondern sich berühren, miteinander »korrelieren« oder sich gar durchdringen, eben, weil sie immer schon zusammen gehören. Diese Kompetenz soll helfen, in unseren Alltagserfahrungen deutend Glaubenserfahrungen machen zu können.

Die Stärke der Bilder gegenüber dem Buchstaben und dem Wort liegt in ihrer Sinnlichkeit: Im Spiel der Farben und Formen, in ihrer elementaren »Sprache« der menschlichen Gesten sprechen sie uns in visueller Weise unmittelbar an. Das Bild muss nicht wie beim Lesen oder Erzählen auf der »inneren Bühne« imaginiert werden, sondern es tritt von außen, quasi ungefiltert an uns heran. Hierin liegt die Motivationskraft von Bildern, die ja im übrigen nicht zuerst von der Schule entdeckt wurde. In allen Bereichen des gesellschaftlichen Handelns kommt diese Kraft des Bildes zur Entfaltung: in Kultur, Politik, Wirtschaft, Religion etc. Die Funktion von Bildern in der Werbung zur Motivation für ein bestimmtes Konsumverhalten ist seit langem bekannt. Wir haben erlebt, wie die Bilder der blutigen Opfer auf dem Marktplatz von Sarajevo die Bereitschaft der Bevölkerung zur Hilfe und das Engagement der Politiker entscheidend beeinflusst haben. Umgekehrt, gerade in Anbetracht der vielfältigen Not: Fehlende Bilder lassen die Menschen weithin gleichgültig. Es gibt tatsächlich Bilder, die die Welt verändern und (fehlende) Bilder, die die Welt zementieren.

Von Buddha wird erzählt, dass er als junger Prinz Siddhartha Gautama auf einer Spazierfahrt durch die königlichen Lustgärten einen auf einen Stock gestützten hinfälligen Greis gesehen habe; am nächsten Tag einen abgemagerten, bleichen und fiebrigen Kranken; am dritten Tag einen verwesenden Leichnam. Bei einer letzten Spazierfahrt sah er schließlich einen verklärten Mönch, der das Elend der Welt durchschaut hatte. Diese Bilder von Alter, Krankheit und Tod ließen ihn seiner Eltern Haus verlassen und den Weg der »Erleuchtung« gehen.[2] Auch im Christentum ist ein Bewusstsein über die Kraft der Bilder immer schon vorhanden. Neben den »Bildern« ihres unmittelbaren alltäglichen Erlebens waren es vor allem Kreuzes-, Christus- und Mariendarstellungen, welche die Gläubigen durch alle Jahrhunderte hindurch zutiefst angerührt und bewegt haben. Wir wissen vom Kreuz von San Damiano, von dem die Legende erzählt, Franz von Assisi habe aus dem Mund Christi vom Kreuz herab den Auftrag vernommen, Gottes Haus wieder aufzubauen;[3] vom Gnadenbild der schwarzen Madonna von Tschenstochau und seiner kollektiven Bedeutung für die polnische Frömmigkeit und Identität; von den Bildern der von vielen Kerzen singender und betender Jugendlicher hell erleuchteten Osternacht von Taizé, in denen für viele Jugendliche ihre Glaubensidentität Gestalt gewinnt, etc.

Es gibt so etwas wie eine Bildergalerie in der Seele des Menschen. Sie hat mehrere Stockwerke: Im Ausstellungsraum dieser Galerie hängen die hell erleuchteten aktuellen Bilder seiner handlungsleitenden Phantasie; im Keller sind jene Bilder gelagert, die im Verlaufe seines bisherigen Lebens irgendwann in den Ausstellungsraum Eingang fanden, jedoch dann wieder abgehängt wurden, um für jeweils neue Bilder Platz zu machen. Beide Ebenen, die aktuellen Bilder, vor denen die Lampen unserer Gegenwärtigkeit brennen, wie auch die abgelagerten Bilder unserer Vergangenheit machen die eigentümliche Sphäre der inneren Bilderwelt der Menschen aus. Hertle/Saller/Seitz haben im Blick auf die Grundschülerinnen und -schüler darauf hingewiesen, »dass in dieser Altersschicht intensiv gesehene und erlebte Bilder bleibender Bestand für das spätere Leben sind. Selbst wenn sie nicht ständig gegenwärtig sind, können sie durch entsprechende Erlebnisse später wieder abgerufen werden«.[4] Wobei grundsätzlich die sedimentierten Bilder unserer biografischen

Vergangenheit jederzeit aktiviert und in der Galerie der jeweiligen Gegenwart neu zur Wirkung kommen können. Gerade hier gilt: »Der Verstand vergisst, die Phantasie vergisst nie« (Peter Handke). Das Lernen an Bildern hat deshalb nie nur für die jeweilige Gegenwart eine Bedeutung; wie alle anderen intensiv erschlossenen Medien entfalten sie ihre Potenz erst in der Zukunft. Die Bilder des Religionsunterrichts führen in diesem Horizont zu einer Art ikonografischer Ablagerung, welche für die spätere religiöse Ansprechbarkeit und Mentalität eines Menschen eine wichtige Voraussetzung, quasi ein Feld von Potentialitäten darstellt.

Die Schule im Ganzen hat keinen Einfluss darauf, welche Bilder in die innere Bildergalerie der heute heranwachsenden Kinder und Jugendlichen Eingang finden; ihre Bebilderung ergibt sich durch die »Naturwüchsigkeit« des gesellschaftlichen Lebens. Die Schule ist jedoch dafür verantwortlich, dass in diesem Bebilderungsprozess bestimmte Bilder nicht fehlen. Aus der Perspektive des Religionsunterrichts: Entgeht der Rede vom allmächtigen Gott Wesentliches, ohne dass die Schüler etwa dem Bild des gemarterten und erniedrigten Jesus des Isenheimer Altars begegnet sind oder gar Picassos Guernica?[5] Welches sind die kunstgeschichtlich zentralen Bilder für eine heutige religiöse »Bildung«? Welchen nicht gezeigten und vergessenen Bildern muss die Schule eine Gegenwart verleihen, um im herrschenden Bilderschein des Erfolgs und der Sieger, der ewigen Jugend und Vitalität, der Stärke und Schönheit etc. Partei für die Wirklichkeit der Armen, Schwachen und Verlierer/innen zu ergreifen? Welche aktuellen Bilder und »Fotos« eignen sich für einen religiösen Lernprozess, in welchem die Schülerinnen und Schüler den »unbedingten« Anspruch der frohen Botschaft Jesu Christi im Horizont der heutigen Welt und deren Aufgaben wahrnehmen können? Eine heutige religionspädagogische Bilddidaktik müsste sich solchen Fragen zuwenden.

Ein vom Religionsunterricht begleiteter Bildwerdungsprozess in den Schülerinnen und Schülern muss deshalb zweierlei Aufgaben erfüllen: Zum einen geht es ihm um die Vergegenwärtigung von religionsdidaktisch bedeutsamen Bildern in den Schülern, damit ihr Gehalt für sie wahrnehmbar ist, sich in ihnen entfalten und sie ansprechen kann; zum Zweiten muss er aber auch die Schülerinnen und Schüler zur prinzipiellen Erkenntnis hinführen, dass Bilder Interpretationen der Wirklichkeit darstellen und nicht die Wirklichkeit selbst. Bilder enthalten immer eine bestimmte Perspektive und mit ihr den Standpunkt, von dem aus der Maler oder die Fotografin das Bild gemacht hat. Eine angemessene Bilddidaktik muss in einer Situation der Bilderflut gerade auch diese Ebene erreichen, damit die Schüler sich der Macht der Bilder immer auch erwehren können. Bei aller Unmittelbarkeit gilt es deshalb auch hier wieder Abstand zu ermöglichen, dass die Schülerinnen und Schüler sich aus der Distanz für oder gegen die Botschaft eines Bildes entscheiden können.

Voraussetzung hierfür ist, dass genügend Zeit für die Erschließung von und zum Verweilen bei Bildern im Unterricht zur Verfügung steht; nichts behindert eine angemessene Bildbegegnung so sehr wie ein flüchtiger Umgang mit Bildern. Ein weiterer Feind eines Bildes im Unterricht sind andere Bilder. Oft stellen deshalb Bücher unter bilddidaktischen Gesichtspunkten ein Problem dar, weil auf ihren Doppelseiten mehrere Bilder angeordnet sind: Der Blick der Schüler fällt auf zwei, drei oder noch mehr visuelle Zentren; das eine Bild nimmt dabei dem anderen die Kraft. Wird kein ausdrücklicher Bildvergleich beabsichtigt, ist es analog zur Entscheidung für ein Hauptmedium pro Unterrichtsstunde immer besser, sich auf ein Bild pro Doppelseite zu beschränken und dieses stattdessen in einer ansehnlichen Größe und Qualität zu reproduzieren.

Das »Grundmodell des Umgangs mit Bildern im Religionsunterricht« bringt die dargestellte Logik des Unterrichtsaufbaus vor dem Hintergrund des spezifischen Codes von Bildern zum Ausdruck. Gegenüber den Grundmodellen im Umgang mit Texten weist es auf fast allen Stufen eigene Differenzierungen auf, die vor allem in den spezifischen Lernmöglichkeiten und -erfordernissen von Bildern im Religionsunterricht begründet sind.

Erstbegegnung und Motivation

Bilder benötigen im Allgemeinen keine gesonderte Motivation; sie enthalten in sich selbst, d.h. in ihrer Visualität die schon erwähnte Motivationskraft, die beim Betrachter Reaktionen und Gefühle hervorruft. Deshalb werden Bilder häufig zur Motivation für andere Medien und Unterrichtsarrangements verwendet. Steht jedoch ein Bild selbst im Mittelpunkt des Unterrichts, ist vor der Erstbegegnung mit dem Bild (Punkt 1) eine Motivation meist nicht erforderlich. Andererseits können sich jedoch gerade ob der ansprechenden Wirkung von Bildern bei dieser Erstbegegnung Probleme ergeben; vor allem dann, wenn die Wirkung der Bilder zu Abwehrreaktionen bei den Schülerinnen und Schülern führt: Wird ein Bild in den Raum des Unterrichts gebracht, so treffen zunächst unmittelbar zwei unterschiedliche Sinnwelten zusammen: Die Erfahrungswelt der Schüler mit der Farben-, Formen- und Symbolwelt des Bildes bzw. des Künstlers. Besteht zwischen beiden Welten eine Nähe, wird die Wirkung des Bildes für die Schüler ansprechend sein und beflügelnde Reaktionen hervorrufen; besteht eine zu große Differenz, kommt es leicht zu Ratlosigkeit und Befremden; in Klassen, die keine oder wenig Erfahrung etwa mit moderner Kunst haben, vermag dies zu Widerständen und Abwehrreaktionen führen, die sich hemmend und behindernd auf den folgenden Unterrichtsprozess auswirken. Beispielsweise kann es in einer 9. Hauptschulklasse erforderlich sein, bevor sich die Aufmerksamkeit dem Bild »Gang nach Emmaus« von Karl Schmidt-Rottluff [6] zuwendet, zunächst Hinweise und Impulse zu geben, welche die Erstbegegnung erleichtern: dass es dem Künstler (dem deutschen Expressionismus) nicht um die naturgetreue Abbildung, sondern um das Geheimnis hinter den Dingen ging; dass die »Vereinfachungen« und »Vergröberungen« der Holzschnittechnik das Wesentliche zum Ausdruck bringen wollen etc. In gewisser Weise greifen solche Hinweise der Erschließung etwas vor, damit die anfängliche Fremdheit des Bildes nicht zur Abkehr führt, sondern Offenheit und Interesse erzeugt. Haben die Schülerinnen und Schüler die Beschäftigung mit solchen Bildern als sinnvolles Unterfangen erlebt und gelernt, ihren Gehalt zu entdecken, können solche Hinweise vor der Erstbegegnung entfallen.

Bei Bildern, die mit Dias oder Folien projiziert sowie auf Plakaten betrachtet werden, vermag die Erstbegegnung dadurch dramatisch gesteigert und dabei fokussiert zu werden, dass die Schüler/innen vor dem Einschalten des Projektors bzw. vor dem Aufhängen des Bildes ihre Augen schließen; danach öffnen sie die Augen und schauen auf das Bild. Die Wirkung ist vielfältig: Zum einen findet mit dem Schließen der Augen eine visuelle Erholung und Konzentration statt, indem der Blick auf die Außenwelt kurz zurückgenommen wird; zum Zweiten ergibt sich hieraus eine gesteigerte Erwartungshaltung gegenüber dem Bild, das gleich in den Raum der gemeinsamen visuellen Wahrnehmung tritt; zum Dritten ist es der jeweilige Schüler, der nach einer kurzen Ausblendung seiner Visualität den konkreten Zeitpunkt bestimmt, an dem ihn der erste Eindruck des Bildes erreicht. Es ist sicherlich nicht sinnvoll, jede Erstbegegnung mit einem Bild auf diese »sanfte« Weise zu gestalten; ab und an vermag aber ein solcher Beginn einen guten Wechsel darzustellen, der vor allem hilft, eine visuelle Sensibilität im Umgang mit Bildern zu entwickeln. [7]

Bei Bildern, die mit Folien projiziert werden, ist es ob ihrer dramatischen Wirkung oft zudem günstig, die hellen Ränder abzudecken; dies vor allem dann, wenn die Folien ein kleineres Format als DIN A4 aufweisen, da die heute gängigen Projektoren für diese Größe ausgelegt sind. Die Abdeckung bündelt das Licht für die Betrachtenden und ermöglicht so eine fokussierte Wahrnehmung.

Das Bild in Ruhe anschauen

Der Prozess der Bilderschließung erfordert, dass die Schülerinnen und Schüler das Bild zunächst still betrachten. Dabei geht es um eine ganzheitliche Wahrnehmung ohne bestimmte Fragestellungen und Zielvorgaben. Die Schüler sollen das Bild in unmittelbarer Weise anschauen: Sie öffnen sich für die Farben und Formen, sie tasten das Bild ab und entdecken schon Details, verweilen etwas bei ihnen. Dabei wird der Unterricht dem ästhetischen Charakter von Bildern gerecht, die ja nicht (oder im Allgemeinen nicht) für schulische Zusammenhänge geschaffen wurden. Bilder wollen nicht in erster Linie angesprochen werden, sondern zunächst ihrerseits »sprechen« und dabei eine ästhetische Erfahrung ermöglichen. Die ganzheitliche Öffnung für die ästhetischen Eindrücke des Bildes steht am Anfang und bildet die sinnliche Basis für den gesamten Bilderschließungsprozess.
In dieser Weise beginnt die Bildbetrachtung mit einer individuellen Begegnung mit dem Bild. Hierdurch wird für den folgenden gemeinsamen Erschließungsprozess ein Fundament im Horizont der je eigenen Erfahrungen, Eindrücke und Assoziationen der Schülerinnen und Schüler gelegt. Diese individuelle und stille Betrachtung soll zeitlich weder zu kurz noch zu lange andauern; konkret hängt sie vom Farben-, Formen- und Detailreichtum des Bildes ab. Die Schüler sollen

den Eindruck gewinnen, dass sie alles wahrgenommen haben, was auf dem Bild zu sehen ist.

Immanente Beschreibung

Die individuelle und stille Weise der Wahrnehmung wechselt nun in den Modus der gemeinsamen Betrachtung in der Klasse. Sie geschieht über die Beschreibung des Bildes. Die Schüler beschreiben etwa im Bild von Karl Schmidt-Rottluff den gebogenen Weg, der von der Mitte des rechten Bildrands nach links unten führt und dabei immer breiter wird; vermutlich windet sich dieser Weg, für die Betrachtenden nicht sichtbar, nach links oben, den Hügel hinauf. Werden diese beschreibenden Worte im Klassenzimmer gesagt, wandern die Augen der Mitschüler auf den gerade beschriebenen Teil des Bildes. Die gemeinsame Betrachtung bedarf in dieser Weise der Steuerungsinstanz des hörbaren Beschreibens, über die sich erst die Gemeinsamkeit herstellt: Die Akustik steuert die gemeinsame Visualität. Das, was wir sehen, »zeichnen« wir nun in Worten nach. Immer noch geht es dabei zunächst um jene unmittelbare und offene Wahrnehmung, um jene verweilende und »ungelenkte Aufmerksamkeit«, für die Günter Lange die metaphorische Formulierung vom »Spazierengehen im Bild« verwendet.[8] In diesem »Spazierengehen« regt die Beschreibung des einen die Entdeckung und Beschreibung der anderen an. In dieser Weise soll zunehmend in den Raum der Sprache und damit in den Raum der bewussten visuellen Wahrnehmung gelangen, was formulierbar bzw. beschreibbar ist: Farben, Formen, Bildaufbau, Struktur, Personen, Gesten, Symbole, Details etc. Dabei soll auch scheinbar »Unwichtiges« und »Selbstverständliches« genannt werden; vom Standpunkt der Betrachtenden her ist in einem Kunstwerk nichts zufällig.

Im Bild »Gang nach Emmaus«: Der Weg ist gezäunt von spitzen und gezackten Gebilden; vielleicht Blumen, Disteln, Sträuchern oder Steinbegrenzungen. Am rechten Wegrand hinten stehen jenseits der Begrenzung in einem Garten oder einem Feld zwei hohe zackige schwertartige Baumgebilde. Am oberen Bildrand deuten Querstreifen einen tief hängenden Himmel an. Den Weg kommen drei Personen herunter; sie sind am unteren Bildrand angelangt, als wollten sie gerade aus dem Rahmen heraustreten, auf die Betrachtenden zu. Die Linien ihres Gesichts, vor allem der Augen, des Mundes, der Nase sowie von Wangen und Stirn sind betont. Alle tragen ein kleidartiges, musterloses Gewand. Links (von den Betrachtenden aus gesehen) eine Figur mit herunterhängenden Armen, die stilisierten Hände offen, barfüßig; der rechte Fuß holt zum Schritt aus, den linken sieht man nicht; sein Hals und Kopf nach vorne geneigt, Augen und Mund geschlossen, als ob er in sich hineinhöre. Die (von den Betrachtenden aus gesehen) rechte Figur geht noch stärker gebückt. Ihr Hals fällt fast in einem rechten Winkel nach unten; der Oberkörper hängt zurück. Die herabhängende linke Hand umfasst den Knauf eines Gehstocks. Das Gesicht ist nach unten gerichtet; Augen und Mund sind geschlossen, fast zusammengezogen. Es fällt ihr schwer, überhaupt zu gehen. Die mittlere Figur geht dagegen aufrecht. Ihre nach oben geöffnete abgewinkelte linke Hand verstärkt diese Linie der aufrechten Haltung.

Abb. Karl Schmidt-Rottluff, Gang nach Emmaus (Holzschnitt)

Ihr Gewand reicht bis zum unteren Bildrand. Das Gesicht schaut nach vorne, die Betrachtenden an. Die Augen sind weit offen. Die rechte Iris ist als leerer, die linke als voller Kreis dargestellt. Die Lippen des etwas geöffneten Mundes sind betont. Über den kräftigen, halblangen und streng geschnittenen Haaren ist ein Heiligenschein mit drei aufstrebenden Strahlenbündeln sichtbar. Dieser Strahlennimbus durchbricht die oberen Querstreifen und wird vom oberen Bildrand abgeschnitten.

Gebilde aus parallel verlaufenden Linien finden sich auch hinter der (von den Betrachtenden aus gesehenen) linken Figur in Buschform, sowie – etwas weniger – zwischen der mittleren und der rechten Figur; auch sonst sind auf dem Bild noch solche Strahlenbündel zu erkennen. Die mittlere Gestalt überragt die anderen an Größe. Die (von den Betrachtenden aus gesehen) rechte zusammengeknickte Gestalt ist die niedrigste im Bild. Sie lehnt mit der Stirn an der Schulter und berührt mit dem Fuß das Gewand der mittleren Gestalt; ansonsten ist ein Abstand zwischen ihnen. Die linke Gestalt dagegen hat bis über die Hüfte mit der mittleren Gestalt eine Verbindung. Rechts oben sehen wir einen größeren schwarzen Punkt; vielleicht die Sonne, der Mond oder ein anderes Gestirn. Von diesem Punkt aus sind Strahlen auf die mittlere Person gerichtet, die sich in ihrer Streuung etwas verbreitern. Zwei Schatten werden auf den Weg nach hinten geworfen, offenbar von den beiden außen gehenden Personen. Dagegen verlaufen die Schatten der baumartigen Gebilde im rechten Bildhintergrund in die entgegengesetzte Richtung, gleich den Strahlen des schwarzen Punktgestirns. Das Bild hat dabei zwei »Mitten«: Die Mitte der Personen bildet die große Person; die Mitte des Bildes die rechte, gebückt gehende Person.

Ungeübte Schüler ebenso wie ungeübte Lehrer, tun sich zunächst mit der Beschreibung schwer; sie sind in Gefahr, gleich zu deuten: Jesus, den sie am Heiligenschein erkennen, vielleicht die beiden Emmausjünger, wenn ihnen die Geschichte geläufig ist. In den ersten Phasen der Bildbetrachtung kommt jedoch alles darauf an, noch nicht zu deuten, im Gegenteil, die Deutung hinauszuschieben und stattdessen erst genau hinzuschauen: Deutungen beenden den

☞ Im Bereich der religiösen Erfahrung, der Symbole, der Kunst geht es wesentlich darum, die Wahrnehmung über bisherige Wahrnehmungsgrenzen auszudehnen und Horizonte zu erweitern. Dazu ist das Handlungsmuster des Neuentdeckens zu üben.

Wahrnehmungs- und Suchprozess, deshalb sollen sie nicht am Anfang, sondern am Ende stehen, nachdem die Bildgestalt in der immanenten Beschreibung und in der kontextuellen Betrachtung rekonstruiert wurde.

Das entdeckende Spazierengehen im Bild in der immanenten Beschreibung widerspricht in gewissem Sinne der Logik unseres dominierenden Alltagshandelns. Der Alltag ist darauf gerichtet, Situationen schnell zu deuten, indem wir sie über das Wiedererkennen bestimmten Situationstypen zuordnen; je schneller dieser Deutungsprozess, desto schneller kann gehandelt werden. Dieses Handlungsmuster ist immer dann sehr effektiv, wenn es auf ein rasches und gewohnheitsmäßiges Handeln ankommt. Da es aber auf dem Prinzip des Wiedererkennens beruht, tut es sich schwer mit neuen Wirklichkeitserfahrungen, die nicht wiedererkannt, sondern neu entdeckt werden müssen. Im Bereich der religiösen Erfahrung, der Symbole, der Kunst geht es jedoch gerade wesentlich immer auch darum, die Wahrnehmung über bisherige Wahrnehmungsgrenzen auszudehnen und Horizonte zu erweitern. Dies kann nur dann geschehen, wenn wir das schnelle Muster des Wiedererkennens und der Analyse zunächst zurückstellen und stattdessen das Handlungsmuster des Neuentdeckens üben. Dieses Handlungsmuster ist in tieferen

Schichten unseres Handlungswissens enthalten. Wir lernen es in unserer Kindheit, wenn wir staunend die Welt entdecken. Wir greifen darauf zurück, wenn uns das schnelle Urteil des gewohnheitsmäßigen Handelns unseres Alltags zum Problem geworden ist und wir neu fragen müssen, um mit einer Situation zurechtzukommen. Diese Haltung des Neuentdeckens bewahrt aus der Kindheit ihren eigenen Reiz, der etwa in der starken Faszination von Detektiv- und Kriminalgeschichten seinen Ausdruck findet. Sie ist offen für Neues und lässt sich überraschen; sie betrachtet die Wirklichkeit als etwas Geheimnisvolles. Dieses Geheimnis gilt es zu entschlüsseln, wo es sich entschlüsseln lässt, und zu erhellen, wo es sich gegen den erkennenden Zugriff behauptet.

Natürlich: Auf einer fundamentaleren verstehenslogischen Ebene löst sich der Gegensatz zwischen Wiedererkennen und Neuentdecken tendenziell auf. Auch ein Neuentdecken ist auf ein Wiedererkennen angewiesen: Ein Gesicht nehmen wir als Gesicht wahr, weil wir es als Gesicht wiedererkennen, oder, um mit Platon zu sprechen, weil wir es »wiedererinnern«. Dieses Wiedererkennen im Neuentdecken hat jedoch einen allgemeineren Charakter: nicht sofort Jesus und die Emmausjünger, sondern allgemeiner: drei Personen, noch allgemeiner: drei Gestalten. Nicht: der Weg von Jerusalem nach Emmaus, sondern: ein Weg oder eine Straße etc. Diese sich noch nicht festlegende Suchbewegung des Beschreibens vermag, da sie schnelle Konkretionen vermeidet, neue Konkretionen zu entdecken, die in der Formen- und Farbensprache des Bildes in eigener Weise ihren Ausdruck finden. Und es sind eben die je besonderen Konkretionen, in denen das Neue sich zum Ausdruck bringt.[9]

Die großen Bilder der christlichen Kunst stellen jeweils solche neuen Konkretionen dar; auch wenn sie sich ausdrücklich auf biblische Vorlagen beziehen, sind sie zunächst immer auch Geheimnisse, die einen eigenen, über die Vorlagen hinausgehenden Gehalt in sich tragen, einen Gehalt, der in der Bilderschließung berührt und entschlüsselt werden will. Insofern ist das entdeckende Beschreiben auch ein Weg der Verlangsamung der Wahrnehmungs- und Verstehensprozesse im Religionsunterricht. Es rechnet damit, dass die Bilder nicht nur Illustrationen von schon bekannten biblischen Texten darstellen, sondern uns etwas zu sagen haben, das uns neu ist. Diese Verlangsamung wird vor allem auch der Würde der großen Bilder gerecht, die, wenn sie in den Unterricht Eingang finden, nicht verloren gehen, sondern ansehnlich werden soll.

Die immanente Beschreibung wird dann fruchtbar, wenn dieses Handlungsmuster des Neuentdeckens in sie Eingang findet und geübt wird. Die Lehrkraft muss diesen Lernprozess anregen und begleiten. Sie kann dies auf mehrere Weise tun: Zunächst zeigt sie den Schülern, was sie mit Beschreibung meint, indem sie selbst anfängt zu beschreiben. Sie achtet darauf, dass ihre Worte einen beschreibenden und nicht einen deutenden oder gar urteilenden Charakter haben. Aus Erfahrung hat es sich als günstig erwiesen, wenn der Lehrer bei einem Detail im Bildhintergrund beginnt. Den Schülern wird dabei deutlich, dass nicht nur Bildmitte und Bildvordergrund beschreibend erschlossen werden sollen, sondern das Bild als Ganzes; hierzu gehören auch Hintergrund, Randzonen, die Details; hierzu gehört desweiteren das Selbstverständliche, etwa der Weg oder die Hände der drei Gestalten, ebenso wie das zunächst Fremde und Unverständliche, etwa die gezackten Wegbegrenzungen oder die unterschiedlichen Augen der mittleren Gestalt im »Gang nach Emmaus«. Gerade auch hier gilt: Fremdes, wenn es tatsächlich als Geheimnisvolles in den Raum der Sprache tritt und nicht als zu belächelndes Unvermögen des Künstlers denunziert wird, erzeugt Interesse und Spannung, welche die Dynamik des Erschließungsprozesses anregen.

Deutungen, welche die Schüler schon in der immanenten Beschreibung vornehmen, muss der Lehrer zurückstellen und wieder auf die Aufgabe des Beschreibens hinweisen. Wenn Schüler beispielsweise sofort Personen identifizieren, sollte er steuernd eingreifen: »Das wissen wir noch nicht«, »dazu kommen wir später« und stattdessen die genannte Person beschreiben und so den Schülern ein Modell geben. Bei Äußerungen, die etwa die (von den Betrachtenden aus gesehen) rechte Person als »traurig« kennzeichnen, sollte der Lehrer zurückfragen: »Woran siehst du das?«, »Was siehst du?« Auch hier kann es notwendig sein, dass der Lehrer durch seine sachgerechte Beschreibung die Erfahrungsbasis für die Deutung »traurig« deutlich macht. Manche Lehrkräfte lassen in dieser Phase nur Sätze gelten, die mit den Worten beginnen: »Ich sehe ...«. Achtet der Lehrer in dieser Weise konsequent auf den beschreibend-deskriptiven Charakter der Äußerungen, lernen die Schülerinnen und Schüler sehr schnell, diese Methode anzuwenden. In diesem Sinne geht es auch im Religionsunterricht um das Erlernen und Anwenden methodischer Fertigkeiten, die den Schülern helfen, Bilder auch außerhalb der Unterrichts angemessen zu betrachten.

Schließlich sollte der Lehrer nicht die Reihenfolge der zu beschreibenden Elemente und Sektoren des Bildes festlegen, in dem er vorgibt: »zuerst die rechte Person ..., dann die linke ..., dann die mittlere Person..., nun den Weg ..., wie sehen die Wegbegrenzungen aus?..., wie der Horizont... etc. Eine solche Moderation nimmt dem Prozess des Beschreibens die Spannung und zieht ihn wie einen Kaugummi in die Länge. Wenn der Lehrer meint, dass das Gesicht einer Person noch nicht genügend beschrieben wurde, ist es besser, dass er dies selbst tut, als wenn er fragt: »Und wie sieht ihr Gesicht aus?« Die Beschreibung des Lehrers ist immer ein Impuls für die Schüler, das Bild detaillierter zu entdecken.

Im Ganzen hat die Beschreibung einen additiven Charakter; »Wichtiges« kann auf dieser Stufe noch nicht bestimmt werden. In unvoreingenommener Offenheit soll alles im Bild mit gleichem Recht in den Raum der Sprache und damit in den Bereich der gemeinsamen Aufmerksamkeit treten. Gewichtungen offenbaren sich erst im späteren Erschließungs- und Deutungsprozess. Auf der jetzigen Stufe geht es um ein additives Abtasten des Bildes, gesteuert von der spontanen und assoziativen Suchbewegung der Unterrichtsbeiträge. Die Lehrkraft muss diesen additiven Prozess anstoßen, begleiten und immer wieder anregen: Sie achtet auf den beschreibenden Charakter der Beiträge; daneben schlüpft sie, wenn erforderlich, selbst in die Rolle des beschreibenden Teilnehmers und zeigt damit, worin die Aufgabe besteht.

Die Phase des so im Bild »spazierengehenden« Beschreibens kommt zu ihrem Ende, wenn das Beschreibbare tatsächlich beschrieben ist. Klassen, in denen die methodischen Fertigkeiten der Bilderschließung eingeführt wurden, entwickeln oft großes Interesse und Freude bei diesen Entdeckungsreisen in fremde Bildwelten. Der Weg der Beschreibung hat dabei einen immanenten Charakter, weil er sich auf das bezieht, was im Bild von allen Anwesenden zu sehen ist. Er formuliert quasi die Basissätze in der Decodierung der Formen- und Farbensprache des Bildes. Je intensiver deshalb die immanente Beschreibung, desto vielfältigere Wahrnehmungs- und Deutungsmöglichkeiten tun sich im weiteren Erschließungsprozess auf.

Kontextuelle Betrachtung

Auch bei Bildern: Die kontextuelle Betrachtung bringt Informationen in den Decodierungsprozess ein, die im Bild nicht unmittelbar ersichtlich oder ableitbar sind, d.h. die von außerhalb kommen. Die Grundlage der Erschließung wird damit über die visuelle Wahrnehmung und sprachliche Beschreibung des Bildes in der Gegenwärtigkeit des Unterrichts (Phasen 2 und 3) hinaus erweitert, indem Kontexte herangezogen werden, die vor allem im Zusammenang mit der Entstehung und der Wirkungsgeschichte des Bildes stehen. Diese Kontexte stellen neben der sinnlichen Wahrnehmung weitere Horizonte dar, innerhalb derer das Bild interpretier- und deutbar wird. Umgekehrt: ohne diese kontextuellen Horizonte bleibt die Bilderschließung auf die unmittelbare und situative Wahrnehmung im Klassenzimmer beschränkt. In der kontextuellen Betrachtung tritt deshalb zur sinnlichen Wahrnehmung und Beschreibung des Bildes der Aspekt des Wissens um ein Bild hinzu, um den unterrichtlichen Deutungsprozess vom Bild her weiter vorzubereiten.

• *Ikonografische Informationen*

Zu diesen Kontexten gehört zuerst und vor allem die jeweilige Ikonografie des Bildes, also die jeweilige Formen-, Farben- und Symbolsprache, in welcher der Künstler gelebt hat und die in sein Werk Eingang gefunden hat. Diese je eigene »Bildsprache« der Kunstwerke ist uns heute weithin fremd; aus der umittelbaren Betrachtung können wir sie nicht »entziffern«. Vor diesem Hintergrund fordert Günter Lange: »In das ästhetische Lernen müsste ebenso viel investiert werden wie in das Lernen von Fremdsprachen. Denn die Kunstwerke sprechen je ihre eigene Sprache, und unser ganzes Elend besteht darin, dass wir Vermutungen über ihre religiösen Inhalte anstellen, bevor wir sie in ihrer eigenen Sprache vernommen haben.«[10] Die Aufgabe stellt sich sowohl für »alte« als auch für »neuere« Kunst: Mit der mittelalterlichen Welt ist auch das Verständnis etwa für die Symbolik der romanischen Buchmalerei weithin verschwunden; paradoxerweise liegt uns jedoch häufig die Bildsprache moderner oder zeitgenössischer Kunst noch ferner, so dass uns »ältere« Kunst spontan verständlicher erscheint. Sicherlich ist dies ein Grund dafür, dass in den religionspädagogischen und katechetischen Materialien die Kunst des 20. Jahrhunderts unterrepräsentiert ist. Dies wird sich erst dann ändern, wenn wir der Ikonografie im ästhetischen Lernen des Religionsunterrichts eine größere Aufmerksamkeit schenken.

Der »Gang nach Emmaus« ist auf das Jahr 1918 datiert. Der Erste Weltkrieg war zu Ende. Karl Schmidt-Rottluff gehört dem deutschen Expressionismus an. Gemeinsam war den Künstlerinnen und Künstlern der avantgardistischen Bewegung des ausgehenden 19. und beginnenden 20. Jahrhunderts die radikale Abgrenzung gegenüber einer naturgetreuen »realistischen« Wiedergabe der Wirklichkeit, um dem in ihr waltenden Geheimnis auf die Spur zu kommen. Programmatisch formuliert Georges Braque: »Ich möchte viel lieber im Einklang mit der Natur sein als sie nachahmen«.[11] Schmidt-Rottluff suchte in der Vereinfachung der Naturformen den stärksten Gefühlsausdruck zu erreichen. Der elementare Kontrast von Schwarz und Weiß in seinen Holzschnitten half ihm dabei. Die Maler der Künstlervereinigung »Die Brücke«, deren Mitbegründer Schmidt-Rottluff war, ließen sich von den ursprünglichen Bildwerken der Naturvölker und von der mittelalterlichen Kunst inspirieren:[12]

- *Zur grundlegenden Ikonografie gehört, gerade wenn es um eine Zurückweisung der realistischen Darstellung geht, der Bedeutungsmaßstab oder die Bedeutungsgröße: das Größere ist wichtiger als das Kleinere, der Mittelpunkt bedeutender als die Peripherie, der Vordergrund hat mehr Gewicht als der Hintergrund. In der mittelalterlichen Kunst enthalten die »Größenverhältnisse eine Aufforderung an* den Betrachter, seine Aufmerksamkeit dementsprechend hierarchisch zu stufen«.[13] Wir kennen den Bedeutungsmaßstab auch von Kinderbildern, in denen Wichtiges groß und lebendig, Unwichtigeres kleiner dargestellt wird.[14]

- In der bildlichen Ausdruckswelt des Mittelalters hat die Gebärdensprache ein besonderes Gewicht. Gehobene und gelängte Finger Christi (Bedeutungsgröße) kennzeichnen den Redegestus, Segensgestus, Machterweis.[15]

- Wir wissen um die Bedeutung der Diagonalen in der Komposition eines Bildes: die Diagonale von links unten nach rechts oben wird eher als aufsteigende Linie (aufsteigende Diagonale) empfunden und symbolisiert den Weg der Hoffnung, den Neubeginn; dagegen erscheint die Diagonale von links oben nach rechts unten beim Betrachten mehr als fallende Linie (fallende Diagonale) und symbolisiert so die Richtung des Niedergangs, der Verzweiflung, der Angst.[16]

- Aus der Grammatik der mittelalterlichen Bildersprache ist der Nimbus um das Haupt heiliger oder göttlicher Personen bekannt. Er wurde von der christlichen Kunst aus der Antike übernommen und symbolisiert die Sonnenscheibe, welche die dargestellten Personen in einem überirdischen Licht erscheinen lassen. In der frühchristlichen Kunst wurden Christus, Gottvater und die Taube des Heiligen Geistes mit dem Kreuznimbus als Zeichen der Einheit und der Dreifaltigkeit ausgestattet.[17]

- Die Zahlensymbolik spielt in der mittelalterlichen Ikonografie eine bevorzugte Rolle. »In der Zahl Drei sind Anfang, Mitte und Ende geeint, Himmel, Erde und Unterwelt zusammengefasst«.[18] Sie steht für das Göttliche, Vollkommene, Runde, für die Dreieinigkeit.[19]

- Weiterhin ist für die Formensprache eines Bildes von Bedeutung, welche Rolle den Betrachtenden vom Künstler, von der

Künstlerin zugeschrieben wird. Welcher Blick wird ihnen auf die Situation gestattet? Sind sie unbeteiligte Zuschauer/innen oder werden sie in das Geschehen mit einbezogen?

Solche ikonografischen Informationen stellen weitere Schlüssel für die nachfolgende Interpretation und Deutung dar. Sie sind einer Lehrkraft zu einem jeweiligen Bild mehr oder weniger zugänglich. Die Qualität von Religionsbüchern, Lehrerhandbüchern und Bildmaterialien (in Form von Dias, Folien, Plakaten etc.) hängt deshalb wesentlich davon ab, ob sie ihre Adressaten hier alleine lassen oder ihnen solche ikonografischen Informationen bereitstellen. Diesbezüglich gibt es gerade bei Schulbüchern große Unterschiede.[20]

Für den Lehrer wie für den Schüler gilt: Das ikonografische Wissen, das sie sich bei einem Bild angeeignet haben, steht ihnen bei allen folgenden Bildbetrachtungen zur Verfügung. Mit zunehmender Bilderfahrung reichert sich so unser ikonografisches Wissen an und schärft unseren Blick: Bilder öffen uns die Augen für Bilder. Einmal auf den Bedeutungsmaßstab, die Gebärdensprache, den Nimbus, die Zahlensymbolik, die aufsteigende oder abfallende Diagonale etc. aufmerksam geworden, vermögen Schüler diese »Grammatik der Bildersprache« zu verstehen und sie in anderen Gestaltungen, Abwandlungen, Abgrenzungen, Weiterentwicklungen mit Interesse neu zu entdecken. Daneben vermag ihnen die Bildsprache der betrachteten Bilder Anregungen für ihren eigenen malerisch-gestalterischen Ausdruck zu geben. Gerade an dieser Stelle wird deutlich, wie eine bewusste Bilddidaktik mit einer bewussten Maldidaktik im Inneren verschränkt ist. Auch Schülerinnen und Schüler können sich aus den Formen vergangener Bildsprache anregen lassen, um sich malerisch zum Ausdruck zu bringen; ja sie sind darauf verwiesen, wollen sie ihre Ausdrucksfähigkeit schulen und erweitern.

Auch der biblische Bezugstext stellt für das Bild einen kontextuellen Horizont dar. Der Bezugstext hilft das Bild zu
deuten. Gerade an dieser Stelle zeigt sich: Bilder sind nie nur
Illustrationen, sondern haben einen eigenen Gehalt; Bilder
interpretieren den Text; Bilder sind Predigten. Sie setzen
Schwerpunkte, indem sie eine oder mehrere Szenen[21] einer
Geschichte auswählen: Von den fünf Szenen im Bezugstext
Lk 24, 13-35 (1. Weg nach Emmaus; 2. Bitte um Bleiben; 3.
gemeinsames Mahl; 4. Rückkehr nach Jerusalem; 5. Gespräch
mit den Jüngern) wählt Schmidt-Rottluff die erste aus: den
Weg nach Emmaus; Jesus geht mit ihnen, sie sind wie von
Blindheit geschlagen, er legt ihnen dar, was über ihn geschrieben ist. Bilder enthalten eigene Konkretionen und u.U. signi-
fikante »Abweichungen«, in denen z.B. zusätzliche Personen
ins Spiel gebracht werden, wie etwa der Kellner in Rem-
brandts »Gastmahl in Emmaus« (1648), der zu den am Tisch
Sitzenden mit einem Tablett tritt; sie verlegen den Ort des
Geschehens in eine bestimmte Zeit und historische Situation,
wie im »Plötzenseer Totentanz« von Alfred Hrdlicka (1970),
in dem sich die Emmaus-Szene in einer Art Schlachthaus mit
Fleischerhaken an der Decke (in der Strafanstalt Plötzensee
wurden während der Nazizeit etwa 2000 Häftlinge hingerich-
tet) in einer Gruppe von Gefangenen abspielt, wovon gerade
ein Häftling durch einen Schergen abgeführt wird. Gerade in
diesen Konkretionen[22] und »Abweichungen« wird der eigene
Gehalt des Bildes, der originäre künstlerische Ausdruck gegenüber dem Text zugänglich. Abweichungen »stören« deshalb auch nie den Bilderschließungsprozess: Sie führen zur
eigenen Aussage des Bildes hin.

Beim *biblischen Bezugstext* in der Bilderschließung ergibt
sich von der Unterrichtsdramaturgie her insofern ein Prob-

lem, als die zur Verfügung stehende Erarbeitungszeit von 20 Minuten im Wesentlichen für das Bild aufgebraucht wird. Der biblische Bezugstext kann deshalb in den allermeisten Fällen nicht in schriftlicher Form in den Unterricht eingebracht werden. Als solcher müsste er zunächst von den Schülerinnen und Schülern decodiert, d.h. mehrere Male gelesen, nacherzählt etc. werden, um seinerseits als kontextueller Deutungshorizont tatsächlich zur Verfügung stehen zu können. Von der Unterrichtsdramaturgie her stellt ein Text, auch wenn sich das bisher erschlossene Bild auf ihn bezieht, ein zweites Medium mit eigenem Gewicht dar, das aus sich heraus sein Recht und seine Decodierungszeit fordert. Wird er trotzdem in schriftlicher Form eingebracht, geht die dramatische Spannung verloren; der Bilderschließungsprozess kommt zum Erliegen. Andererseits ist für den Text keine Lernenergie auf Seiten der Schüler mehr vorhanden.

In dieser Situation ergeben sich mehrere didaktische Handlungsmöglichkeiten: Zum einen kann der biblisch Bezugstext von der Lehrkraft erzählerisch eingebracht werden. Auch die erzählte Geschichte stellt ein zweites Medium dar, aber in der Unmittelbarkeit der erzählerischen Form verkürzt sich der Decodierungsprozess auf das Nacherzählen durch die Schüler.[23] Die Erzählform ist um ein Vielfaches »schneller« als die Textform. Hinzu kommt, dass die Geschichte von den Schülerinnen und Schülern – haben sie sich zuvor mit dem Bild beschäftigt – in Bezug auf das Bild wahrgenommen wird: Sie imaginieren die Erzählung auf ihrer »inneren Bühne« nicht neu, sondern die Imagination geschieht im Hinblick auf das bisher betrachtete »äußere« Bild. Wir könnten auch sagen: Die Geschichte erscheint vor dem Hintergrund des Bildes von vornherein in einem bestimmten Licht. Die Personen sind eben die Personen des Bildes etc. Da in dieser Weise das Bild das Hauptmedium der Stunde darstellt, kann die Lehrkraft beim Erzählen die Geschichte auch etwas glätten und sich auf den Erzählkern beschränken. Im Ganzen muss dabei gelten: Das Einbringen des biblischen Bezugstextes darf den Bilderschließungsprozess, der sich von der Erstbegegnung mit dem Bild in Punkt 1 bis zur Bildbegegnung in Punkt 6 erstreckt und in 20 Minuten abgeschlossen sein soll, nicht aushebeln. Eine weitere Möglichkeit besteht darin, den biblischen Text als Hauptmedium aus der Unterrichtsstunde auszulagern; entweder auf die Stunde davor oder auf die Stunde danach, je nach der verfolgten stundenübergreifenden Lernstrategie. Schließlich kann in der Bilderschließung u.U. auch auf den biblischen Bezugstext verzichtet werden, denn Bilder vermögen in ihrer Autonomie immer auch alleine zu stehen und ihre eigene Botschaft zu entfalten.

Bezüglich der anderen Gesichtspunkte der kontextuellen Betrachtung (Entstehungssituation des Bildes, biografische Informationen zum Künstler, zur Künstlerin und seinem, ihrem Anliegen, Bedeutung des Bildes in verschiedenen Epochen und bei verschiedenen Menschen etc.) unterscheidet sich die Bilderschließung nicht von der Erschließung von Texten in schriftlicher oder mündlicher Form. Prinzipiell gilt für diese unterschiedlichen kontextuellen Betrachtungen: Sie müssen nicht alle eingebracht werden; ja, dies wäre in einer jeweiligen Unterrichtsstunde auch nie möglich. Die konkrete Entscheidung für bestimmte kontextuelle Betrachtungsweisen muss die Lehrkraft treffen: zum einen vor dem Hintergrund ihres Zugangs zu solchen Informationen, zum anderen im Horizont des Stundenthemas sowie dessen Lernziele.

Deutung des Bildgehalts aus der bisher rekonstruierten Bildgestalt

Die Deutung ergibt sich nun wie von selbst. Über die immanente Beschreibung und die kontextuelle Betrachtung stehen den Schülerinnen und Schülern mehrere Horizonte zur Verfügung, innerhalb derer sich das Bild interpretieren und deuten lässt. Umgekehrt: Erst an dieser Stelle im Bilderschließungsprozess kann eine Deutung stattfinden, welche in der materialen Bildgestalt und nicht nur in der subjektiven Meinung und dem spontanen Gefühl verankert ist: Der Bildgehalt ergibt sich aus der Bildgestalt.[24]

Im »Gang nach Emmaus« haben die Jünger dem Weg der Hoffnung von links unten nach rechts oben den Rücken zugekehrt. Es ist der Weg nach Jerusalem, den sie mit Jesus gegangen sind und der in die Katastrophe der Kreuzigung geführt hat. Niedergeschlagen, gebeugt, ja gebrochen, in sich gekehrt, verschlossen, »wie mit Blindheit geschlagen« (Lk 24,16) gehen sie den Weg zurück. Die Köpfe der beiden Jünger bilden eine herabfallende Linie von links oben nach rechts unten, eine Linie der Verzweiflung und Hoffnungslosigkeit. Der Auferstandene tritt in einer aufrechten Haltung dazwischen; er durchschneidet und durchtrennt diese Bewegung nach unten, gesteigert durch den Segens- und Redegestus seiner aufrechten betonten Hand, die gleichzeitig zum Ausdruck bringt: Stopp, dies ist die falsche Richtung. Der Auferstandene durchbricht mit seinem Kreuznimbus den tief herabhängenden Himmel, ja der Raum und die Ausmaße des Bildes vermögen ihn weder nach oben noch nach unten hin zu fassen. Die schwarze Abendsonne am rechten Bildrand wirft ihre Strahlen auf den Auferstandenen, sie deutet auf ihn. Diese hinweisenden Strahlen gleichen dem gelängten Zeige-

finger von Johannes dem Täufer des Isenheimer Altars von Matthias Grünewald, der auf den Gekreuzigten zeigt: Jener ist es: »Er muss wachsen, ich aber muss vermindert werden«.[25] Er ist die helle Sonne des neu anbrechenden Tages, vor dem das dunkel gewordene Gestirn des vergehenden Tages zurücktritt. Christus, die neue Sonne, scheint schon für die Jünger, sie wirft deren Schatten nach hinten, den Weg wieder hinauf, gleichsam als Wegweiser der Hoffnung und der Umkehr. Die verzweifelten Jünger spüren ihre Wärme und suchen ihre Nähe, aber die Augen sind noch geschlossen, der träge schwere Kopf und die Last der Gedanken hängen noch nach unten. Christus ist der Dritte, der aus der armseligen und verzagten Gemeinschaft der Jünger ein Ganzes macht, in dem sich Himmel und Erde berühren; die sich verbreiternden Strahlen der untergehenden Sonne weisen auch auf die Jünger, denen jedoch noch nicht die Augen aufgegangen sind (Lk 24,32). Die zwei Mitten des Bildes erzeugen eine Spannung: Christus, die Mitte der Jünger, in seiner Größe betont, und der gebeugte und gebrochene Jünger als Mitte des Bildes, der sich an Christus anlehnt; ihm gilt ein besonderes Interesse. Ist es der Künstler, der sich hier malt? Der Auferstandene schaut aus dem Bild heraus den Betrachtenden in die Augen. Auch die Geste seiner Hand ist auf sie gerichtet. Die Betrachtenden selbst werden vom Künstler auf dem Scherben- und Trümmerfeld lokalisiert, durch den der Weg der Hoffnung in beiden Richtungen hindurchführt. Christus spricht auch zu ihnen: Ich segne euch, richtet auch ihr euch auf, geht mit mir den Weg der Hoffnung.

Deutlich wird in diesem Prozess der Bilderschließung: es gibt nicht die Deutung und es gibt auch nicht nur eine Deutung. Die unterschiedlichen Horizonte der rekonstruierten Bildgestalt bereiten den Boden für vielfältige Deutungen, für eine mehrperspektivische Interpretation. Dies heißt wiederum

nicht, dass jeder in ein Bild »hinein-
lesen« kann, was »er will«, sondern
es geht umgekehrt um ein Heraus-
lesen des Gehalts aus der Gestalt:
um die Deutungsmöglichkeiten,
die in der materialen Form – in dem,
was »das Bild will« – angelegt sind.

*☞ Die Bilderschließung
hat nicht das Ziel, in verbale
Deutung zu übersetzen, sondern zum »sehenden Sehen«
und zum Entstehen des Bildes
beim Betrachten hinzuführen.*

Und hier kann es durchaus Ambivalentes und Widerstreitendes geben, das unterschiedliche Richtungen der Interpretation zuläßt. Hierin liegt gerade die Vielschichtigkeit großer Kunst, dass sie das Sich-Widerstreitende des Lebens nicht ideologisch glättet, sondern »anschaulich« macht. Deshalb geht es bei den verschiedenen Interpretationsmöglichkeiten, die im Bild begründet sind, nie um ein Entweder-oder, sondern um ein Sowohl-als-auch. Dass diese mehrperspektivische Deutung möglich wird, – dafür ist der Lehrer in seiner Moderation des gemeinsamen Interpretationsgesprächs in der Klasse verantwortlich.

Überhaupt geht es in der Bilderschließung mehr um ein Umkreisen des Bildes denn um ein Definieren und Festlegen von Bedeutung. Dabei lässt sich der Gehalt von Bildern letztlich nicht in Worte übersetzen. »Bilder behaupten sich als Medium sui generis gegenüber dem Wort«;[26] hierin ist die eigene Dignität des Bildcodes gegenüber dem Wortcode begründet. Die verbale Interpretation und Deutung stellt deshalb gegenüber der Visualität des Bildes prinzipiell immer eine Reduktion dar. Von daher hat die Bilderschließung nicht das Ziel zu übersetzen oder zu ersetzen, sondern zum »sehenden Sehen« und zum Entstehen des Bildes in den Betrachtenden hinzuführen. Die Verbalisierung hilft dabei. Alle Interpretationen können deshalb nur eine »Sehhilfe«[27] sein. In dieser Weise lässt die Interpretation dem Bild auch sein Geheimnis. Schlechte Interpretation interpretiert ein Bild zu Tode; angemessene Interpretation lässt ein Bild von neuem lebendig werden. In der umkreisenden Interpretationsbewegung wird ihr bewusst, dass im Bild mehr steckt, als sie aussagen kann. Dieses »Mehr« kann nur mit dem Auge, im Besonderen mit dem »inneren Auge« geschaut werden.

Bildbegegnung

Vor dem Hintergrund des erschlossenen und gedeuteten Bildes kann nun auch eine angemessene Bildbegegnung stattfinden. Der Erschließungs- und Deutungsprozess, der sich an der objektiven Gestalt des Bildes orientierte, soll nun zur Subjektivität der Schülerinnen und Schüler zurückführen. Sie sollen sich vom »offenen« Bild ansprechen lassen und ihrerseits zu ihm sprechen; sie sollen sich fragen lassen und ihrerseits Fragen stellen; sie sollen die Stellungnahme und die Perspektive des Bildes wahrnehmen und ihrerseits *Stellung nehmen* können. Ob der Macht der Bilder ist es erforderlich, dass in der Bildbegegnung beides möglich ist: Identifikation und Abgrenzung, Bejahung und Kritik; die Schülerinnen und Schüler müssen sich nähern und distanzieren können. Fragepaare, die beide Möglichkeiten eröffnen, sind hier hilfreich: »Wo finde ich mich im Bild wieder, womit habe ich Schwierigkeiten?«, »Was zieht mich an, was fordert mich heraus?«, »Bejahe ich den Blick und die Perspektive des Künstlers oder sehe ich die Wirklichkeit anders?« etc. Ist diese Freiheit zum »Ja« und zum »Nein« als Möglichkeit vorhanden, wird den Schülerinnen und Schülern eine Zustimmung erleichtert, ja wird, je älter sie werden, oft überhaupt erst die Bedingung für ihre Zustimmungsbereitschaft hergestellt. Deshalb gibt es auch hier kein Richtig und Falsch; die Begegnung mit einem Bild kann sehr verschieden, u.U. sogar gegensätzlich sein. Denn es geht an dieser Stelle nicht um eine für alle gültige Wahrheit, von der sich aus Richtiges und weniger Richtiges bestimmen ließe, sondern um die subjektive Wirkung, um die Begegnung der Welt des Bildes mit der je eigenen Welt der Schülerinnen und Schüler.

Der Prozess der Bildbegegnung wird dramatisch um ein Vielfaches gesteigert, wenn die Schülerinnen und Schüler spielerisch *in die Rollen der auf dem Bild dargestellten Personen schlüpfen*: »Wenn die Personen sprechen würden, was könnten sie sagen?« Oder: »Wenn sie Sprechblasen hätten, was würde in diesen stehen?« Dabei ist darauf zu achten, dass die Schüler die direkte Rede benützen. Die Schüler leihen den Personen des Bildes ihre Stimme und das Bild beginnt zu sprechen. Hierdurch kommt es zu einer Transformation des Bildes in das Wort. Oft erfährt der Unterrichtsprozess durch diese Transformation eine starke dramatische Steigerung. Bisher wurde im Erschließungsprozess vor allem »über« das Bild gesprochen; nun versetzen sich die Schüler in die Rolle der dargestellten Personen. Das Bild steht ihnen nicht mehr nur gegenüber, sondern sie selbst sind im Bild. In der temporären und experimentellen Herstellung einer solchen Unmittelbarkeit liegen wesentliche Elemente des religiösen Lernens; es muss immer wieder das »Reden über« hinter sich lassen, um unmittelbare Erfahrungen zu ermöglichen. Sprechen die Schüler in der direkten Rede das aus, was eine Person sagen könnte, so erfahren sie sich in diesen Worten neu; etwa wenn der (von den Betrachtenden aus gesehen) rechte Jünger im Bild von Schmidt-Rottluff in dieser Weise »sagt«: »Ich kann nicht mehr!« oder »Es war zuviel!« oder »Was soll nun werden?«. Hier kommt zustande, was Rudolf Englert als »Sehschule« des Religionsunterrichts bezeichnet: Die Schüler »(vollziehen) probehalber die Sehvorschläge nach, die eine religiöse Tradition macht«.[28] Damit ist ihnen eine neue Handlungsmöglichkeit eröffnet, die sie jetzt oder irgendwann später in Freiheit ergreifen können – wenn die Zeit gekommen ist und sie dazu bereit und willens sind. Vor allem stellt diese Möglichkeit einen Erfahrungsraum dar, von dem sie nicht nur wissen, sondern den sie schon experimentell betreten haben; dies vor allem macht die eigene Handlungsqualität eines solchen didaktischen Arrangements aus. Diese spielerische und temporäre Identifikation mit den auf dem Bild dargestellten Personen, kann weiter angeregt werden, indem die Schüler deren Haltung und Gestik körperlich nachstellen und mitteilen, wie sich eine Person in einer solchen Haltung fühlt und was sie sagen könnte. Hier geschieht die Transformation zunächst vom Bild zum Körper und dann erst in den Raum der Sprache. Auch hierdurch wird die Dramatik des Unterrichts intensiviert, da er die körperliche und gefühlsmäßige Dimension im Prozess der Bildbegegnung bewusst anregt.

Legen die Schüler den Personen auf einem Bild in dieser Weise etwas in den Mund, dann haben diese Worte auch immer sehr viel mit ihnen selbst zu tun. Oft wählen Schülerinnen und Schüler gerade diejenigen Personen aus, die zu ihrer augenblicklichen Situation »passen«. Dieser subjektive Anteil wird jedoch in der Gesprächssituation nicht als solcher kenntlich, da es ja die Worte der auf dem Bild »sprechenden« Person sind. Hierdurch entsteht durch das Gesprächsarrangement ein geschützter Raum, in dem ein Schüler etwas zum Audruck bringen kann, was er direkt vor anderen und u.U. auch vor sich selber nicht ansprechen würde. Die Lehrkraft sollte den Schutzraum dieser Inkognito-Situation respektieren, ja sie sollte ihn, falls erforderlich, gegen neugierige Fragen verteidigen: »Es ist die Person auf dem Bild, welche diese Worte sprechen könnte, nichts weiter«. Stellt ein Schüler von sich aus den direkten Bezug zu seinem Leben her, ist es etwas anderes.

Vermutlich vermögen wir auf einen Großteil der uns virulent betreffenden Erfahrungen und Konfliktfelder nur einen Blick zu werfen, wenn wir sie an anderen, an solchen »Stellvertreterinnen« und »Stellvertretern« wahrnehmen und an diesen zur Sprache bringen können. Vor allem, wenn es um familiäre Probleme der Schülerinnen und Schüler, um Probleme mit ihren Eltern und deren Ehe geht, ist die »indirekte Weise«, dieses Inkognito, oft der einzige Weg, über den sich diese virulenten und höchst ambivalenten Erfahrungen und Erlebnisse im Unterricht Luft machen können und »bearbeitbar« werden. Und überhaupt: War und ist es nicht immer schon die Aufgabe der großen Gestalten der Bibel, des Mythos, der Märchen, letztlich auch der Roman- und Filmhelden, dass wir an ihrem dramatischen Geschick unser eigenes Drama in diskreter Weise erleben? Und letztlich verfolgt auch das religiöse, vor allem auch das biblische Lernen das Ziel, die großen Gestalten des Glaubens in diese Aufgabe für die Menschen »einzusetzen«: Religiöse Bildung hat mit der Installation einer solchen Erlebnisweise zu tun.

An diesem Punkt zeigt sich auch ein wesentlicher *Unterschied zwischen Unterricht und Therapie*. Vokabeln wie die vom Therapeutischen Unterricht haben diesen Unterschied m.E. oft unkenntlich gemacht. Unterricht muss die direkte therapeutische Bearbeitung von schwerwiegenderen persönlichen Problemen und Konfliktsituationen der therapeutischen Situation überlassen, die sich grundsätzlich anders als die unterrichtliche Situation konstituiert. Unterricht selbst aktualisiert die Erfahrungen weithin indirekter, diskreter, vor allem vermittelt durch die Gestalten der konkreten Inhaltlichkeit seiner Kulturtradition, in denen sich die Schülerinnen und Schüler erfahren lernen. Diese Art der Erfahrung ist gegenüber der direkten Weise des therapeutischen Verfahrens nicht nur ein Weniger, sondern auch ein Mehr, eben weil sie den Schülern an der Welt Anteil gibt und sie mit der Kultur vermittelt. Zudem hat die Therapie ihren Ort in der Bearbeitung von Extremfällen, dann, wenn etwas aus dem Ruder gelaufen ist; ansonsten vermag das diskrete Inkognito der unterrichtlichen Selbsterfahrung ihre heilsamen, tröstenden und aufbauenden Kräfte zu entfalten und den Schülerinnen und Schülern in vielfältiger Weise eine Nahrung zu sein. Gerade im Religionsunterricht, sozusagen als heilsames »Nebenprodukt« des religiösen Lernens. Unterricht vermag die gesunde, mit allen wichtigen Stoffen versehene Ernährung zu gewährleisten, welche hilft, dass die Schüler keinen Mangel leiden und in ihrem Wachsen gedeihen; Therapie dagegen setzt ein, wenn eine besondere Medizin vonnöten ist, um bestimmte Funktionsstörungen zu heilen.

Dies heißt wiederum nicht, dass die Lehrerinnen und Lehrer nicht offen für ein direktes Ansprechen der persönlichen Probleme und Konfliktsituationen ihrer Schüler/innen sein könnten und auch müssten. Werden sie von den Schülern genannt, sollte gerade der Religionsunterricht für sie Raum und Zeit haben. Unter Umständen muss der Unterricht unterbrochen werden und in seine Vorphase (Phase 0) des Mitlebens und der Offenheit zurückkehren. Oft wird es jedoch erforderlich sein, dass die Lehrkraft vor oder nach dem Unterricht dem betreffenden Schüler für ein persönliches Gespräch zur Verfügung steht bzw. sie Schülerinnen und Schüler anspricht, wenn sie beobachtet, dass diese unter einer belastenden Situation leiden. Aber auch hier: Schüler, welche die besondere Medizin einer Therapie benötigen, bedürfen erst recht einer gehaltvollen und gesunden Schul-Unterrichts- und Lernkost, welche ihren Geist, ihre Seele und ihren Körper in diesem Bereich stabilisiert und kräftigt. Eventuell wird so, da in einem Sektor ihrer Lebenswelt eine Entspannung eintritt, gar der Gang zum Therapeuten entbehrlich.

Es ist günstig, wenn die Bildbegegnung mit einem kurzen gesammelten *Blick auf das Gesamtbild* abschließt. Dieser gesammelte Blick schafft wieder Distanz zum Bild und nimmt es gleichzeit nochmals in seiner Ganzheit vor dem Hintergrund des bisherigen Unterrichtsprozesses wahr. Damit kommt der Erarbeitungsteil der Unterrichtsstunde zu seinem Abschluss, der den Schülern nach außen gerichtete Aufmerksamkeit und Energie abverlangt; er muss deshalb in 20 Minuten abgeschlossen sein und in diesen Grenzen die Logik der unterschiedlichen Mikrostrukturen durchschritten haben. Der grundlegende dramaturgische Wechsel von der Außen- und Fremdorientierung zur Innen- und Selbstorientierung wird nun unterrichtlich erforderlich.

Sicherung / Vertiefung

Die Sicherungs- und Vertiefungsphase unterscheidet sich in prinzipieller Hinsicht nicht von Stunden, in denen ein geschriebener oder erzählter Text im Mittelpunkt steht. Neben der erarbeiteten Deutung und Interpretation des Bildes eignet sich jedoch auch das eingebrachte und im Deuteprozess angewandte Wissen der kontextuellen Betrachtung für eine schriftliche Sicherung und Fixierung an der Tafel und im Heft; im Besonderen die ikonografischen Informationen: Die Farben- und Formensymbolik, die Sprache der Gesten und Gebärden, die Bedeutung von Linien, der Bedeutungsmaßstab etc. weisen bei aller Sonderausprägung im konkreten Einzelfall immer eine Relevanz für das Verständnis anderer Bilder, ja für Bilder überhaupt auf: Als »Grammatik der Bildsprache« stellen sie Elemente einer Bilderschließungskompetenz dar, welche die Schüler im Unterricht entwickeln sollen; sie gehören zu einer Form des Wissens im Religionsunterricht, welches gelernt werden kann und auch muss, damit den Schülerinnen und Schülern »die Augen« für die Bilderwelt der christlichen Kunst und überhaupt für die Bilder der Wirklichkeit und des Lebens aufgehen.

Ausdruck/Gestaltung

Sind Bilder angemessen erschlossen, dann haben sie in den Schülerinnen und Schülern als Bild eine Repräsentanz gefunden, wir könnten auch sagen, das äußere Bild ist »inwendig« geworden. Dieser Prozess der »Inwendigwerdens« löst vor dem Hintergrund der jeweiligen Erfahrungen der Schüler eine Vielfalt von unterschiedlich »geladenen« Eindrücken, Gefühlen, Assoziationen aus, die nun in einer Gegenbewegung wieder »auswendig« werden sollen. In den so zustande kommenden Ausdrucks- und Gestaltungsformen begegnet uns deshalb immer beides: Bild und Schüler, genauer: die Resonanz des Bildes im Schüler und die Reaktions- bzw. Verarbeitungsweise des Schülers.

Im Folgenden seien exemplarisch drei Verfahren dargestellt, welche den Schülerinnen und Schülern sowohl ein Verweilen bei ihren Bildeindrücken als auch deren Ausdruck ermöglichen; alle drei Verfahren stellen den Schülern offene Strukturen zur Verfügung, in denen sie gestalterisch tätig werden können:

• *Meditative Gestaltung einer Umrisszeichnung*

Die Lehrerin bzw. der Lehrer teilt eine Umrisszeichnung des Bildes aus und bittet die Schüler Malstifte zu nehmen und in einer Art Meditation diese Umrisszeichnung zu gestalten. Dabei können sie den Linien und Farben des Bildes folgen; sie können jedoch auch eigene Akzente setzen, übermalen, sich gegen den Strich wenden. Die Schülerinnen und Schüler sollen sich spontan von den Impulsen und dem Bewegungsbedürfnis ihrer Hand leiten lassen. Das, was sie bisher mit ihrem Auge entdeckt und mit Worten erschlossen haben, sollen sie nun mit den Stiften und über die Stifte mit der

Karl Schmidt-Rottluff, Gang nach Emmaus (Holzschnitt, Nachzeichnung)

Bewegung ihrer Hand, ihres Armes, ihres Körpers erkunden und auf diese Erkundungen reagieren. Damit kommt es zu einer Art »leibbezogenen Bildbetrachtung« wie sie Albert Höfer in seinen religionspädagogischen Gestaltkursen entwickelt hat: Dort »verwandeln« die Teilnehmer »ihren Zeigefinger zu einem 'Gravurstift' und ihre linke Handfläche zu einer Silberplatte, in die der Stift das mit den Augen geschaute Bild eingraviert«. Auf diese Weise geschieht eine sehr eindrückliche Bildbegegnung über die »Sprache« der Bewegung und des Körpers: »Jeder, der so etwas gemacht hat, wird überrascht sein, welche Entdeckungen das Zusammenspiel von Auge und Finger macht«.[29] Die meditative Gestaltung einer Umrisszeichnung stellt eine operationalisiertere Form dieses »leibbezogenen« Verfahrens für den Raum von Schule und Unterricht dar: Es ermöglicht ein tätiges Verweilen beim Bild jenseits von Sprache; die Schülerinnen und Schüler stellen handelnd ein Produkt her, welches betrachtet, an die Wand gehängt oder in ihr Heft Eingang finden kann; es hilft vor allem auch weniger begabten Schülern zu einem oft sehr eindrucksvollen bildlichen Ausdruck.

Auch die meditative Gestaltung einer Umrisszeichnung lebt von den beiden Möglichkeiten, die schon in der vorhergehenden Phase der Bildbegegnung eröffnet wurden: nach- und ausmalend sich in der eigenen Bewegung auf die Formen und Farben der großen Bilder einzulassen, sich von ihrer Ausdrucks- und Gestaltungskraft quasi an der Hand mitnehmen und führen zu lassen und sich hierdurch in neuer Weise selbst zu erfahren, Ruhe und Trost, Bejahung und Bestätigung zu finden – oder aber das Bild weiterzuführen, ihm eigene Bedeutungen malerisch »zuzuschreiben«, Einspruch zu erheben, aufzubegehren und Neues zu schaffen. Beide Formen haben im religiösen Lernprozess ihre eigene Bedeutung und Dignität. Wobei Kreativität weithin ja nicht einfach Nie-Dagewesenes hervorbringt, sondern Vorhandenes abändert, weiterführt und es in einen neuen Zusammenhang bringt. Dieser zweiseitige Prozess ist für den Religionsunterricht, ja für die Schule überhaupt von entscheidender Bedeutung. Er kennzeichnet den Kern eines lebendigen, nichttraditionalistischen, nach vorne offenen Verhältnisses zur Tradition. Kinder und Jugendliche bedürfen der Formen, die ihnen Raum und Sicherheit geben, in denen sie sich »auszulegen« vermögen, die sie jedoch auch abändern und von denen sie sich abgrenzen können. Verschiedene Schülerinnen und Schüler werden sich in unterschiedlichen biografischen Situationen mehr für das eine oder das andere, meist jedoch für eine Mischung entscheiden. Die Kunst des Unterrichtens besteht weithin darin, dass wir den Schülern offene Formen zur Verfügung stellen, in denen ihre Energie eine von ihnen bejahte Gestalt annehmen kann. Gelingt dies, vermögen die Schüler in die Situation einzuwilligen; sie werden ruhig und entspannt. Der beruhigende Charakter etwa des in den letzten Jahren vor allem in der Hauptschule sich verbreitenden Mandalamalens[30] ist u.a. hierin begründet.

> *Die Kunst des Unterrichtens besteht weithin darin, dass wir den Schüler/innen offene Formen zur Verfügung stellen, in denen ihre Energie eine von ihnen bejahte Gestalt annehmen kann.*

Eine ansprechende, beruhigende *Meditationsmusik* vermag die Schüler in diesem Prozess der Gestaltung von Umrisszeichnungen zusätzlich zum Verweilen und zur Konzentration einzuladen. Inzwischen gibt es im Handel eine große Palette von Meditationsmusik auf CD und MC. Für die Auswahl gilt: Die Musikstücke sollten nicht zu weit von den Hörgewohnheiten der jeweiligen Schülerinnen und Schüler entfernt sein, damit sie keine Widerstände dagegen entwickeln und sich darauf einlassen können.

Die meditative Gestaltung von Umrisszeichnungen ist meiner Erfahrung nach für *alle Alters- und Schulstufen* von der Grundschule bis zur Sekundarstufe II, ja selbst für Erwachsene als Weg einer sehr intensiven Ausdrucks- und Gestaltungsphase geeignet. Wir wissen zudem, dass auch in der Kunst aller Jahrhunderte immer wieder mit Vorlagen, u.U. sogar mit »Schablonen« gearbeitet wurde, in deren Interpretation neue Werke entstanden. Der zeitgenössische Maler Arnulf Rainer setzt sich mit Werken der Kunstgeschichte auseinander, im Besonderen auch mit Christusbildern, indem er sie teilweise übermalt und dadurch neue Bilder schafft.[31] Schüler der Grundschule werden häufiger die Umrisszeichnungen aus- und nachmalen. Oft müssen hier Schüler ein sachgerechtes Ausmalen noch lernen. Die Lehrkraft sollte es vormachen: Zuerst werden die jeweiligen Ränder in ihrer Bewegungsrichtung nachgefahren und auf diesem Weg verbreitert; in einem zweiten Schritt wird dann die Fläche zwischen den verbreiterten Rändern ausgemalt. In höheren Klassen spielt die Interpretation und Gestaltung eine größere Rolle. In dieser Hinsicht sind auch Formen möglich, welche das kreative Element stärker betonen: Teile des Bildes werden in der Umrisszeichnung nicht aufgenommen, so dass »Freiflächen« und »Leerstellen« für die Schülerinnen und Schüler entstehen: Etwa der Hintergrund in Schmidt-Rottluffs »Gang nach Emmaus«, den die Schüler neu gestalten können; oder Jünger in Bildern des letzten Abendmals,[32] auf deren Platz sie sich selbst, ihre Schulkameraden oder andere Personen malen können; in gleicher Weise können Patrizier, Bischöfe, Kaiser, Papst, Stifterfiguren etc. unter dem Mantel einer Schutzmantelmadonna[33] weichen, damit sich die Kinder im Religionsunterricht unter ihm malend zu bergen vermögen etc. Unter korrelationsdidaktischen Gesichtspunkten stellen solche »Leerstellen« und »Unbestimmtheiten«, welche die Schülerinnen und Schüler »von sich her bestimmen und › ausfüllen‹ können, die sie zur eigenen Verknüpfungsarbeit – eben zur Korrelation herausfordern«, Lehr-stellen dar.[34] Oft genügt es, eine Person aus dem Bild herauszulösen und in die Umrisszeichnung aufzunehmen und um sie herum ein neues Bild zu gestalten. Eine andere Möglichkeit besteht darin, Vergrößerungen von eindrucksvollen Details vorzunehmen und sie dadurch vertiefend zu gestalten: etwa das Haupt des Auferstandenen im »Gang nach Emmaus«; die nach oben gerichteten, verzweifelnd ringenden, gefalteten Hände der vor dem Kreuz knienden Maria Magdalena des Isenheimer Altars etc. Viele Variationen sind denkbar, in denen ein Ausdruck der Schülerinnen und Schüler auf der Spur des zuvor betrachteten Bildes möglich wird. Hierdurch vermögen die Schüler malend oft eindrückliche Erfahrungen jenseits der Sprache zu machen. Dabei finden »leibbezogene« Prozesse der Korrelation von Erfahrung und Glaube statt, die gerade in ihrer Nichtsprachlichkeit für den religiösen Lernprozess eine hohe Relevanz besitzen.

Ein Religionslehrer berichtete ganz verblüfft von seiner 7. Hauptschulklasse, in der er, nachdem er das Kreuz von San Damiano erschlossen hatte, eine solche Umrisszeichnung meditativ gestalten ließ. Es sei seit einigen Jahren die erste Stunde gewesen, in der sich die Hauptschüler längere Zeit angeregt und konzentriert mit dem Thema »Jesus« beschäftigt hätten. Vermutlich gehört dieses »Thema« in den weiterführenden Schulen vor allem deshalb zu den für die Schüler »langweiligen« und deshalb von ihnen ungeliebten Themen, weil wir immer nur und immer wieder über Jesus »reden«, uns mit ihm »auseinander setzen« und dabei die ewig gleichen abgegriffenen Worthülsen reproduzieren. Vermögen die Schülerinnen und Schüler an und mit dem Thema etwas zu tun und zu gestalten, verändert sich die Situation und konzentrierte Aufmerksamkeit tritt ein.

Vor allem auch im Zusammenhang mit anderen Formen des Malens kann das Ausmalen und Gestalten von Umrisszeichnungen fruchtbare Impulse für den malerischen Ausdruck liefern: Schülerinnen und Schüler zeichnen etwa die erhobene und gelängte Hand des Auferstandenen in Schmidt-Rottluffs »Gang nach Emmaus« nach und beschäftigen sich auf diese Weise auch vom Bewegungsablauf ihrer Hand mit dem Rede- und Segensgestus. Hierbei erhalten sie Impulse, diesen ikonografischen Typos als Ausdrucksmittel bei freien Formen des Malens einzusetzen: Sie gehen quasi bei den großen Meistern in die Lehre und erweitern dabei ihr eigenes Ausdrucksrepertoire. Prinzipiell geht es beim Malen im Unterricht darum, vielfältige Formen zu praktizieren und zwischen ihnen zu wechseln. In einer Schulung der Ausdrucksfähigkeit, die zu einem zentralen Erfordernis heutiger Lernprozesse nicht nur im Religionsunterricht gehört, verweist die eine Form auf die andere und jede Form hat auf die andere Rückwirkungen.

Die *Herstellung von Umrisszeichnungen* ist sehr einfach und unkompliziert: Man fixiert mit Klebstreifen oder Büroklammern ein Transparentpapier über einem Bild und zeichnet die Umrisse mit einem schwarzen Filzstift (am besten mit einem Fineliner) nach; das Transparentpapier wird abgenommen und auf ein weißes Papier als Hintergrund geklebt: Die Kopiervorlage der Umrisszeichnung ist fertig. Mit wenig Übung kommen sehr ansehnliche Umrisszeichnungen in ästhetischer Qualität zustande. Erfahrungsgemäß hat sich am besten Transparentpapier für technische Zeichner bewährt, das überall im Schreibwarenhandel als DIN A4-Block erhältlich ist. Die Transparenz von Butterbrotpapier ist vielfach zu gering, um Bilder mit dunklem Hintergrund oder Details angemessen zu erkennen. Tageslichtfolien haben zwar die größte Transparenz, sie sind jedoch für einen sicheren Strich zu glatt; oft wird es deshalb schwer, Details genau herauszuarbeiten.

Umrisszeichnungen lassen sich von fast allen Bildern in den Religionsbüchern, Schulbibeln und sonstigen religionspädagogisch-katechetischen Materialien herstellen. Wobei nicht nur flächige Bilder wie etwa mittelalterliche Werke oder Holzschnitte geeignet sind; ebenso vermögen perspektivische Bilder der Renaissance, Werke des Barock, moderne und abstrakte Bilder, Reproduktionen von Reliefs und Plastiken etc. und jegliche Art von Fotos unkompliziert und schnell in eine Umrisszeichnung transformiert zu werden. Hierdurch ist es leicht, Unterrichtsmaterial selbst herzustellen. Auch relevante Bilder aus der Region[35] der Schüler, etwa Bilder und Plastiken ihrer Pfarrkirche, ihres Wohnortes oder auch aktuelle Bilder aus Zeitungen und Zeitschriften können so in einer Form in den Unterricht gelangen, in welcher die Schülerinnen und Schüler gestalterisch etwas mit ihnen tun können.

Dabei soll eine wichtige Beobachtung nicht unerwähnt bleiben: Eine Lehrkraft, die in ihrer Unterrichtsvorbereitung eine

Umrisszeichnung herstellt, bekommt – da sie sich mit der Bewegung ihrer Finger, ihrer Hand, ihres Armes auf die Formen des Bildes einlässt – ebenso einen »leibbezogenen« Zugang zum Bild; auch sie erfährt den entspannenden und meditativen Charakter des gestalterischen Tuns; ihr Blick für die Komposition, für die Details, für den ästhetischen Reiz des Bildes wird geschärft; ihre Unterrichtsvorbereitung wird wesentlicher.

• *Abmalen bzw. Abzeichnen des Bildes*

Eine zweite Form der Ausdrucks- und Gestaltungsphase besteht im »schlichten« Abzeichnen bzw. Abmalen des Bildes. Die Wirkung dieses malerischen Verweilens beim Bild ist ähnlich wie bei der Gestaltung von Umrisszeichnungen. Auch hier kommt es zu einer Art »leibbezogenen Bildbetrachtung«, welche von den Schülerinnen und Schülern unter Umständen sehr eindrücklich erlebt wird. Auch bei dieser Form sind über die Bestimmung von »Freiflächen« und »Leerstellen« vielfältige Variationen möglich, welche kreativ »gefüllt« und gestaltet werden können. Das Abmalen stellt jedoch ein komplexeres malerisches Handeln dar. Je nach der Art des Bildes kann sich der Schwierigkeitsgrad um ein Vielfaches steigern. Räumlich-perspektivische Bilder oder gar Fotos erfordern unter Umständen weit mehr als flächige Bilder. Beim Abzeichnen von Bildern werden Erfordernisse sichtbar, die einen paradigmatischen Charakter für das unterrichtliche Lehren und Lernen aufweisen:

• Schülerinnen und Schüler tun sich mehr oder weniger leicht mit dem Abzeichnen von Bildern. Der Religionsunterricht muss von diesen Möglichkeiten seiner Schüler wissen, um sie weder zu über- noch zu unterfordern. Er kann in der Gestaltungsphase jedoch nicht nur auf diese vorhandenen Fertigkeiten zurückgreifen, sondern muss sie – gerade weil er als Unterricht durch Lernen bestimmt ist – weiterführen. Der Lernprozess im Religionsunterricht besteht wesentlich auch in der Entwicklung der ganzheitlichen Ausdrucks- und Gestaltungsfähigkeit der Schüler – in einem viel stärkeren Maße, als dies ein an der Lehrer-Schüler-Gesprächs-Krankheit leidender Religionunterricht erahnen ließ. Wie der Religionsunterricht im Bereich des Lesens und Schreibens auf den Deutsch- unterricht verwiesen ist, so ist er beim Malen und Zeichnen auf den Kunstunterricht bezogen. Er muss jedoch darüber hinaus aus seiner spezifischen Aufgabenstellung den Schülerinnen und Schülern eigene Anregungen und Hilfen geben.

● Die fundamentale Anregung besteht darin, dass die Lehrkraft den Schülerinnen und Schülern ein Modell des Handelns zeigt, indem sie das Abzeichnen vormacht. Das Erlernen komplexer Handlungen geschieht wesentlich über das *Vormachen*, über welches die Schüler die Handlung ganzheitlich wahrzunehmen vermögen. Sie fühlen sich in die Bewegung der Lehrkraft ein; sie vollziehen dabei die Koordination von Auge, Hand, Malfläche etc. innerlich nach; sie nehmen wahr, wie aus Linien, Kreisen, Punkten etc. ein Bild entsteht. Auf diese Weise erfahren sie weit mehr über den Malvorgang, als wenn er zuerst erklärt würde. Für Hans Aebli stellt deshalb das Vormachen und Nachmachen eine der urprünglichsten Formen des Lehrens und Lernens dar: die Schüler erwerben unmittelbar durch Beobachtung und Nachahmung ein elementares Handlungswissen, »das in der Regel weder sprachlich formuliert noch reflektiert ist. Im Nachahmungslernen wird es weitgehend unbewusst übermittelt«.[36] Die Erklärung ist demgegenüber sekundär und folgt deshalb nach.

- Beim Vormachen ergibt sich in der Gestaltungsphase insofern ein Problem, als dass den Schülern nach der Erarbeitungsphase keine außengerichtete Energie mehr zur Verfügung steht und sie deshalb zu sich selbst entlassen werden müssen. Eine Lösung eröffnet sich, wenn dieses Vormachen nebenbei geschieht: Während die Schülerinnen und Schüler in ihr Heft zeichnen, tut der Lehrer dasselbe an der Tafel. Auf diese Weise entsteht eine Gleichzeitigkeit im Handeln, die eine enge Verbundenheit zwischen Lehrer und Schüler stiftet. Das Abschauen beim Lehrer hat darüber hinaus einen sehr anregenden und motivierenden Charakter für die Schüler. Im übrigen: die Lehrkraft muss nicht jedesmal ein Modell des Handelns geben; es genügt ab und an. Unter Umständen kann es auch in einigen Fällen erforderlich sein, dass die Erarbeitungsphase verkürzt wird, damit die Schüler einige Malsequenzen des Lehrers mit Aufmerksamkeit an der Tafel verfolgen können, bevor sie selbst zum Malstift greifen. Immer ist es jedoch für die Schülerinnen und Schüler beeindruckend, wenn sich der Lehrer anders als über die Sprache zum Ausdruck bringt und von ihm ein Bild an der Tafel entsteht.

- Vor allem: Die Lehrkraft erlebt die Schwiergkeiten des Abmalens eines konkreten Bildes buchstäblich am eigenen Leib bzw. an der eigenen Hand. Sie kann deshalb den Schülerinnen und Schülern konkrete Hilfen und Anregungen geben. Auch beim Malen und Zeichnen geht der Weg vom Einfacheren zum Schwierigeren. Am Anfang können flächige Bilder und schlichte Formen stehen. Bei allen Ausdrucks- und Gestaltungsformen, die immer eine Form der Entäußerung und der Preisgabe darstellen, sollten deshalb Ermutigung, Bestärkung und Lob im Vordergrund stehen.

☞ Die Erweiterung der Ein-
druckssschule zu einer Aus-
drucksssschule beginnt bei den
Lehrkräften: Wenn Religions-
lehrer/innen damit beginnen,
ihre Malkompetenz zu erwei-
tern, bekommt ihr Unterrichten
auch für sie eine bereichernde,
gestalterische und »leibbezoge-
ne« Dimension.

• Die größte Schwierigkeit bei alledem liegt jedoch bei den Religionslehrerinnen und Religionslehrern selbst. In ihrer Ausbildung kommt bisher das Zeichnen und Malen weithin viel zu wenig vor; viele haben seit ihrer Kindheit und Schulzeit keinen Malstift in Händen gehalten. Doch die Erweiterung der Eindruckssschule zu einer Ausdruckssschule beginnt bei den Lehrkräften: Will der Religionsunterricht Lernprozesse initiieren, in denen sich die Schülerinnen und Schüler vor dem Hintergrund ihrer Erfahrungen auszudrücken lernen, dann müssen die Lehrkräfte zuerst selbst in der Lage sein, sich im Horizont ihrer Erfahrungen auszudrücken. Auch hier sind Religionslehrerinnen und Religionslehrer Zeugen. Zudem sollte ein Lehrer von den Schülern prinzipiell nie etwas verlangen, was er nicht bereit ist selbst zu tun. Wichtig dabei: Nicht alles muss perfekt sein; Schüler sind schon für den Versuch dankbar und freuen sich auch über bescheidenere Transformationen des betrachteten Bildes an der Tafel. Manche werden es häufig sogar »besser« können; auch hierin liegt jedoch eine wichtige Erfahrung im Klassenzimmer. Vor allem: Religionslehrerinnen und Religionslehrer haben ein ganzes Berufsleben lang Zeit, ihre Malkompetenz zu erweitern, fangen sie nur heute damit an. Begeben sie sich auf diesen Weg, der durchaus auch im Schneckentempo zum Ziel führt, dann bekommt ihr Unterrichten auch für sie eine neue, gestalterische und »leibbezogene« Dimension, die ihren unterrichtlichen Alltag bereichert. Inzwischen gibt es viele Hilfen, über welche das Malen und Zeichnen neu erlernt bzw. die Malkompetenz erweitert werden kann: sowohl eine größere Zahl sehr brauchbarer Veröffentlichungen,[37] als auch ein vielfältiges Angebot etwa an Volkshochschulen etc. Oft müssen wir nur dort anknüpfen, wo wir in unserer Kindheit und Jugend aufgehört haben. Im Übrigen ist es ja eine Eigenart von Schule und Unterricht, dass die Ausbildung nie all das zu leisten vermag, was sich in der Praxis als Handlungserfordernis ergibt. Die Lehrerinnen und Lehrer als Experten des Lernens müssen deshalb ihrerseits lernen, in ihrer Praxis in die Lehre zu gehen, sie müssen an den Erfordernissen der unterrichtlichen Handlungssituation weiterlernen. Hieraus ergibt sich im Letzten keine zusätzliche Belastung, sondern ganz im Gegenteil eine leibbezogene Entlastung, weil sowohl der Religionsunterricht als auch das Lehrerhandeln in eine Balance kommen. Betty Edwards führt diese Entlastung im Horizont der neuen Hirnforschung auf die Aktivierung der in unserem Schulsystem weithin brachliegenden rechten Gehirnhemisphäre durch das Malen und Zeichnen zurück, wodurch schöpferische Kräfte im Menschen frei werden.[38] Grundsätzlich müssen die Religionslehrerausbildung wie auch die -fortbildung über ihre Fixierung auf Wort und Eindruckslernen hinaus in einem viel stärkeren Maße einen Ausdrucks- und Gestaltungscharakter gewinnen. Musische Wochen und Tage gibt es leider noch viel zu selten.[39] Vor allem muss das Ausdrucks- und Gestaltungselement in die Lernprozesse der regulären Aus- und Fortbildungs-Angebote Eingang finden. Dabei werden auch sie an Ganzheitlichkeit und letztlich an Effektivität gewinnen.

Eine nicht bildliche, sondern verbal-schriftliche Transformation von Bildeindrücken stellt das kreative Schreiben dar.[40] Eine Form ist das Verfassen eines Psalmes.[41] Die Lehrkraft bittet die Schülerinnen und Schüler, spontan eine Person auf dem Bild auszuwählen und einen Psalm dieser Person zu schreiben. Der Psalm soll aus einer Überschrift sowie aus drei Abschnitten bestehen. Die einzelnen vorgegebenen Elemente sollen jeweils mit den Worten beginnen:

Überschrift:
   Psalm (eines), (einer), (des), (der) ...
1. Abschnitt:
   Ich bin ...
2. Abschnitt:
   Du aber ...
3. Abschnitt:
   Darum Herr ...

Dabei soll der 1. Abschnitt die Situation der ausgewählten Person beschreiben, im 2. Abschnitt geht es um die Hinwendung zu Gott bzw. Christus, im 3. Abschnitt um Lob und Dank. In unserem Beispiel von Schmidt-Rottluffs »Gang nach Emmaus« könnte so folgender Psalm entstehen:

Psalm eines Emmausjüngers

Ich bin *ein Emmausjünger.*
   Hinter mir liegen schreckliche Ereignisse;
   sie haben ihn ans Kreuz geschlagen und getötet.
   Von ihm haben wir alles erwartet.
   Das Gewicht der vergangenen Tage drückt mich nieder.
   Alles ist aus.
   Ich kann mich kaum noch bewegen.

Du aber *gehst mit uns, auch wenn wir es nicht bemerken.*
Du bist bei uns, wenn wir über dich reden.
An dir kann ich mich anlehnen.
Du richtest uns auf, dass unsere Augen wieder den Himmel
sehen.
Darum Herr *will ich dir danken und dich preisen,*
Dir singen und spielen.
Du zeigst dich in der Not,
gerade dann machst du mit uns einen neuen Anfang.

Der Psalm knüpft an die Identifikation in der Bildbegegnung (Stufe 6) an und führt sie vertiefend und gestaltend weiter. Die vorgegebenen Elemente stellen offene Strukturen dar, die den Ausdruck erleichtern, ja im Letzten erst ermöglichen. Gleichzeitig geben diese vorgegebenen Elemente der Gestaltung eine konkrete Form, innerhalb der sich die Schülerinnen und Schüler im Gestaltungssprozess in eine bestimmte Beziehung zur Wirklichkeit bringen; hierdurch werden spezifische Erfahrungen im Ausdrucksprozess möglich:
Die Überschrift ist die Tür in den Ausdrucks-Psalm. In ihrer Formulierung nehmen die Schreibenden vor dem Hintergrund ihrer Bildeindrücke mehrere Weichenstellungen vor, die dem weiteren Ausdrucks- und Gestaltungsprozess eine spezifische Richtung geben. Statt Psalm kann ohne weiteres auch Gebet stehen; waren die Psalmen noch nicht Thema des Religionsunterrichts, ist es von vornherein besser, von Gebet zu sprechen. Zunächst formuliert der Schreiber in der Überschrift die Sprachform des Psalms bzw. des Gebets. Mit dieser Sprachform konstituiert sich die dazugehörige spezifische Sprechsituation: ein betendes Ich einerseits und ein Du als Gegenüber andererseits, auf das hin gesprochen wird. Zum Zweitem muss der Schreiber die Person benennen, für die er sich entschieden hat. Er kann etwa formulieren: »Psalm eines Emmausjüngers« oder »Gebet einer Niedergeschlagenen«

oder »Psalm des verzweifelten Kleopas auf dem Weg nach Emmaus« etc. Hierdurch findet der Bildeindruck der ausgewählten Person einen ersten sprachlichen Ausdruck, in welchem sich wichtige Färbungen und Nuancen niederschlagen. Zugleich wird die Aufgabenstellung formuliert. Schließlich stellt die Überschrift erneut die Inkognito-Situation her, indem sie von vornherein einen Mantel über den nun beginnenden Ausdrucksprozess wirft, der ihn verdeckt, um ihn zu ermöglichen: Es ist der Psalm eines oder einer anderen.

Über das »Ich bin« schlüpfen die Schreibenden im ersten Abschnitt in die Rolle der ausgewählten Person hinein. Die Unmittelbarkeit der direkten Rede des Psalms bzw. des Gebets verstärkt diese Identifikation. Hieraus formuliert der Psalmist »seine« Lage. Dabei müssen die Schülerinnen und Schüler Erfahrungen und Situationen imaginieren, die zu der im Bild dargestellten Person, ihrer Haltung, ihren Gesten und Gebärden etc. passen. Dies geschieht dadurch, dass sie auf Situationen, Erlebnisse und Gefühle zurückgreifen, die sie kennen. Werden in dieser Weise im Formulierungsprozess eigene Erfahrungen berührt, entsteht eine Eigendynamik, die oft zu sehr ausdrucksstarken Beschreibungen führt. Es ist die dialogische Struktur des Psalms bzw. des Gebets, über welche der Psalmist seine Situation darzustellen vermag. Letztlich kann ich meine Not nur zum Ausdruck bringen, wenn ich sie einem Du mitteilen kann; ansonsten bleibt sie stumm.[42] Noch mehr: Ich kann nur Ich sagen, wenn ich es vor einem Du sage.[43]

Dieses Du wird im zweiten Abschnitt explizit aus- und angesprochen. In diesem Du aber konstituiert sich eine Richtungsänderung gegenüber der bisherigen Beschreibung der Not: Du aber (hilfst mir). Das Wortpaar »Du aber« wird so zur sprachlichen Rettungsvokabel, zum grammatischen Befreiungsmuster; es bezeichnet den Punkt der Veränderung, an dem die Klage in Rettung umschlägt. Gleichzeitig wird dieses Du aber auch zum Namen des rettenden Gegenübers, zu dem der Psalmist spricht. Dieses Sprachmuster des befreienden Gottes vermag nun von den Schreibenden mit den Elementen ihres Gottesbildes ausgefüllt und angereichert zu werden.

In der formalen Struktur dieser Psalmform verhält sich der zweite Abschnitt zum ersten wie die Antwort auf die Frage, die Entspannung zur Anspannung, wie der Trost zum Schrei: Es findet eine dramatische Lösung und Versöhnung statt. Deshalb hebt der dritte Abschnitt zum Dank und Lob über den Befreiungs- und Rettungsweg an. Er tut dies wieder in der direkten Anrede der aktualisierten Beziehung zum Du des Gegenübers: »*Darum Herr...*« Von dieser realisierten Beziehung her blickt der Psalmist zurück und kann preisend »Ja« sagen zu dem, was ihm widerfahren ist. Albert Höfer hat darauf aufmerksam gemacht, dass viele biblische Rettungsgeschichten diese charakteristische dreistrophige Struktur des Klage- bzw. Rettungspsalms aufweisen.[44]

Wichtig auch hier: Viele Schülerinnen und Schüler werden sich auf die Struktur des Klage- bzw. Rettungspsalms dankbar einlassen können und darin in der Verarbeitung des Bildes sehr »eindrückliche« Ausdruckserfahrungen machen, ja Trost finden. Bei manchen Schülerinnen und Schülern wird die Eigendynamik des Ausdrucksprozesses jedoch auch die vorgegebene Struktur sprengen und neue Wege suchen. Unter Umständen fällt es zwar leicht, den ersten Abschnitt mit dem »Ich bin« zu beginnen, jedoch im weiteren Verlauf des Formulierungsprozesses den zweiten und dritten Abschnitt nicht mehr mit den vorgegebenen Wortpaaren weitermachen zu können. Im Ausdrucks- und Gestaltungsprozess muss immer beides zugelassen werden: Ein »Sich bergen« in der vorgegeben, »überlieferten« Form als auch die Überschreitung.

Die offene Struktur des Psalmes erlaubt es, ihn *mit eigenen Gestaltungen auszufüllen*; sie ermöglicht den Ausdruck jedoch selbst noch in der Überschreitung, da sie eben eine zu überschreitende Form bereitstellt. Es gilt m.E., solche offenen Strukturen, die in der Glaubens- und Frömmigkeitstradition in vielfältiger Weise vorkommen, zu identifizieren und für den religiösen Lern- und Bildungsprozess fruchtbar zu machen: Brief, Erzählung, Fürbitte, metaphorische Rede, Litanei, Preisungen (Seligpreisungen), Weherufe, Verheißungs- und Segensworte, prophetische Rede etc. – letztlich alle literarischen Formen stellen in dieser Hinsicht solche offenen Strukturen dar. Eben weil die Glaubenstradition immer auch Ausdruckstradition ist und war. Auch hier gibt es einfachere und komplexere Formen, die mehr oder weniger für den Religionsunterricht geeignet sind. Für den Klage- bzw. Rettungpsalm ist weithin die sprachliche Kompetenz der Sekundarstufe I und II erforderlich. In der Primarstufe können Teile davon als offene Struktur herausgelöst werden und als Ausdrucksimpuls dienen; etwa das »Ich bin ...« des ersten Abschnitts. In den Arbeiten von Ingo Baldermann und Rainer Oberthür ist dieses Prinzip wieder zu erkennen: Die offene Struktur von Psalmelementen wird zum Anstoß für den Ausdrucks- und Gestaltungsprozess von Grundschülern.[45] Nach der Bildbetrachtung: »Verheißung an Abraham« aus der Wiener Genesis (Syrien um 550)[46] bekamen Studentinnen und Studenten die Aufgabe einen Text zu verfassen, der mit Verheißungsworten aus Gen 12,1-2 beginnt: »Zieh weg aus deinem Land, deiner Verwandtschaft und aus deinem Vaterhaus. Ich werde dich ...« In der Transformation des Bildes entstanden auf diese Weise sehr eindrucksvolle Texte, in denen viel vom biografischen Hintergrund der Teilnehmer mitschwang. Aus dem gleichen Handlungsprinzip, nur in der Ausdrucksphase eines Textes, entstand der schon erwähnte Text der Hauptschülerin: »Herr, ich bin ein guter Gedanke Gottes ...«.[47]

Auch hier: Korrelative Prozesse der Verschränkung von Glaube und Erfahrung finden weithin oft erst in der Ausdrucks- und Gestaltungsphase über den je eigenen Umgang mit den offenen Strukturen und weniger in der gemeinsamen und diskursiven Erarbeitungsphase statt. Sie sind auch weniger »kontrollierbar« und planbar. Im Gegenteil: Sie müssen die Freiheit und Widerstände, die Abgrenzungen und Überschreitungen der Schülerinnen und Schüler, vor allem auch ihre Ididividualität respektieren und hochschätzen. Sie beruhen viel mehr auf der Antwort der Schüler als auf dem planbaren Erarbeitungs- und Eindrucks-Arrangement des Lehrers.

RU ist eine religiöse Sprachlehre, in der sich die Schüler/innen überkommene Ausdrucksformen aneignen um zu lernen, in ihrer Anwendung und Weiterentwicklung sich religiös auszudrücken und dabei Erfahrungen zu machen.

In den genannten Beispielen der verbal-schriftlichen Ausdrucks- und Gestaltungsmöglichkeiten wird die offene Struktur über eine Überschrift oder über erste Worte zunächst installiert, so dass die Schülerinnen und Schüler in der Weiterführung oder in Abgrenzung den Gestaltungsprozess beginnen können. Bei den Schülern unbekannten, schwierigeren bzw. komplexeren Formen kann es erforderlich sein, die Merkmale der offenen Struktur, etwa von Litaneien, Segensworten etc. gesondert in einer Stunde zu erarbeiten, um sie dann später im Unterricht anwenden zu können. Unter diesem Gesichtspunkt ist der Religionsunterricht in einem sehr umfassenden Sinne auch eine religiöse Sprachlehre, in der sich die Schülerinnen und Schüler überkommene Ausdrucksformen aneignen um zu lernen, in ihrer Anwendung, Überschreitung und Weiterentwicklung sich ihrerseits religiös auszudrücken und dabei Erfahrungen zu machen. Denn gerade hier wird deutlich: Ausdrucksformen, auf die sich die Schüler einlassen, bringen sie in eine bestimmte Beziehung zur Wirklichkeit; deshalb sind bestimmte Ausdrucksformen immer auch bestimmte Erfahrungsformen. Und auch umgekehrt: Spezifische Erfahrungsformen erwachsen immer aus spezifischen Beziehungs- und Handlungsformen. Im Bereich der religiösen Erfahrung gibt es eben die Erzählerfahrung, die Gebetserfahrung, die Bild- oder Liederfahrung, die Erfahrung des theologischen Gesprächs und der Reflexion, Erfahrung der Liturgie, Handlungs- und Aktionserfahrung, Prozessionserfahrung, Ritualerfahrung etc. Erfahrungsreichtum gewinnt der Religionsunterricht, wenn er den Monismus des »Redens über« überwindet und sich für vielfältige Sprach- und Ausdrucksformen öffnet, wie sie im reichen Reservoir der christlich-jüdischen Tradition lebendig sind. Denn religiöse Bildung hat etwas mit der Verfügbarmachung dieser offenen Strukturen für die Ausdrucksfähigkeit der Menschen zu tun.

Die didaktische Aufbereitung von Bildern in der Unterrichtsvorbereitung geschieht analog zur didaktischen Aufbereitung von Texten,[48] nur dass eben die Decodierungs- und Erschließungsschritte sich nicht aus dem Textcode, sondern aus dem Bildcode ergeben: Die Lehrkraft vollzieht im Punkt 1 der Aufbereitung die Erschließungsschritte des Grundmodells des Umgangs mit Bildern und nähert sich so dem Eigengehalt des Bildes. Analog gilt dies auch beim Medium Film, das im Mittelpunkt des nächsten Kapitels steht.

6. Ein Grundmodell des Umgangs mit Filmen im Religionsunterricht

- 0. Vorbereitung in der Vorphase
  Herrichten des Klassenraumes und des Projektors:
  Verdunkelung, Vorbereitung und Einstellung des
  Filmgeräts: Projektionsfläche, Bildschärfe, Ton

- 1. Hinführung / Dramaturgische Platzierung
  Evtl. Motivation zum Film
  Evtl. für die Schülerinnen und Schüler wichtige
  Hinweise zum Film

- 2. Anschauen des Films

- 3. Zurückspulen des Films
  Währenddessen erste Gespräche der Schülerinnen
  und Schüler mit ihren Nachbarn

- 4. Eindruck
  Die Schülerinnen und Schüler sollen die verschiede-
  nen Eindrücke und Gefühle äußern können, die der
  Film bei ihnen ausgelöst hat

- 5. Spaziergengehen im Film: Nacherzählen und Beschreiben

- 6. Immanente Deutung
  Deutung des Filmes aus den bisherigen Erschließungsschritten

- 7. Kontextuelle Deutung
  Deutung und Interpretation des Filmes vor dem
  Hintergrund verschiedener Kontexte:

des Stundenthemas
bestimmter Lernziele
der Entstehungssituation des Filmes
der Biografie des Regisseurs
der Wirkungsgeschichte usw.

- 8. Evtl. wiederholtes Anschauen des Filmes unter einer bestimmten Fragestellung

Was bisher über die Bedeutung von Bildern für die innere Bilderwelt des Menschen und, damit zusammenhängend, für den religiösen Lern- und Bildungsprozess festgehalten wurde, trifft in verstärktem Maße für die bewegten Bilder zu. Überhaupt sind viele Bilder heute weithin über den Film vermittelt. In fast jedem Wohnzimmer, ja in vielen Kinderzimmern steht ein Fernseher; wie in keiner anderen Generation ist er in der Freizeit zum ständigen Begleiter der Schülerinnen und Schüler geworden. Der Siegeszug des Mediums Film scheint unaufhaltsam: Die Erfahrung der Welt jenseits der unmittelbaren Wahrnehmung ist heute wesentlich über elektronische Bilder vermittelt. Dabei tritt zunehmend ins Bewusstsein, dass Film und Fernsehen die Wirklichkeit nicht einfach nur widerspiegeln, sondern sie dabei immer auch als neue Film- und Fernsehwirklichkeit konstruieren. Mit der filmischen Wiedergabe der Welt wird zugleich auch eine bestimmte Perspektive und Deutung sowie eine bestimmte Repräsentationsform – eben die filmische – mitgeliefert. Dies ist ein Charakteristikum aller Medien; die neue Qualität liegt jedoch darin, dass Film und Fernsehen Massenmedien darstellen und ihnen deshalb eine zunehmende Deute- und Definitionsmacht der Wirklichkeit zufällt. Der Kampf um politischen Einfluss bei Film- und Fernsehen wird von hierher verständlich.

Auch in der Schule hat der Film über den audiovisuellen Unterricht Eingang gefunden. Vielfach werden in Schulneubauten die Klassenzimmer von vornherein mit Fernseh- und Videogerät ausgestattet. Es gibt ein großes und ständig wachsendes Angebot an Unterrichtsfilmen und Schulfunksendungen; die Medienzentralen quellen fast über von Filmen jeglichen Genres; viele Lehrerinnen und Lehrer legen sich selbst ein Videoarchiv von geeigneten Sendungen an, die ihnen auf diese Weise ohne Aufwand ständig zugänglich sind. Vor diesem Hintergrund steht tatsächlich die Frage, ob Filme in den Unterricht Eingang finden sollen, nicht zur Disposition. Sie kann sich deshalb realistischerweise nur auf das Wie des verantwortlichen Umgangs im Zusammenhang mit den anderen Medien beziehen. Dabei ist eines der zentralen medienpädagogischen Anliegen der heutigen Schule, die Definitionsmacht des allgegenwärtigen Mediums Film durchschaubar zu machen, damit die Schülerinnen und Schüler sich bei aller Faszination auch wieder von den bewegten Bildern lösen können.

☞ Eines der zentralen medienpädagogischen Anliegen der heutigen Schule ist es, die Definitionsmacht des allgegenwärtigen Mediums Film durchschaubar zu machen, damit die Schüler/innen sich bei aller Faszination auch wieder von den bewegten Bildern lösen können.

Gegenüber Texten, erzählten Geschichten sowie gegenüber dem Bild stellt der Film eine Art Supermedium dar: Er vereinigt die Kraft des Erzählens mit der Macht der Bilder und fügt ihnen die Musik als drittes starkes Ausdrucksmittel hinzu. Das Erzählen hat in unserer Epoche Bilder bekommen und deshalb (vielleicht) seine Flügel verloren. Eben weil der Film zur Story äußere Bilder mitliefert, wird die Imagination innerer Bilder verhindert. Ist beim Lese-Erleben und beim Erzähl-Ereignis die Phantasie der Zuhörer ein konstitutives Element, so tritt sie beim Filmereignis zugunsten der auf der Leinwand zur Darstellung kommenden Phantasie zurück. Von den inneren Wahrnehmungsprozessen her stellt deshalb der Film ein totales Medium dar, in dem die äußere Welt auf Kosten der inneren Welt triumphiert. Sicherlich, die Subjektivität macht sich insofern geltend, als mich der eine Film mehr anspricht als der andere, weil ich mich mit meinen Erfahrungen in ihm wiederfinde. Im Ganzen enthält aber eine erzählte oder gelesene Geschichte offenere Strukturen, »Leerstellen« und »Unbestimmtheiten«, welche von den Rezipienten mit ihren inneren Bildern ausgefüllt werden müssen. Aus diesem prinzipiellen Ungleichgewicht, das in seinen Auswirkungen bisher viel zu wenig erforscht ist, stellen sich grundlegende Aufgaben für eine Filmdidaktik im Besonderen und eine Mediendidaktik im Allgemeinen. Eine dieser Aufgaben besteht sicherlich darin, diesem Gleichgewicht in den schulischen Lernprozessen stärker gerecht zu werden sowie die Schülerinnen und Schüler zu Medien und Aneignungsformen der Wirklichkeit hinzuführen, in welchen ihre Subjektivität und Autonomie stärker zum Tragen kommt. Vor diesem Hintergrund ergibt sich eine prinzipielle pädagogisch-didaktische Reserve gegenüber Filmen im Unterricht; sie werden immer nur eine begrenzte und sicherlich nicht die wichtigste Rolle in den schulischen und unterrichtlichen Aneignungsformen der Welt spielen dürfen.

Gleichwohl enthalten Filme, in Maßen eingesetzt, sehr fruchtbare Lernmöglichkeiten. Das Supermedium Film vermag in schneller, unkomplizierter und kompakter Weise vielfältige Wirklichkeit ins Klassenzimmer zu holen und dadurch eine Grundlage für Lernprozesse zu schaffen; gerade im Religionsunterricht. Über Knopfdruck können wir »Anteil« nehmen am Dienst von Mutter Theresa und ihrer »Missionaries of Charity« an den Kranken und Sterbenden in Kalkutta;[1] verfolgen wir staunend das Wunder, wie ein menschliches Embryo im Uterus der werdenden Mutter heranwächst, verschiedene pränatale Wachstumsstadien durchmacht und schließlich geboren wird;[2] betrachten wir von einem Raumschiff aus unseren blauen Planeten Erde von außen; begleiten wir biblische Archäologen bei ihren Entdeckungen; wird uns schlaglichtartig ein »Leben in Schachteln«[3] vorgeführt oder werden die Konsequenzen eines aus der »Balance«[4] geratenen Lebens anschaulich etc. Dabei vermögen gerade die unterschiedlichen Ebenen von Bild, Text und Musik dem filmischen Ganzen eine Dichte und Vielschichtigkeit zu geben, welche die eigene Dignität des Mediums Film ausmachen.

Insofern tragen Filme im Unterricht zur Anschaulichkeit bei. Sie sind in ihrer Weise Fenster zur Wirklichkeit, zu Erfahrungen, die sich der unmittelbaren Wahrnehmung entziehen. Sie vermögen vielfältig zu informieren; sie vermögen jedoch die Wirklichkeit auch symbolisch darzustellen, ihrer Hintergründigkeit und ihrem Geheimnis auf der Spur. Große Filme sind insofern immer auch Parabeln der Lebens. Gerade hier zeigt sich, dass »Filmemachen« nicht ein bloßes Abbildungshandwerk, sondern eine eigene schöpferische Kunstform darstellt. Für den Religionsunterricht ist es vor allem das Genre des Kurzfilms, in dem diese symbolische Qualität in besonderer Weise zugänglich ist.

Vom Gesichtspunkt des Lernens her gesehen, begegnet uns im Film komprimierte Wirklichkeit; Informationen werden im Filmgeschehen sehr schnell übermittelt. Gegenüber geschriebenen Texten sowie gegenüber dem Bild bestimmt im Film nicht der Rezipient die Geschwindigkeit der Informationsaufnahme, sondern das Medium; die Zuschauer/innen müssen sich dem Film anpassen: Auch hier zeigt sich die Dominanz des Filmes gegenüber den Betrachtenden. Deshalb ist es auch eine problematische Strategie, wenn über Wochen im Unterricht immer nur Filme gezeigt werden, in der Hoffnung, nur so die Schüler heute noch bei der Stange halten zu können. Ein Irrtum, denn genau das Gegenteil ist der Fall: Nichts ist anstrengender und auf die Dauer auch langweiliger als ein zur »Filmvorführstunde« degenerierter Religionsunterricht. Sollen Filme dagegen nicht nur angeschaut werden («reingezogen« werden, wie Jugendliche bei Videofilmen treffend sagen), sondern Grundlage von Lernprozessen sein, dann ergeben sich hieraus prinzipielle didaktische Erfordernisse: Der komprimierte Gehalt muss entfaltet werden, er muss quasi expandieren können; die Lernprozesse müssen das schnelle Informationsgeschehen verlangsamen; vor allem müssen die Schülerinnen und Schüler nachkommen und sich in ihrer Subjektivität zur Geltung bringen können. Das »Grundmodell des Umgangs mit Filmen im Religionsunterricht« versucht diesen Erfordernissen gerecht zu werden.

Vorbereitung in der Vorphase

Einen Film mit einem Projektor oder einem Videogerät einzusetzen, ist zuerst eine technische Aufgabe. Hier ergeben sich oft schon die ersten Schwierigkeiten, die das ganze Vorhaben stören, ja unter Umständen sogar verunmöglichen können. Die Schaffung der technisch-dinglichen Voraussetzungen des Filmeinsatzes gehört in die Vorphase des Unterrichts, d.h. in die Zeit zwischen Stundenbeginn und Unterrichtsbeginn (siehe Seiten 22-25); hier haben die Lehrerinnen und Lehrer Zeit, um die Gerätschaft in Ruhe vorzubereiten: Im Einzelnen besteht die Aufgabe darin, das Filmgerät an einer geeigneten Stelle im Klassenzimmer aufzubauen, den Film einzuspulen, die Projektion auf einer freien Fläche in angemessener Größe abzustimmen sowie einen kurzen Test durchzuführen, in welchem Bildschärfe und der Ton überprüft werden. Immer ist es günstiger, hier schon den Raum zu verdunkeln und zunächst mit Licht den Unterricht zu beginnen. An jedem dieser technischen Erfordernisse können Probleme auftauchen: Neben den schon auf S. 25 erwähnten Schwierigkeiten können sich bei Filmgeräten Probleme mit der Projektionslampe, der Filmgeschwindigkeit, der Tonübertragung etc. ergeben, da die Geräte in der Regel von mehreren Kolleginnen und Kollegen in unterschiedlichen Klassenräumen verwendet werden. In der Vorphase lassen sich diese Probleme auch unter Umständen mit Hilfe von Schülerinnen und Schülern in Ruhe lösen. Die Zeit, die sich hier Lehrerinnen und Lehrer nehmen, sparen sie später oft um ein Mehrfaches ein. Umgekehrt: Treten die Probleme erst im Unterricht auf, kommt es zur Unterbrechung, die Spannung geht verloren, die Schüler werden unruhig, hektisches Treiben beginnt etc.; oft ist dies der Anfang vom unrühmlichen Ende einer Filmvorführung. Der Filmeinsatz stellt einen relativ großen und störungsanfälligen technischen Aufwand dar; Videoanlagen sind bedienungsfreundlicher geworden; aber auch hier kommt es zuweilen immer wieder zu »Überraschungen«, die sich weithin nur in der Vorphase des Unterrichts angemessen beheben lassen. Nach Unterrichtsbeginn sollte die Filmvorführung auf Knopfdruck beginnen können.

Hinführung / Dramaturgische Platzierung

Filme benötigen im Allgemeinen keine gesonderte Motivation. Wie Bilder und erzählte Geschichten haben sie in sich eine starke Motivationskraft. Werden Filme nicht in inflationärer Weise im Religionsunterricht eingesetzt, genügt es in der Regel, die Geräte aufzubauen oder zu sagen: »Heute sehen wir uns einen Film an«, damit die Schülerinnen und Schüler ihr Interesse mobilisieren. Hinzu kommt, dass Filme ein dramatisches Ganzes darstellen und deshalb selbst in den ersten Filmphasen die Motivationsaufgabe übernehmen. Meist genügt es, kurz auf die übergreifende Thematik der Religionsstunde, die Erfahrungswelt der Schüler oder die Besonderheit des Filmes zu rekurrieren, damit die Schüler/innen den nun beginnenden Unterricht einordnen können.

Andererseits können auch bei Filmen hinführende Bemerkungen erforderlich sein, wenn sie zu sehr den Seh- und Hörgewohnheiten der Schülerinnen und Schüler widersprechen. So wird im 14 Minuten dauernden Kurzfilm »Die Stille«[5] kein einziges Wort gesprochen. Der Film geht auf eine wahre Begebenheit des jugoslawischen Partisanenkampfes gegen die deutschen Besatzer im Winter 1941 zurück: Ein Bauer rettet einen verwundeten deutschen Soldaten vor den Partisanen. Als er entdeckt, dass die Deutschen in einer Strafexpedition sein Dorf niedergebrannt und alle Bewohner getötet haben, erschlägt er in blinder Verzweiflung den Verwundeten. Es ist erforderlich, auf diese »Stille« vorher hinzuweisen, um Irritationen der Schüler während des Filmes vorzubeugen: Die »Stille« soll nicht Anlass von Widerständen werden, sondern die Aussage des Filmes steigern und sie letztlich auf den Punkt bringen. Bei älteren Filmen kommt es vor, dass Schüler sich über die damalige Mode amüsieren und dadurch abgehalten werden, dem Film unbefangen zu begegnen. Ein kurzer Hinweis auf seine Entstehungszeit, auf die damalige Art sich zu kleiden und die Haare zu tragen, hilft den Schülerinnen und Schülern, sich auf den Film einzulassen. Im schon erwähnten Film »Die ersten Lebenstage« werden zu sehr ausdrucksstarken Bildern und einer sich steigernden Gesamtdramaturgie Erläuterungen in einer medizinischen Fachsprache gegeben, welche den Schülern nicht geläufig sind. Auch hier ist es günstig, in einer kurzen Vorbemerkung darauf zu verweisen und die Schüler zu bitten, sich von den Bildern und der Musik führen zu lassen und die wissenschaftlichen Erläuterungen im Hintergrund zu halten. Immer geht es darum, Hindernissen und hierdurch entstehenden Blockaden vorzubeugen. Je stärker die Welt der Schüler und die Welt des Filmes auseinander triften, desto mehr sind solche synchronisierenden Hinweise notwendig, damit eine unbefangene Erstbegegnung mit dem Film möglich wird.

Anschauen des Films

Im Anschauen präsentiert sich das Medium Film; es stellt die Erfahrungsbasis für alle weiteren Erschließungsschritte dar. Das Anschauen sollte deshalb in Offenheit gegenüber dem Film geschehen. Diese Offenheit wird häufig gestört und unter Umständen sogar verunmöglicht, wenn beispielsweise die Lehrkraft zuvor Fragestellungen formuliert, unter denen der Film betrachtet werden soll. Die Folge: Die Schülerinnen und Schüler müssen bei der Präsentation bzw. beim ersten Anschauen schon auswählen, Fragen beantworten, Urteile treffen, ihr Interesse auf bestimmte, von der Lehrkraft festgelegte Punkte richten: Der offene Blick auf den Film in seiner eigenen Gestalt und Dramaturgie geht verloren. Denn auch hier ergibt sich der Filmgehalt aus der Filmgestalt. Deshalb wollen Filme nicht sofort befragt werden, sondern sich zunächst in ihrer eigenen Dignität präsentieren und unter Umständen ihrerseits Problemstellungen aufwerfen können. Alle Fragen, die von »außen« an einen Film herangetragen werden, haben ihren Platz in späteren Phasen der Filmerschließung, nachdem der Film in seiner Eigenständigkeit zu seinem Recht gekommen ist.
Aus demselben Grund sollen Filme während der Erstpräsentation auch nicht angehalten werden, um schon das Interesse

auf bestimmte Szenen zu lenken oder gar hier bereits Fragen zu besprechen. Ebenso ist es problematisch, wenn die Lehrkraft nur Teile des Filmes zeigt, die sie unter bestimmten Gesichtspunkten zuvor ausgewählt hat. Sicherlich ist es erforderlich, längere Filme aufzuteilen, damit sie unter Umständen in zwei Unterrichtsstunden gezeigt werden können. Filme mit solchen Längen sollten jedoch im Unterricht die absolute Ausnahme darstellen. Ideal für den Unterricht sind Kurzfilme, deren Laufzeit zwischen 50 Sekunden und 30 Minuten liegt: nur dann vermögen sie ganz gezeigt und angemessen erschlossen zu werden. »Abendfüllende« Filme schauen sich die Schülerinnen und Schüler genug zu Hause an.

Zur Präsentation eines Filmes gehört auch der Vor- und Nachspann. Beispielsweise enthält im Film »Leben in einer Schachtel« der Vorspann einen Schlüssel zur Deutung des ganzen Filmes; sein Nachspann löst in einer Art Selbstironie die Ernsthaftigkeit des Filmes wieder auf. Überhaupt hat der Nachspann über die Darstellung der Namen der Schauspieler/innen, Regisseure und sonstigen Filmemacher die Aufgabe, einen Übergang herzustellen zwischen dem Filmerleben und dem nach dem Ende wieder notwendig werdenden Normalerleben. Deshalb sollte das Filmgerät nicht sofort mit dem »Ende« abgeschaltet werden. Der Film muss »ausklingen« können; der Nachspann verhilft dazu.

Zurückspulen des Films

Um eine Rückkehr vom Filmerleben zum Normalerleben in der Unterrichtssituation zu ermöglichen, genügt es jedoch im Allgemeinen nicht, den Film nur mit dem Nachspann ausklingen zu lassen. Das Filmerleben stellt einen veränderten Bewusstseinszustand, eine Art »Trance« dar. John Grinder und

Richard Bandler, die sich als Hypnotherapeuten mit Bewusstseinszuständen beschäftigen, beschreiben die Trance ganz allgemein als einen Wahrnehmungszustand, in dem sich Menschen vom unmittelbaren Raum- und Zeiterleben lösen und sich mit ganzer Aufmerksamkeit auf einen bestimmten Bereich richten.[6] Insofern stellt Trance einen Bewusstseinszustand unseres Alltags dar, in den wir immer dann geraten, wenn wir in gesteigerter Konzentration unsere Wahrnehmung auf eine Sache fokussieren und darüber unser alltägliches Hier und Jetzt vergessen.[7] Dies kann bei der Lektüre eines Buches, beim Reparieren eines Autos, beim intensiven Gespräch mit einem Menschen, beim Tanz etc. sein. Im Filmerleben geschieht dies in extremer und sehr wirkungsvoller Weise: Das Filmarrangement blendet die unmittelbare Umgebung aus, sie wird »verdunkelt«; es fokussiert die Wahrnehmung auf die belichtete Leinwand oder den Fernsehmonitor vor uns; das filmische Universum aus Bild, Geschichte und Musik entführt uns in eine andere Welt, an der unser inneres Erleben in sehr intensiver Weise Anteil nimmt; über die Identifikation mit den Protagonistinnen geht die Distanz verloren und wir fühlen, leiden, hoffen und bestehen Abenteuer mit ihnen.

Dieses tranceartige Filmerleben muss nach dem Film wieder abklingen. Im Unterricht kommt hinzu, dass über den Film gesprochen und an ihm etwas gelernt werden soll. Es geht darum, die Filmfokussierung aufzulösen und die Wahrnehmung wieder auf das Hier und Jetzt des Klassenzimmers und des Unterrichts zu richten; gleichzeitig müssen sich die Schülerinnen und Schüler in eine neue Beziehung zum Film bringen, indem sie innerlich aus ihm heraustreten und eine Distanz zu ihm gewinnen. Dieser erforderliche Wechsel der Bewusstseins- und Erlebnisformen ist nicht abrupt möglich; er geschieht stufenweise und benötigt vor allem etwas Zeit. Wird diese Zeit nicht gewährt, dann bleiben die Schülerinnen und Schüler stumm, dann wird die unterrichtliche Erschließung des Filmes von vornherein blockiert.

Eine Hilfe in diesem Wechsel ist das Zurückspulen des Filmes. Durch das Arrangement des Zurückspulens kommt es zu einer Unterbrechung, quasi zu einer unterrichtlichen Auszeit. Bevor die erschließende Zuwendung zum Film beginnt, werden die Schülerinnen und Schüler durch diese Auszeit des Zurückspulens von der unterrichtlichen Aufmerksamkeit zu sich entlassen; sie können kurz ihrem Bewegungsdrang nachgeben, spontan ein Gefühl äußern oder ihrem Nachbarn etwas sagen etc. Diese ersten spontanen Äußerungen und kurzen Gespräche im Nahraum der unterrichtlichen Nachbarschaft entlasten und lösen die Filmfokussierung auf; darüber hinaus werden hier schon Voraussetzungen geschaffen für das nachfolgende gemeinsame Gespräch in der Klasse. Das Rückspulgeräusch bringt die Schüler dabei auf das unterrichtliche Hier und Jetzt zurück. Darüber hinaus gibt die vermutete Rückspuldauer gleichzeitig ein erwartbares Zeitmaß vor, nach dessen Verstreichen die Auszeit beendet ist und der gemeinsame unterrichtliche Aufmerksamkeitsraum wieder einsetzt. Geschieht dieses Zurückspulen regelmäßig nach der Filmpräsentation, dann erfährt es eine Ritualisierung; in dieser ritualisierten Form vermag es noch hilfreicher den erforderlichen Wechsel der Bewusstseins- und Erfahrungsformen anzuregen, eben weil es sich hier um innere Wahrnehmungsprozesse handelt, die sich nur zum Teil auf der Ebene des Bewusstseins abspielen.

Wegen dieser Notwendigkeit des Wechsels der Wahrnehmungsformen ist es erforderlich, auch längere Filme zumindest teilweise zurückzuspulen; selbst wenn hierdurch eine nachfolgende Erschließung auf die nächste Unterrichtsstunde verschoben werden muss.[8] Nach dem Zurückspulen sollte jedoch immer noch zumindest kurz Zeit sein für die Äußerung der Filmeindrücke. Denn gerade bei Filmstunden gilt: Das letzte Wort sollen die Schülerinnen und Schüler haben.

Eindruck

Die Logik der Äußerung der Eindrücke haben wir schon kennen gelernt.[9] Prinzipiell gilt: Je stärker ein jeweiliges Medium im Schüler Eindrücke hinterlässt, desto notwendiger ihre Äußerung vor der eigentlichen Decodierung und Erschließung. Bei Filmen ist dies immer erforderlich, weil sie besonders intensive Eindrücke erzeugen und vielfältige Gefühle auslösen. Werden sie nicht geäußert, können sie den weiteren Erschließungsprozess behindern, eben weil die Schüler noch in ihnen befangen sind. Auch hier geht es darum, über die Formulierung der Eindrücke Abstand zu gewinnen, um sich dem Film in seiner Ganzheit zuwenden zu können.

Die Lehrkraft sollte die Schülerinnen und Schüler ermutigen, ihre unterschiedlichen Eindrücke zu nennen und zu den eigenen, unter Umständen von anderen Schülern abweichenden spontanen Empfindungen zu stehen. Denn die unmittelbaren Eindrücke ergeben sich immer vor dem Hintergrund der je subjektiven Erfahrungen der Schüler: Eine Schülerin mag eine Szene im Film in positiver Weise erleben; ein anderer Schüler mag sich durch die gleiche Szene provoziert fühlen etc. Dabei werden sie sich ihrer eigenen subjektiven Reaktionen bewusst; gleichzeitig erfährt diese Subjektivität in der Begegnung mit den spontanen Eindrücken der anderen Schülerinnen und Schüler eine Relativierung. Auch die Lehrkraft kann ihren Eindruck beisteuern und dadurch unter Umständen die Vielfalt der unterschiedlichen spontanen Reaktionen erweitern. Jede Äußerung hat auf dieser Stufe der Filmerschließung die gleiche Gültigkeit: Es gibt hier kein Richtig und Falsch. Die Nennung der unterschiedlichen Eindrücke in ihrer Pluralität öffnet darüber hinaus vielfältige Blicke auf den Film und bereitet so einen fruchtbaren Boden für die anschließend beginnende gemeinsame Erschließung.

Oft sind gerade die ersten Äußerungen nach Kurzfilmen von Ratlosigkeit bestimmt; solche Irritationen sollten jedoch nicht durch krampfhafte Deutungen überspielt werden. Es sind vor allem die hohe Geschwindigkeit der Informationsweitergabe, die komprimierte Dichte, die hintergründige Symbolik des Mediums, welche oft solche spontanen Reaktionen erzeugen. Ratlosigkeit und Irritation lösen sich jedoch schnell auf, wenn über den Weg der folgenden Decodierungsschritte eine Verlangsamung stattfindet, der Film expandieren und die Wahrnehmung der Schüler/innen nachkommen kann. Gerade bei Filmen zeigt sich in erfahrbarer Weise, dass Verstehen am Ende und nicht am Anfang des Erschließungsprozesses steht.

Spazierengehen im Film: Nacherzählen und Beschreiben

Und wieder: Der Filmgehalt ergibt sich aus der Filmgestalt, der Filmsinn aus der objektiven Struktur des Filmes. Deshalb geht es nun darum, die Aufmerksamkeit auf die Objektivität des Filmes zu richten und seine Gestalt zu rekonstruieren. Auch hier gelingt dies über den sprachlichen Nachvollzug: Der Film gewinnt in den Worten der Schülerinnen und Schüler erneut Gestalt; das Gleiche kommt in anderer Weise zum Ausdruck; der Film tritt in der sprachlichen Transformation nochmals in die gemeinsame unterrichtliche Gegenwart, die Wahrnehmung der Schüler erhält Zeit, um neue Entdeckungen zu machen. Dabei setzt jedoch die Vielschichtigkeit und Informationsmenge des schnellen Mediums Film der unterrichtlichen Erschließung Grenzen. Den Schülern steht eben nur eine bestimmte Menge an außengerichteter Energie und damit dem unterrichtlichen Erarbeitungsprozess nur ein begrenztes Zeitmaß zur Verfügung. Oft ist deshalb nur eine

Annäherung und eine interessierte Hinwendung zur Gesamtgestalt des Filmes im Unterricht möglich. Auch von diesem Aspekt her zeigt sich, dass für den Unterricht der Kurzfilm das geeignete Genre darstellt. Selbst jedoch längere Kurzfilme weisen unter Umständen eine Komplexität auf, die im Unterricht nicht in Gänze einzuholen ist.

Da das Medium Film Erzählung, Bild und Musik vereinigt bzw. durch diese Elemente codiert ist, geschieht die erschließende Rekonstruktion der Filmgestalt über das Nacherzählen (der Filmgeschichte) und das Beschreiben (von Filmbildern und der Musik). Da die meisten Filme eine deutliche Erzählstruktur aufweisen, liegt der Schwerpunkt im Nacherzählen; es bildet weithin den roten Faden der Rekonstruktion; die Beschreibung kann in diesen Fällen mehr in den Hintergrund treten, da ja im Nacherzählen die gesehenen Bilder erneut lebendig werden. Dagegen wird bei Filmen ohne klare Erzählstruktur vor allem über die Beschreibung einzelner Szenen und Episoden der sprachliche Nachvollzug möglich.

In jedem Falle hängt die Art des sprachlichen Nachvollzugs immer von der Machart des jeweiligen Filmes ab. So verzichtet etwa der Dokumentarfilm »Von Mensch zu Mensch«[10] auf eine deutliche Erzählstruktur und verwendet stattdessen die Stilmittel des Videoclips und der Collage: Durch einen schnellen Wechsel ganz unterschiedlicher Bild- und Szenenfolgen vermittelt er einen vielschichtigen Einblick in die Aufgabe und Problematik heutiger pastoraler Berufe: Situationen aus dem Alltag, dem liturgischen Bereich, aus der Privatsphäre, aus dem Bereich der Träume und Phantasie etc. Darüber hinaus unterscheidet er die Ebenen Bild, Sprache, Musik bzw. Ton: Für Fragen und Probleme, die er auf einer Ebene (z.B. der Sprache) aufwirft, deutet er auf einer anderen Ebene (z.B. Bild) eine Lösung an. Beispielsweise hören wir am Beginn des Filmes den jungen

Pfarrer sagen: »Ich kann niemandem klarmachen, warum ich Priester geworden bin ...«, dabei sehen wir eine Szene, wie er in einer liturgischen Feier auf Kinder und Erwachsene zugeht und ihnen die Hand zum Friedensgruß reicht. In einer anderen Szene liest ein Opa seiner Enkelin vor dem Einschlafen ein Gebet von Martin Luther King vor: »Ich habe einen Traum, dass meine vier kleinen Kinder eines Tages in einer Nation leben werden, in der man sie nicht nach ihrer Hautfarbe beurteilen wird, sondern nur nach ihrem Charakter ..., das ist unsere Hoffnung«; dabei werden in Zeitlupe Bilder von Rostock eingeblendet, in denen Jugendliche vor brennenden Wohnblocks ihre Hand zum Hitlergruß erheben. Oder: Die Gemeindereferentin spricht darüber, dass sie sich in der Gesamtkirche als Frau nicht unbedingt wohlfühle, »aber es macht mir Spaß zu kämpfen«. Die daran anschließende schnelle Bilderfolge zeigt verschiedene Typen von Menschen: Kinder, alte Menschen, Jugendliche aus verschiedenen Erdteilen, einen Clown, einen Soldaten, eine Ordensfrau, einen bodygebildeten farbigen Mann, Füße eines auf dem Kopf stehenden Menschen, einen Hund auf einem Stuhl etc. Der Film enthält Anklänge an biblische Motive, z.B. Elia unter dem Ginsterbusch, Versuchung auf den Tempelzinnen etc. In dieser Weise deutet der Film vieles an und gewinnt eine Tiefendimension, die sich in der beschreibend-nacherzählenden Rekonstruktion zunehmend erschließt. Es geht darum, bei den Szenen sprachlich zu verweilen, in ihnen »spazieren zu gehen« und Bild, Wort, Musik etc. aufeinander zu beziehen. Szenen, die zunächst fremd erscheinen und in ihrer Vielfalt ratlos machen, offenbaren so ihre tiefere Bedeutung.

Das, was bisher über die Logik des Nacherzählens bei Texten und des Beschreibens bei Bildern sowie über die Haltung des »Spazierengehens im Medium« und des Neuentdeckens gesagt wurde, gilt in gleicher Weise auch für den Film. Auch

die immanente und kontextuelle Deutung von Filmen geschieht analog der Deutung und Interpretation von Texten
und von Bildern.

Evtl. wiederholtes Anschauen des Filmes unter einer bestimmten Fragestellung

Um Kurzfilme weiter entfalten zu können, mag es erforderlich
sein, einen Film ein zweites Mal anzuschauen. Hierzu muss
jedoch genügend Zeit zur Verfügung stehen. Des Weiteren
muss der Kurzfilm eine komprimierte Dichte und Vielschichtigkeit enthalten, die sich tatsächlich auch entfalten lässt.
Filme von wenigen Minuten, wie der Film »Leben in einer
Schachtel« (7min) oder »Balance« (8 min) eignen sich besonders dazu. Die Schülerinnen und Schüler haben den Film ja
schon gesehen, Eindrücke formuliert, ihn sprachlich nachvollzogen, teilweise erschlossen und gedeutet. Das wiederholte Anschauen geschieht vor diesem Hintergrund; sie
können nun ihre Aufmerksamkeit auf Details richten, die
ihnen beim ersten Mal nicht aufgefallen sind, oder auf bestimmte Fragestellungen, unter denen der Film in besonderer
Weise betrachtet werden soll. Etwa im Film »Leben in einer
Schachtel«: »Achtet darauf, in welchen Situationen die graue
Schachtelwelt in die bunte Farbenwelt hinüber- und herüber-
wechselt.« Wieder gilt: Nicht zweimal dasselbe, sondern das
zweite Mal in anderer Weise: Nach der ganzheitlichen Beschäftigung im ersten Durchgang soll es nun um bestimmte
Gesichtspunkte gehen. Hilfreich dabei, wenn die Lehrkraft
nach dem ersten Anschauen den Film nicht nur zurückspult,
sondern sofort wieder in das Gerät einlegt, so dass die zweite
Filmvorführung ohne Unterbrechung beginnen kann.

Ein Problem bei Filmen bleibt jedoch: Meistens ist eine Vertiefung oder gar Gestaltung in der Unterrichtsstunde nicht mehr möglich. Die Präsentation und Erarbeitung des Filmes zehrt die Unterrichtszeit auf; es dominiert die Außenorientierung. Sollen Vertiefung und Gestaltung stattfinden, so müssen sie auf die folgende Stunde verschoben werden. Hier zeigt sich auf der Ebene der Dramaturgie der Unterrichtsstunde das Ungleichgewicht des Mediums Film, d.h. die Dominanz der äußeren Erfahrung des Films gegenüber den inneren Erfahrungen der Schüler.

Dabei leistet das Supermedium Film im Unterricht etwas, was sonst nur begnadete Erzählerinnen und Erzähler vermögen: Spricht der Film die Schülerinnen und Schüler an, kann er ihre außengerichtete Aufmerksamkeit weit über das 20-Minuten-Maß hinaus binden. Wir wissen, Kinder sitzen oft über Stunden hinweg vor dem Fernseher, ohne dass es ihnen – zumindest vordergründig – »langweilig« wird. Das Filmerleben stellt deshalb eine besondere Form der Außengerichtetheit dar, welche über die Identifikation mit den Heldinnen und Helden eine Selbsterfahrung ermöglicht. Es ist jedoch eine rezeptive Selbsterfahrung, die an den Betrachtenden vor allem geschieht, quasi von anderen gemacht, während sie auf dem Stuhl oder auf dem Sofa sitzen.

Dieser starke Selbsterfahrungsaspekt des Filmerlebens ist vermutlich auch der Grund dafür, dass nach der Präsentation des Filmes die außengerichtete Energie der Schüler nicht ganz verbraucht ist. Im Gegenteil: Die starken Filmeindrücke erzeugen auch ein Bedürfnis sich zu äußern, auszutauschen, sich im Gespräch über das Gesehene klar zu werden. In einem Unterricht, dem es jedoch um die Balance zwischen Außen und Innen geht, gehören Filme zu jenen Zutaten, die das Gesamtmenü des unterrichtlichen Lernens würzen und dadurch interessanter machen; wie alle starken Gewürze entfalten sie jedoch ihre Qualität nur dann, wenn sie in

Maßen hinzugegeben werden. Dies auch deshalb, weil die rezeptive Selbsterfahrung des Filmerlebens sowieso in starker Weise das Freizeitverhalten der Schülerinnen und Schüler prägt und auch hierdurch ihre innere Balance weithin bedroht ist.

7. Ein Grundmodell des Lernens von Liedern im Religionsunterricht

- 1. Präsentation des Liedes
  Das Lied vorsingen

- 2. Erste Strophe
  2.1 Strophe vorsingen
  2.2 Aufteilen der Strophe in Sequenzen
  2.3 Lernen der ersten Sequenz
      a) Sprechen der Sequenz
      b) Sprechen und Klatschen des Rhythmus (evtl. wiederholen)
      c) singen und klatschen (evtl. wiederholen)
      d) singen (evtl. wiederholen)
  2.4 Lernen der zweiten Sequenz nach Schritt a), b), c), d)
  2.5 Singen der ersten und zweiten Sequenz zusammen, wiederholen
  2.6 Lernen der weiteren Sequenzen nach dem gleichen Schema
  2.7 Erste Strophe ganz singen (evtl. wiederholen)

- 3. Zweite Strophe
  3.1 Strophe vorsingen
  3.2 Strophe sprechen (evtl. klatschen)
  3.3 Strophe gemeinsam singen (evtl. wiederholen)

- 4. Weitere Strophen nach demselben Schema lernen

- 5. Das ganze Lied singen

- 6. Wiederholen
  Am Ende der Stunde und am Beginn der nächsten das
  neu gelernte Lied wiederholen.
  Lieder sollen immer wieder gesungen werden, so dass
  ein gemeinsamer Liedschatz entsteht.

*Wer singt,
verscheucht sein
Unglück.*

Aus Spanien

Welche Folgen hat es, wenn wir in Schule und Unterricht
nicht bzw. nicht mehr singen? Wenn das Singen gar im
Musikunterricht eine Randexistenz fristet, weil im Vordergrund die »Beschäftigung mit Musik« steht? Welche Folgen
hat es, wenn der Gesang im Religionsunterricht, ebenso wie
in den gemeinsamen Ereignissen des Schullebens keine Rolle
spielt? Ich fürchte, die Wirkung ist tief greifender als uns
weithin bewusst ist. Wie Religion in der Schule zum »Reden
über Religion« zu verkümmern droht, so ist Musik in Gefahr
zum »Reden über Musik« zu degenerieren. Was bleibt, ist
tatsächlich ein immer gleiches Gerede, welches keinen Hund
mehr hinterm Ofen hervorlockt, geschweige die Schülerinnen und Schüler vom Hocker reißt. Die Schule darf nicht nur
»über« die Wirklichkeit sprechen, sondern muss selbst reiche
Wirklichkeit ermöglichen; ansonsten verödet sie zu einem
unwirtlichen Ort, von welchem Schüler und Lehrer fliehen.

Die Bedeutung des Singens für Schule und Unterricht im Allgemeinen und für den Religionsunterricht im Besonderen liegt auf unterschiedlichen Ebenen:

Singen ermöglicht einen gemeinsamen Ausdruck; er findet im Gesang eine konstruktive Gestalt. Dabei vermittelt Singen eine der intensivsten Formen der Gemeinschaftserfahrung: im Singerleben hören sich die Schülerinnen und Schüler selber, sie nehmen sich als Gruppe wahr, die gemeinsam etwas Harmonisches zum Ausdruck bringt. Dabei besteht das unterrichtliche Erfordernis, positive Singerlebnisse im Unterricht anzubahnen. Sie sind Frucht vielfältiger bewusster und mehr noch unbewusster Abstimmungsprozesse in der Gruppe und zwischen den jeweils Einzelnen und der Gruppe: wer singt, singt mit anderen. Wie bei allen Ausdrucksformen gibt es talentierte und weniger talentierte Schüler und Schulklassen; es gilt, das Singen in der Schule zu entwickeln und zu üben. »Klingt« es, dann erfahren die Schülerinnen und Schüler ihre Gruppen- bzw. Klassenidentität in einer neuen und oft ganz überraschenden Weise. Im Zusammenklingen der Stimmen findet ein Stück Versöhnung statt; deshalb »macht es die Seele frei«. Es kommt zu einer positiv besetzten gemeinsamen Gegenwärtigkeit. Sollen in Lerngruppen wesentliche Lernprozesse stattfinden, dann bedürfen sie einer von den Einzelnen bejahten Identität, einer mit positiven Gefühlen besetzten gemeinsamen Gegenwärtigkeit. »Wo man singt«, da lassen sich auch die Schülerinnen und Schüler »ruhig nieder«. Gerade der Religionsunterricht erfordert in diesem Sinne eine »gute Atmosphäre«, einen »positive Klassengeist«, ein »vertrauensvolles Miteinander« etc., damit die Schülerinnen und Schüler sich in Offenheit auf die Lernprozesse einlassen können. Lehrkräfte dürfen deshalb den desolaten Zustand einer Klasse nicht einfach wie ein Naturereignis hinnehmen und beklagen, sondern es geht immer auch darum, pädagogisch-didaktisch auf die gemeinsame Identität einzuwirken –

☞ *Das Singen als fundamentale menschliche Ausdrucksform ist eine der wichtigen Möglichkeiten, mit denen eine bejahte gemeinsame Klassenidentität angeregt werden kann.*

eine zentrale Dimension des Lehrerhandelns, die in einem vor allem kognitiven Verständnis von Unterricht allzu schnell aus dem Blickfeld geriet. Dies gilt auch für das Fach Religion, in dessen Unterricht unter Umständen Schüler aus verschiedenen Lerngruppen zusammenkommen. Auch unter solchen Bedingungen muss der Religionsunterricht sein Interesse auf die Herausbildung einer Gemeinsamkeit in der Klasse richten.[1]

Das Singen ist eine der wichtigen Möglichkeiten, mit denen eine bejahte gemeinsame Klassenidentität angeregt werden kann.

Singen stellt eine fundamentale menschliche Ausdrucksform dar. Rhythmus, Tanz und Melodie sind ursprünglicher als die Sprache. Der US-amerikanische Geiger und Musikwissenschaftler Yehudi Menuhin hat darauf hingewiesen, dass sie in Gehirnregionen unterhalb der in der Evolution relativ spät entstandenen Großhirnrinde lokalisiert sind. Nicht von ungefähr »spricht« Musik unmittelbar an und ermöglicht einen elementaren Ausdruck. Musik vermag zu trösten, Freude auszudrücken, Zugehörigkeit zu stiften, dort, wo keine Worte hinreichen. Deshalb verschwindet sie auch nicht bei den Schülern mit ihrer »Vernachlässigung« in der Schule. Im Gegenteil: Wir beobachten, dass sie in ihrer Lebenswelt um so mächtiger hervortritt. Ihre Bedeutung für Kinder und Jugendliche kann kaum überschätzt werden. Sie hören heute weit mehr Musik als die Kinder und Jugendlichen früherer Generationen. In jedem Zimmer stehen Abspielgeräte; über tragbare CD-Player und Recorder, Autoradio und Walkman kann sie überall hin mitgenommen werden. Bei Parties, in Jugendtreffs und Discos sind Rhythmus, Musik, Tanz die bestimmenden Elemente. Das Spektrum der Musikstile ist weit. Kinder und Jugendliche entspannen sich bei ihrer Musik, sie bewegen sich zu ihrem Rhythmus, sie singen ihre Lieblingslieder ganz oder teilweise mit, lernen ihre Texte wie von selbst auswendig, beschäftigen sich mit den Musikerinnen und Musikern. Jugendbands schießen überall wie Pilze aus dem Boden. Das Fanverhalten in Rockkonzerten und Fußballstadien ist wesentlich durch das Singen gemeinsamer Lieder geprägt etc. Vielleicht liegt es gerade an der Dominanz des Kognitiv-Sprachlichen in der heutigen Schulwirklichkeit, dass die Schülerinnen und Schüler in ihrem oft sehr exzessiven Musikverhalten einen Ausgleich suchen.

Über Musik wird eine »message« weitergegeben. Nicht nur und nicht nur in erster Linie über den jeweiligen Text, sondern über das Ganze des musikalischen Ausdrucks. Was wäre die Protestbewegung Ende der 60er Jahre ohne die Rolling Stones, ohne Bob Dylan: »The times they are a-changin'«? Der Gesamtgestus eines Liedes vermittelt sein Lebensgefühl, seine Werte, seine Haltungen, enthält seinen Protest und seine Hoffnungen. Gerade in der Relativierung der Sprache durch die Musik über ihre Einbettung in ein harmonisches Ganzes aus Rhythmus und Melodie liegt ihre Kraft zu »überzeugen«, das Handeln zu motivieren und zu orientieren. Hierin liegt aber auch die Gefahr ihres Missbrauchs: Auch die Skinheads grölen ihre Hasslieder und tanzen dazu mit gestrecktem Arm. Weil die Skinheadkultur auch eine Musikkultur darstellt, ist sie so einflussreich unter Jugendlichen. Deutlich dabei: Es gibt nicht nur die Tradition der Versöhnungs- und Lebenslieder, sondern auch die des musikalischen Chauvinismus, der Gewalt- und Ausgrenzungslieder. Auch diese Perversion wird exemplarisch am nationalsozialistischen Missbrauch des Liedes und der rhythmischen »Bewegung« deutlich: »Heute gehört uns Deutschland und morgen die ganze Welt«. Hier ebenso: Die Schule hat heute im Letzten keinen Einfluss darauf, mit welcher Musik die Kinder und Jugendlichen in

Berührung kommen, welche Lieder sie mitsingen und auswendig lernen. Sie hat aber Einfluss darauf, welche Liebes- und Versöhnungslieder, welche Trost- und Hoffnungslieder, welche Freiheits- und Gerechtigkeitslieder etc. in diesem Gesamtensemble auf alle Fälle nicht fehlen dürfen. Auch im gemeinsamen Liedschatz liegt ein Aspekt der Allgemeinbildung. Und dieser gemeinsame Schatz sollte nicht nur aus Liedern wie »We are the champions« oder »Marmor, Stein und Eisen bricht« bestehen, wie es zuweilen den Anschein hat.

Singen stimmt die Schülerinnen und Schüler auf das Hier und Jetzt des Unterrichts ein; dieses Hier und Jetzt des unterrichtlichen Zusammenseins wird reicher und erhält einen höheren Wert. Die Schüler vermögen sich mehr für den Unterricht zu öffnen, eben weil Singen unterschiedliche Dimensionen unterhalb der kognitiven Wahrnehmung zum Schwingen bringt. Die Aufmerksamkeit der Schülerinnen und Schüler wird umfassender, ganzheitlicher; sie sind mit ihrer Person mehr dabei. Weil die Unruhe gerade von problematischeren Schülerinnen und Schülern weithin in ihrer emotionalen Situation außerhalb der Schule begründet liegt, nutzen meist Appelle zur Ruhe und zur Stille nichts. Das Singen kann zwar die Ursachen nicht beseitigen, es vermag aber wie eine Heilsalbe zu wirken, die eine wenn auch vielleicht nur temporäre Linderung der Spannungen bewirkt. Nicht zufällig sind es deshalb gerade oft sogenannte »schwierige Klassen«, die besonders gerne singen, eben weil sie hier Entlastung erfahren und in ein emotionales Gleichgewicht gelangen, welches ihnen sonst fehlt. Singen vermag vor allem am Anfang des Unterrichts eine Gleichgestimmtheit anzuregen, die eine notwendige Voraussetzung für das gemeinsame Lernen darstellt.[2]

Es ist ein qualitativer Unterschied, ob wir ein Lied anhören oder selbst singen. Das Erste ist ein rezeptiver Akt des Aufnehmens, der die Musik anderer genießt und Freude an ihr hat; das Zweite ein expressiver, nach außen tretender Akt des

Weitergebens, in welchem das Lied im eigenen Ausdruck eine neue Gestaltung findet. Auch hier: Wir singen ein Lied und das Lied singt von uns. Schon unser als Motto vorangestelltes spanisches Sprichwort betont den Ausdruckscharakter: »Wer *singt*, verscheucht sein Unglück.« Eben weil die eigene Welt, das eigene Unglück und Glück in den Gesang Eingang halten und dadurch eine »Sprache« finden können, vermag es zu einer Versöhnung mit dem Schicksal zu kommen.[3] Das Musikverhalten der Kinder und Jugendlichen ist dagegen heute im Ganzen stark rezeptiv geprägt. Auch dies ist ein Aspekt der Dominanz der äußeren gegenüber ihrer inneren Welt: Im Vordergrund steht das Anhören, der Ausdruck anderer, an welchem sie Anteil nehmen. Auch hieraus ergibt sich das Erfordernis, das expressive Moment, den eigenen Ausdruck in der Schule stärker zu betonen. Dabei werden sich die Schülerinnen und Schüler in ihrer Selbstwahrnehmung wichtiger, erhalten eine größere Bedeutung.

Im Religionsunterricht vermag über das gesungene Lied vieles aus dem Bereich von Religion und Glaube an den Erfahrungsraum der Schüler heranzutreten, dem sie, würde es nur gesagt, indifferent oder gar abwehrend begegneten. Dies liegt an der eigentümlichen Färbung, welche die Botschaft durch Melodie und Rhythmus erhält. Dabei stellt das Lied nicht nur eine Verpackung für den ansonsten gleichbleibenden Inhalt dar, sondern die Botschaft des Liedes ist eine andere als die des Wortes. Das Lied stellt einen eigenständigen Code des menschlichen Ausdrucks dar, mit einer eigenen Dignität: Deshalb lässt sich der Ausdruck eines Liedes nicht vollständig in einen anderen Code, etwa in die begriffliche Sprache überführen. Wie sich das Medium Bild als eigenständiger Code sui generis gegenüber dem Wort behauptet, so auch das Medium Lied. Und auch beim Lied kann es nicht darum gehen, den Gehalt vollständig zu übersetzen oder gar zu ersetzen, sondern zum singenden Vollzug hinzuführen.

Nicht von ungefähr spielt das Lied im gläubigen Vollzug und in der Frömmigkeit der Menschen eine große Rolle. Überall, wo geglaubt wird, wird auch gesungen. Singen stellt einen fundamentalen Grundcode von Religion und Glaube dar. Im Gottesdienst der Christen ist es weithin der gemeinsame Gesang, über den bisher die Gläubigen aktiv am Geschehen teilnehmen. Im österlichen Halleluja, das ja selbst als Wort nicht mehr nur Wort, sondern schon einen rhythmisch-melodiösen Wortgesang darstellt, mag für viele die Auferstehungsbotschaft wie sonst nirgends aufscheinen. Vermutlich haben die wiederkehrenden gottesdienstlichen Lieder die Gläubigen aller Jahrhunderte in ihrem Frömmigkeitsleben stärker geprägt als die gelehrten Theologien der jeweiligen Zeit. Oft sind es musikalische »Kürzel«, kurze Phrasen aus Liedern, Wendungen aus Melodie und Text, um welche sich Aspekte der eigenen Frömmigkeit, des persönlichen spirituellen Bekenntnisses als »Kurzformeln des Glaubens« kristallisieren und in dieser Weise für Einzelne zugänglich bleiben. »Wir haben einen Traum«,[4] »Die Sache Jesu braucht Begeisterte«,[5] »Jetzt ist die Zeit, jetzt ist die Stunde«[6] – diese Lieder von Peter Janssens, Alois Albrecht, Ludger Edelkötter oder die meditativen Wechselgesänge von Taizé u.a. sind von der Frömmigkeitsbiografie vieler heute 40-Jähriger ebensowenig wegzudenken wie die Bücher von Ernesto Cardenal, Dorothee Sölle, Johann Baptist Metz etc.

Gerade am Lied zeigt sich deutlich der Unterschied zwischen Theologieunterricht und Religionsunterricht: Letzterer kann sich nicht nur im begrifflich-diskursiven Code der theologischen Reflexion vollziehen und seinen Lernprozess in einem »Reden über« die Wirklichkeit von Religion und Glaube gestalten: Er muss die anderen Grundcodes, die anderen fundamentalen Ausdrucks- und Kommunikationsformen von Glaube und Religion in den Unterricht einbringen, um so erst die Erfahrungsbasis zu schaffen, von der aus ein Denken,

Sammeln, Ordnen, Vergleichen, Reflektieren, Begriffe-Bilden, Zusammenhänge-Herstellen etc. sinnvoll geschehen kann. Denn die unterschiedlichen Grundcodes stellen immer auch unterschiedliche religiöse Erfahrungsformen dar. Gerade im Lied mag sich so im Raum der Schule ein weiterer, ganz eigener Zugang zu religiösen Erfahrungen eröffnen, der zudem die Schülerinnen und Schüler dort anrührt, »wo keine Worte hinreichen«.

Deutlich dabei: Singen ist nicht nur ein Beiwerk im Religionsunterricht, sondern ihm kommt die Bedeutung eines Grundelements des religiösen Lernprozesses zu. Die Lieder aus dem großen Reichtum der Kirchenlieder, wie sie im Gotteslob zugänglich sind, sowie der so genannten »modernen rhythmischen Lieder«, weiterhin der Spirituals, ebenso der religiösen Kinderlieder etc. vermögen in vielfältiger Weise den Religionsunterricht zu bereichern. Sie können dabei als Hauptmedium dienen, über welches ein unterrichtliches Thema erschlossen wird. Oft ergibt sich hierdurch eine gangbarere religionsdidaktische Alternative zum biblischen Text: So mag bei der Eucharistievorbereitung in der Grundschule etwa das Lied »Beim Letzten Abendmahle« (Gotteslob 537) angemessener ein Medium abzugeben als die von ihrer Textstruktur sehr komplexen und vielschichtigen »Abendmahlsberichte« in den synoptischen Evangelien (Mk 14,12-25, Mt 26,17-29, Lk 22, 7-23).[7] Auch der Text dieses Liedes, geschrieben 1807, enthält Interpretations- und Deutungsprobleme, welche im Unterricht gelöst werden müssen, so vor allem die Opfertheologie im dritten Vers; aber von dieser Theologie sind die Texte der Eucharistiefeier selbst geprägt; sie bedarf, sollen die Schüler einen Zugang zum eucharistischen Mahl erhalten, ein für die Kinder angemessenes Verständnis.

Werden Lieder in dieser Weise als Hauptmedium in einer Unterrichtsstunde verwendet, sollten sie immer zuerst mit den Schülerinnen und Schülern gelernt und gesungen und in einem zweiten Schritt dann wie jedes andere Medium unterrichtlich decodiert, gedeutet, gesichert, vertieft, gestaltet werden: Denn Lieder bilden ein Ganzes aus Melodie, Rhythmus und Text. Wird, wie so oft, der Text zuerst gelesen und lange »besprochen«, in der Absicht, dass das, was die Schüler singen, sie auch von vornherein in allen Details verstehen, dann fehlt in der Erstbegegnung mit dem Lied sein wesentliches Element, eben weil es nicht als Lied, sondern als Text präsentiert wird. Die Spannung geht verloren und bis es dann zum Singen kommt, ist in der Klasse das Interesse geschwunden. Die sprachliche Erschließung folgt nach, wie auch die Sprache der Musik nachfolgt. In der Erschließung eines Liedes kann neben der Decodierung des Textes das Augenmerk auch auf Melodie und Rhythmus gelegt werden; wenn es sich anbietet, mag sich hier ein neuer Verstehenshorizont auftun. Dies muss jedoch nicht in jedem Falle geschehen: Eine überzogene Rationalisierung der Musik sollte vermieden werden, eben weil es nicht darum gehen kann, den Musikcode einfach in Sprache zu übersetzen. Durch solche extensiven Rationalisierungen wird den Schülern im Musikunterricht oft die Freude an Musik verleidet. In der Gestaltungsphase eignet sich neben einem malerischen Ausdruck auch eine kalligrafische Gestaltung des Liedtextes; unter Umständen können sogar neue Strophen von den Schülern gereimt und dem Lied hinzugefügt werden. Ebenso können Lieder gestisch oder dramatisch gestaltet werden. Alle Möglichkeiten, die wir bei Texten kennen gelernt haben, bieten sich an.

Lieder, die einmal gelernt sind, bilden den gemeinsamen *Liedschatz einer Klasse*, auf den immer wieder zurückgegriffen werden kann. Am besten ist es deshalb auch, die gelernten Lieder ins Religionsheft zu kleben oder zu schreiben oder ein separates Liedheft anzulegen, so dass sie immer verfügbar sind. Solche schon bekannten Lieder können am Beginn einer Unterrichtsstunde als Einstimmung oder am Ende als Ausklang ohne einen direkten Bezug zum Stundenthema gesungen werden: Gerade hier wird der religionspädagogisch-didaktische Eigenwert des Singens in Schule und Unterricht deutlich. Darüber hinaus haben passende bekannte Lieder in der zweiten Hälfte der Unterrichtsstunde einen Platz, wenn es um Besinnen und Verweilen geht. Zudem gewinnt der Unterricht an Lebendigkeit und Offenheit, wenn die Möglichkeit besteht, spontan ein Lied zu singen. Auch Schulleben, Schulpastoral, Schülergottesdienste profitieren vom gemeinsamen Liedschatz der Schüler, weil sich hierdurch neue Gestaltungsmöglichkeiten ergeben; die Schülerinnen und Schüler können wegen ihrer anderen Voraussetzungen aktiver daran teilnehmen. Die Gottesdienste werden so weniger Veranstaltungen für die Schüler als Veranstaltungen der Schüler, eben weil ihr Ausdruck stärker zum Zuge kommt. Es geht um die Entwicklung und um die Pflege einer Singkultur in den einzelnen Fächern, aber auch in der Schule als Ganzer.

Eines der größten Probleme des Singens im Unterricht liegt im gemeinsamen Erlernen neuer Lieder. Viele Lehrerinnen und Lehrer singen ganz gerne mit Klassen, wenn diese ihrerseits mit Freude singen. Tut sich ein Klassenverband schwer, dann versuchen sie es meistens einmal oder vielleicht auch noch ein zweites Mal; wenn es dann wieder nicht richtig klappt, lassen sie es bleiben. Singen in der Schule ist so sehr häufig abhängig von der Fähigkeit der jeweiligen Lerngruppe. Als Stätte des Lernens muss sie jedoch die Ausdrucksfähigkeit der Schüler entwickeln und entfalten. Klassen, die noch Schwierigkeiten mit dem Singen haben, benötigen dieses Lernen stärker als andere. Dabei zeigt sich, dass das Erlernen von Liedern einer eigenen Logik folgt. Wird das gemeinsame Liedlernen dieser Logik gerecht, dann finden die Schülerinnen und Schüler leichter einen Zugang zum Singen und darüber hinaus Freude am gemeinsamen Gesangsausdruck. Das folgende Grundmodell versucht dieser Logik gerecht zu werden.

Präsentation des Liedes

Eine erste Bedingung des sachgerechten Erlernens von Liedern: Das neue Lied muss prinzipiell am Anfang des Unterrichts gelernt werden, gleich nach der Vorphase, dann, wenn den Schülern Aufmerksamkeit und Energie für neu zu Lernendes zur Verfügung steht. Wird versucht, das Lied in der zweiten Hälfte nach der Erarbeitung eines anderen Mediums, quasi als »Vertiefung« einzuüben, dann ist das ganze Unterfangen meist von vornherein zum Scheitern verurteilt. Ein Lied ist ein eigenes Medium, auch wenn es sich inhaltlich auf das bisher behandelte Thema der Unterrichtsstunde bezieht; als solches bedarf es auch der Erarbeitungsenergie. Jede unterrichtliche Minute, die verstreicht bzw. für etwas anderes verwendet wird, verringert die Chance, dass die Schüler engagiert bei der Sache sind: Am Anfang der Unterrichtsstunde sind musikalische »Wunder« möglich!

Das Erlernen eines Liedes vollzieht sich nach einem Prinzip, das wir am Alltagslernen besonders von Kindern und Jugendlichen studieren können: Lieder, die ihnen gefallen, hören sie sich immer wieder an; sie folgen innerlich der Melodie und dem Rhythmus; irgendwann summen sie zur Musik und singen die eindrücklichen Textwendungen mit, bis ihnen nach einiger Zeit Lieder auch mit komplizierteren Musik- und Textstrukturen wie von selbst über die Lippen gehen und sie sich ausdrucksstark dazu bewegen. Deutlich werden dabei zwei Momente des Liedlernens: Vorbildlernen und Mitsingen: Mit Liedern, die mich ansprechen, gehe ich mit, oder umgekehrt, sie nehmen mich mit, werden zu einem »Ohrwurm« und ich stimme in die Musikmuster ein, beginne selbst mitzusingen und mich mitzubewegen.

Deshalb muss am Beginn des Liedlernens im Unterricht die Präsentation des Liedes durch die Lehrerin bzw. den Lehrer stehen; sie sollten es mit Ausdruck vorsingen. Auch dieses Vorsingen hat etwas mit jener diskreten Form des Zeugnisses zu tun, die wir schon beim Erzählen und beim Abzeichnen kennen gelernt haben. Bei jeder Ausdrucksform gibt notwendigerweise derjenige, der sich ausdrückt, etwas von sich preis. Tatsächlich: Der Lehrer singt ein Lied und das Lied singt vom Lehrer. Sind Lehrer und Schüler nicht gewohnt zu singen, müssen sie zu Beginn oft Hemmungen überwinden und »sich trauen«. Dies ist auch der Grund, warum Schülerinnen und Schüler zuweilen lachen, wenn sie ihre Lehrkraft zum ersten Mal singen hören und sehen. Diese sollten sich hierdurch nicht entmutigen lassen. Die neue Situation der Unsicherheit ist schnell überwunden. Während meiner elfjährigen Tätigkeit als Religionslehrer an einer gewerblichen Berufsschule habe ich regelmäßig mit allen 10., 11. und 12. Klassen gesungen; vor allem Spirituals, Lieder von Bob Dylan, Cat Sevens, Countrysongs etc. Die Liedtexte hatte ich jeweils zuvor in einem DIN A4-Ordner ausgeteilt. Schüler, mit denen ich das erste Mal sang, versteckten sich oft voreinander, indem sie den Ordner halb aufschlugen und dicht vors Gesicht hielten, so dass der rechte und linke Banknachbar nicht sehen konnten, wie sie sangen. Sobald sich die Klasse jedoch selber hörte und so Freude am gemeinsamen Gesang gewann, bewegten sich die Order regelmäßig schnell nach unten und die Schülerinnen und Schüler sangen frei mit.

Damit die Schüler mit ihrer Stimme am Gesang teilnehmen können, ist es erforderlich, dass die Präsentation auch im Tonbereich ihrer Stimme geschieht. Als Faustregel für Kinder kann gelten: vom unteren d (eingestrichenes d') bis zum oberen d (zweigestrichenes d''). Meistens sind die Kinderlieder sowie die »rhythmischen Lieder« in diesem Bereich gesetzt. Mit Jungen in der Pubertät muss etwas tiefer gesungen werden. Stimmt die Lehrkraft nicht im Tonbereich der Schüler an – oft wird zu tief begonnen –, dann tun sich die Schüler schwer, sich auf den Gesang einzulassen und mit innerem Engagement mitzusingen. Hat eine Lehrkraft Schwierigkeiten mit der Intonation, so kann sie Hilfsmitteln verwenden: Stimmpfeifen, mit denen jeder Ton angeschlagen werden kann, sind im Handel erhältlich. Noch besser eignet sich ein Instrument, mit dem das Lied zudem begleitet werden kann. Im Ganzen gilt jedoch: Ein *Instrument* ist eine schöne Zugabe, jedoch nicht notwendige Bedingung für das Singen im Klassenzimmer. Das erste »Instrument« des Lehrers beim Singen ist seine eigene Stimme. Er macht zunächst mit seiner Stimme vor, was die Schüler mit ihrer Stimme nachmachen sollen, indem sie beginnen mitzusingen und auf diese Weise an seinem Singen Anteil nehmen. Zudem hat der A-cappella-Gesang im Unterricht eine eigene Grazie, eben weil sich hier die Singgruppe deutlich wahrnimmt; Lehrer und Schüler müssen nur Zutrauen zu dieser Art des Singens und vor allem zu ihren Stimmen bekommen. Ein Instrument kann Lehrkräften helfen, Sicherheit zu gewinnen; auch Flöten, Gitarren etc. der Schülerinnen und Schüler können dazu beitragen. Viele von ihnen lernen ein Instrument und freuen sich, wenn sie in der Schule ihr Können unter Beweis stellen können; zudem übernehmen sie dabei eine unterstützende Rolle im Lernprozess. Im Notfall mag auch eine Liedkassette hilfreiche Dienste tun, wobei sich jedoch durch die Notwendigkeit des mehrmaligen Vor- und Zurückspulens zumeist Probleme ergeben. Inzwischen gibt es eine große Zahl von Liedkassetten mit geeigneten Liedern für den Religionsunterricht.[8] In den meisten Fällen ist es jedoch für den Lernprozess bei weitem fruchtbarer, auf die eigene Stimme zu vertrauen; das Lernen ist durch die Unmittelbarkeit der Lehrer-Schüler-Beziehung direkter; die Lehrkraft kann flexibler auf die Schüler/innen eingehen, als wenn das Lied aus der »Konserve« gelernt werden muss. Und vor allem gilt: Es muss nicht immer alles gleich perfekt sein. Die Schüler sind auch für bescheidenere Formen dankbar; es ist auf jeden Fall immer besser als überhaupt nicht zu singen.

Die Lehrkraft darf in der Präsentation nicht nur die erste Strophe, sondern muss nach Möglichkeit alle Strophen vorsingen: Die Schüler sollen zu Beginn das ganze Lied wahrnehmen, es sei denn, das Lied hat eine größere Zahl von Strophen, wie etwa das von den Schülerinnen und Schülern sehr gerne gesungene Lied »Laudato si« mit seinen neun Versen.[9] Vier bis fünf Strophen genügen in der Regel: In der Wiederholung von Melodie und Rhythmus in den verschiedenen Versen vermögen die Schüler schon in der Präsentation die wiederkehrenden Takt- und Singmuster zu identifizieren. Überhaupt spielt die Wiederholung im Lied eine entscheidende Rolle: Melodie und Rhythmus bleiben gleich, der Text verändert sich bzw. bleibt im Refrain ebenfalls unverändert. Dieses Gleichbleibende und sich doch Verändernde ermöglicht es den Zuhörenden, sich mit ihrer inneren Aufmerksamkeit, ihren Gefühlen, ihrer Phantasie auf das Lied einzulassen. Wird das Lied in dieser Weise präsentiert, dann sind danach viele der gesangstalentierten Schülerinnen und Schüler fast schon in der Lage es mitzusingen. Der Lehrer darf sich jedoch nun nicht von den musikalisch schnelleren Schülern verführen lassen und gleich das ganze Lied mit der Klasse nachsingen. Ein Geheimnis des gemeinsamen Liedlernens im Unterricht liegt gerade in der Verzögerung. Diese verhilft den musikalisch langsameren Schülerinnen und Schülern nachzukommen; den schnelleren gibt sie die Möglichkeit, genauer hinzuhören. Gerade weil die Schüler im Singen etwas von sich geben und sich dadurch immer auch ein Stück schutzlos zeigen, muss ihnen der Unterricht in diesem Ausdrucksprozess durch eine stufenweise Hinführung Sicherheit vermitteln. Bevor jedoch im schrittweisen Einüben das Lied in Teile zerlegt wird, muss am Anfang die Wahrnehmung des ganzen Liedes stehen. Gerade hier gilt: Vom Ganzen zum Detail, um über das Detail wieder zum Ganzen zu gelangen.

Erste Strophe

Nach der Präsentation des Liedes geschieht nun die Hinwendung zur ersten Strophe. An ihr werden die Grundmuster des Liedes eingeübt:

Singen der Strophe: Die Strophe wird von der Lehrkraft nochmals vorgesungen. Die Schülerinnen und Schüler nehmen sie vor dem Hintergrund der bisherigen Präsentation des ganzen Liedes wahr; dabei können sie sich auf den Zusammenhang von Rhythmus, Melodie und Text konzentrieren. Schüler, die gleich mitsingen wollen, sollte die Lehrkraft bitten, nochmals zuzuhören und die Strophe auf sich wirken zu lassen. Es macht nichts, wenn Schüler den Eindruck haben, sie könnten schon mehr als das, was sie gerade aktualisieren dürften; im Gegenteil, hierdurch werden Motivation und Engagement gesteigert.

In Sequenzen gliedern: Eine Strophe lässt sich in der Regel nicht auf einmal lernen. Sie muss in überschaubaren Sequenzen schrittweise eingeübt werden. Schon in der Unterrichtsvorbereitung sollte deshalb die erste Strophe in sinnvolle Einheiten aufgeteilt werden. Die Sequenzen dürfen nicht zu lang sein, damit die Komplexität des einzelnen Lernschritts nicht zu groß wird, sondern nachvollziehbar bleibt; sie sollten nicht zu kurz sein, damit das Lied nicht zu sehr zerstückelt wird. Im Lied: »*Beim Letzten Abendmahle*« lässt sich die Strophe deutlich in zwei Sequenzen einteilen:

Beim Letzten Abendmahle, die Nacht vor seinem Tod,
nahm Jesus dort im Saale, Gott dankend Wein und Brot.
Beide Sequenzen sind vom Spannungsbogen der Melodie und vom Rhythmus her sinnvolle Lerneinheiten.
Beim Lied: »*Jetzt ist die Zeit, jetzt ist die Stunde*« ergibt sich als mögliche Einteilung:
Jetzt ist die Zeit, jetzt ist die Stunde, heute wird getan oder auch vertan,/
worauf es ankommt, wenn er kommt./
Der Herr wird nicht fragen: Was hast du gespart,/
was hast du alles besessen? Seine Frage wird lauten:/
Was hast du geschenkt, wen hast du geschätzt, um meinetwillen?/
Häufig kommen im versförmigen Schriftsatz der Strophen schon solche Einheiten zum Ausdruck und sie können deshalb als Anhaltspunkt dienen. Im Letzten entscheidet jedoch, ob die Sequenz vom Spannungsbogen sowie von der Rhythmik ein Ganzes darstellt. Dabei gibt es oft auch mehrere sinnvolle Möglichkeiten.
Die erste Sequenz wird nun ihrerseits in mehreren Schritten gelernt. Das Prinzip dieses aufeinander folgenden Einübens ist die Überlappung: Die Schülerinnen und Schüler beginnen mit einer ihnen bekannten Äußerung und fügen in einem weiteren Schritt eine neue Äußerung hinzu: Im ersten Schritt sprechen die Schüler die Sequenz (bekannte Äußerungsform). Dazu ist es günstig, dass das Lied als Arbeitsblatt, als Folie oder im Buch vorliegt; steht es nicht in schriftlicher Form zur Verfügung, so können sie den Text einfach der Lehrkraft nachsprechen. Dabei bekommen die Schülerinnen und Schüler von der Muskelbewegung ihres Sprechorgans einen Bezug zum Text. Im zweiten Schritt tritt zum Nachsprechen (bekannte Äußerung) das Klatschen des Rhythmus (neue Äußerung) hinzu. Evtl. muss diese Überlappung von Sprechen und Klatschen wiederholt werden. Hier gilt: je gründlicher zu

Beginn, desto leichter in der Folge. Im dritten Schritt wird zum Rhythmus (nun bekannte Äußerung) der Text gesungen (neue Äußerung); auch hier kann eine Wiederholung erforderlich sein; Fehler im Rhythmus und in der Melodie sollten möglichst früh behoben werden: Der Lehrer nennt die fehlerhafte Stelle, singt sie nochmals richtig vor, die Schüler singen nach.

Im vierten Schritt wird der Text nur gesungen, das unterstützende Klatschen fällt weg. In dieser Weise üben die Schülerinnen und Schüler die erste Sequenz schrittweise durch Überlappung ein.

In der *zweiten Sequenz* wird nach demselben Schema vorgegangen.

Verknüpfen: Ist sie eingeübt, sollte jedoch nicht gleich zur dritten Sequenz fortgeschritten, sondern zunächst die erste und die zweite Einheit zusammengezogen werden. Also nicht alle Einzelteile zunächst lernen und erst am Ende zusammenfügen, sondern sofort die neue Sequenz kumulativ zum bisher Gelernten fügen, bevor die nächste gelernt wird. Auf diese Weise bleibt die Orientierung am Ganzen des Liedes stärker erhalten.

Nun wird die *jeweils weitere Sequenz* eingeübt und danach sofort zum bisher Gelernten kumulativ hinzugefügt.

In diesem Schritt fällt das *Singen der ganzen ersten Strophe* wie ein reifer Apfel vom Baum des gemeinsamen Liedlernens.

Zweite Strophe

Ist die erste Strophe in dieser Weise gründlich eingeübt, dann haben die Schüler die Muster von Melodie und Rhythmus in ihrem eigenen Singen schon nachvollzogen; in den weiteren Schritten muss es nun noch darum gehen, einen Bezug zum Text der jeweils folgenden Strophe zu bekommen und den neuen Text auf die bereits bekannten Musikmuster zu beziehen: Die Lehrkraft gibt im Vorsingen ein Modell der zweiten Strophe. Die Schüler/innen sprechen den neuen Text nach und fügen ihn der schon bekannten Melodie zu.

Weitere Strophen

Sie werden nach demselben Schema eingeübt. Ist dies geschehen, sollte das Lied als Ganzes mit allen Strophen nochmals gesungen werden. Damit die Schülerinnen und Schüler Sicherheit gewinnen, ist es günstig, das Lied etwa am Ende der Stunde zum Ausklang und /oder am Beginn der nächsten Stunde als Einstimmung zu wiederholen. Überhaupt zeigt sich: Lieder werden nie nur gelernt, um sie einmal zu singen. Sie werden im Singenlernen quasi institutionalisiert, damit sie immer verfügbar sind und jeweils neu zur Entfaltung gebracht werden können. Deshalb geht es an dieser Stelle um Festigung und Stabilisierung durch eine in kürzeren Abständen erfolgende Wiederholung.
Werden Lieder mit Sorgfalt eingeübt, dann erhalten die Schülerinnen und Schüler Sicherheit und das Singen bereitet ihnen große Freude. Der Gesang wird ihnen tatsächlich zu einer Ausdrucksform, die nun zur Verfügung steht. In Klassen, die Übung im Erlernen von Liedern besitzen, können bei einfacheren Liedern unter Umständen Schritte übersprungen werden; ebenso können Lernschritte modifiziert werden, wenn es sich von der Eigenart des Liedes anbietet: etwa bei Liedern, in denen der Rhythmus zugunsten der Melodie zurücktritt, mag anstatt des Klatschens des Rhythmus das Summen der Melodie oder das Singen von Singsilben (vocalise) angemessener: da da ..., ding ding ..., dum dum ... usw; für freudige, fröhliche Lieder mehr hellere, für getragene und ernstere Lieder mehr dunklere Vokale. Der Erfindungsgabe sind hier

☞ *In mindestens einer Aus-*
drucksform – der erzählerischen,
bildhaften, dramatischen oder
musikalischen – sollte sich jede
Lehrkraft besonders bewegen
können; in den anderen kann
sie im Laufe der Zeit ihre
Möglichkeiten weiterentwickeln.

keine Grenzen gesetzt.[10] Bei allen Varianten erweisen sich jedoch die Prinzipien des Liedlernens als überaus fruchtbar: Vorbildlernen und Mitsingen, vom Ganzen zum Detail und wieder zum Ganzen, Verzögerung, schrittweises Vorgehen, Überlappung, kumulatives Einüben der Sequenzen, Wiederholung. Werden sie angewandt, sind Schüler oft überrascht, wie schnell und wie schön sie ein Lied zu singen vermögen. Dieser Eindruck der Leichtigkeit, des »wie von selbst« ist ein Zeichen dafür, dass das unterrichtliche Lernen der eigenen Logik des Liedlernens gerecht wurde.

Auf das Singen zu verzichten bedeutet, dass eine ganz ursprüngliche Tür des Religionsunterrichts verschlossen bleibt. Das Problem dabei: Wie alle unterrichtlichen Lernformen, die mit eigenem Ausdruck und eigener Gestaltung zu tun haben, spielen beim Singen die Bereitschaft und die Möglichkeiten der Lehrkraft eine große Rolle. Singt sie gerne, sind gute Voraussetzungen vorhanden, dass die Schüler zum Singen hingeführt werden; traut sie sich nicht oder meint sie, es nicht zu können, dann wird es auch im Klassenzimmer schwieriger. Natürlich: Das Haus des Religionsunterrichts hat mehrere Türen und auch Fenster, und es muss nicht jede Religionslehrerin und jeder Religionslehrer alle in gleicher Weise aufzuschließen vermögen. Die eine mag im erzählerischen, die andere im bildhaften, der nächste in der dramatischen, eine weitere schließlich im musikalischen Ausdruck etc. den Schwerpunkt haben. In mindestens einer Ausdrucksform sollte sie sich jedoch besonders bewegen können; um die anderen kann sie sich bemühen und ihre diesbezüglichen Möglichkeiten weiterentwickeln. Für die Verlebendigung des Singens im Religionsunterricht wäre viel gewonnen, wenn jede Religionslehrerin und jeder Religionslehrer die Lieder sorgfältig einübten, die sie selbst gerne singen und die ihnen gefallen. Damit wäre ein Grundstock gegeben, der sich mehr und mehr weiterentwickeln lässt. Und wieder: Lehrerinnen und Lehrer haben Zeit; sie können im Verlauf der Jahre mehr und mehr und immer wieder ihre Ausdrucksfähigkeit erweitern. Millimeterweise: Das Schneckentempo ist eine gute Geschwindigkeit in der Schule; oft ist sie die schnellste aller Arten, zum Ziel zu gelangen. Die Schüler sind gerade hier geduldig und freuen sich über jede neue Möglichkeit, die sich in dieser Weise für sie im Raum des unterrichtlichen Lernens auftut.

8. Ein Grundmodell des Auswendiglernens von Texten im Religionsunterricht

- 1. Präsentation des Textes
  Den Text vortragen, wiederholen (evtl. ein zweites Mal wiederholen)

- 2. Erster Vers
  2.1 Vers vortragen
  2.2 Aufteilen des Verses in Sequenzen
  2.3 Lernen der ersten Sequenz
     a) erste Sequenz vortragen
     b) gemeinsames Nachsprechen der Sequenz, wiederholen (evtl. mehrmals)
  2.4 Lernen der zweiten Sequenz nach Schritt a), b)
  2.5 gemeinsames Sprechen der ersten und zweiten Sequenz zusammen, wiederholen
  2.6 Lernen der weiteren Sequenzen nach dem gleichen Schema
  2.7 Ersten Vers ganz sprechen

- 3. Zweiter Vers
  3.1 Vers nach den selben Lernschritten (2.1 bis 2.6) einüben
  3.2 gemeinsames Sprechen des ersten und zweiten Verses (evtl. wiederholen)

- 4. Weitere Verse nach demselben Schema lernen.

- 5. Den ganzen Text gemeinsam sprechen

- 6. Einzelne Schüler den Text vorsprechen lassen

- 7. Wiederholen
  Am Ende der Stunde und am Beginn der nächsten den
  neu gelernten Text wiederholen.

Die Prinzipien, welche das Erlernen von Liedern ermöglichen, lassen sich auch für das Auswendiglernen von Texten
in fruchtbarer Weise anwenden. Wobei gegenüber dieser
Form des Lernens im heutigen Religionsunterricht eine gewis-
se Reserve besteht: Auswendiglernen gilt als typisches Kennzeichen des Katechismusunterrichts, der im Memorieren von
satzhaften Glaubenswahrheiten seinen didaktischen Schwerpunkt hatte. Dahinter stand ein Verständnis des religiösen
Lernens als schlichte Weitergabe eines satzhaft gefügten
Glaubensganzen. In der Folge dieser Konzeption wurde vielen Schülerinnen und Schülern durch ein ständiges Auswendiglernen der Religionsunterricht verleidet. Zumal durch die
gesellschaftlich-kulturelle Entwicklung die Fraglosigkeit dieser Glaubenssätze geschwunden war. Der Katechismusunter-
richt musste deshalb unter den neuen Bedingungen scheitern.
An die Stelle des bloßen Memorierens trat das Erfordernis der
Interpretation, des angemessenen Verständnisses des Glaubens vor dem Hintergrund neuer Erfahrungen, gegenwärtiger
»Probleme«, heutiger Situationen. In dieser Entwicklung wurde schließlich die Korrelationsdidaktik geboren; ihr kam die
Aufgabe zu, Glaubenserfahrung und Lebenserfahrung zusam-
menzubringen, sie kritisch zu korrelieren: Gespräch, Ausei-
nandersetzung, gemeinsame Suche, Erwägung, Reflexion
traten in den Mittelpunkt des religionsunterrichtlichen Lernens. Zunehmend wird jedoch deutlich, dass auch diese
Form an Voraussetzungen gebunden ist, die heute zu schwinden drohen. Rudolf Englert erwähnt in seinem Beitrag »Die
Korrelationsdidaktik am Ausgang ihrer Epoche« ein Beispiel,

an dem die Problematik aufscheint: »Wenn sich ein Mensch zur Gewohnheit gemacht hat, bei Tagesabschluss konzentriert das › Vaterunser‹ zu sprechen und dabei spürt, dass es keine zwei Tage wirklich genau das Gleiche bedeutet, weil die Bitte um tägliches Brot, die Hoffnung auf sein Reich, die Bitte um Vergebung ... vor dem Hintergrund der vielfältigen Begebenheiten und Ereignisse des Tages jeweils andere Assoziationen nach sich ziehen, dann vollzieht sich hier Korrelation.«[1] Abgesehen davon, dass dies eine erwachsene Form der Korrelation darstellt, weist Englert zu Recht darauf hin, dass sich diese »Grundbewegung des Glaubens«[2] im Alltag der Menschen in gewohnheitsmäßiger oder auch spontaner Weise vollzieht und sich nicht notwendigerweise im Unterricht als »planbares Ergebnis« »herstellen« lässt. Die Erwartung, solche Formen in religiösen Lernprozessen einfach arrangieren zu können, führte zu einer Überforderung des Religionsunterrichts und in deren Folge zu einer vielfach beobachtbaren Ernüchterung gegenüber der Korrelationsdidaktik. Für unseren Zusammenhang wird an diesem Beispiel alltäglicher korrelativer Prozesse jedoch noch ein weiterer wichtiger Aspekt deutlich: Diese Art des »Sprechens«, »Spürens«, »Bittens«, »Hoffens«, »Assoziierens« etc. hat eine Voraussetzung, ohne die sie nicht möglich ist: Dem Betenden muss das »Vaterunser« als Text inwendig zugänglich sein, d.h. er muss ihn »auswendig« können. Ohne diese institutionalisierte Zugänglichkeit im Inneren des Menschen kann sein Trachten und Sinnen nicht zu einer Korrelation von Glaubenserfahrung und Lebenserfahrung führen; weder im Alltag noch im Unterricht; weder heute noch morgen. Mit dem Inwendigwerden wird das »Vaterunser« auf Dauer gestellt; ein neuer Zeithorizont konstituiert sich: Es kann heute bedacht und verworfen, morgen wieder bedacht und angenommen werden; es kann lange Zeit brach liegen und in Vergessenheit geraten oder aber auch in diesem Zustand reifen, bis es im rechten Augenblick in den Raum der Wahrnehmung tritt. Die biblischen Bilder vom Säen und Wachsen, Ersticken und Reifen, Verdorren und Frucht bringen (Mk 4) und vom Schatz im Acker (Mt 13,44-46) beschreiben die Zeitperspektive und die Eigenart der Korrelation angemessener als die technischen Begriffe des »Herstellens«, »Planens«, des »Ziele-Erreichens«.

Religiöse Lernprozesse, gleich welcher Art, müssen solche inneren Zugänglichkeiten ermöglichen: seien es inwendig gewordene Geschichten, Bilder, Lieder, Gesten, Lebensfiguren oder auch Sprachmuster, vor deren Hintergrund sich im fruchtbaren Augenblick Glaube und Leben begegnen können. Schwinden diese Zugänge in den Menschen, dann verflüchtigt sich auch ihre Möglichkeit zur Korrelation, dann läuft alles Gespräch, alle Erwägung, alle gemeinsame Suche diesbezüglich ins Leere, ja ein bestimmtes Suchen selbst entschwindet aus dem Raum des Möglichen. Vermutlich hat die bisherige Konzeption der Korrelationsdidaktik noch zu sehr auf solche inwendigen Rudimente einer religiös-kirchlichen Sozialisation gebaut, die nun bei der Mehrheit der Schülerinnen und Schüler nicht mehr vorhanden sind.

Es gilt, die Korrelationsdidaktik von ihren Überforderungen zu befreien und sie in schulischen Lernprozessen bescheidener, für den lebensgeschichtlichen Prozess jedoch umso bedeutsamer zu bestimmen: Diese Lernprozesse haben inwendige Möglichkeitsstrukturen im Heranwachsenden im Blick, die sie, wenn die Zeit dazu gekommen ist, in die Lage versetzen, die Wirklichkeit in autonomer Weise korrelativ wahrzunehmen und verstehen. Dies bedeutet nun nicht, dass im Religionsunterricht selbst nicht auch korrelative Prozesse stattfinden könnten. Im Gegenteil: Wir haben bisher gesehen, wie die Erfahrungen der Schülerinnen und Schüler in einer sachgerechten Präsentation, Erschließung, Deutung, Gestaltung von Medien in den Unterricht Eingang zu finden vermögen. Immer ist jedoch das Inwendigwerden des jeweiligen Gehalts die Voraussetzung, damit sich die Erfahrung der Schüler mit ihm verbinden kann. Und schließlich: Korrelative Prozesse der Verschränkung und Wechselwirkung von fremder und eigener Erfahrung ergeben sich immer dann von selbst, quasi als ständiges »Nebenprodukt«, wenn die Schüler im Unterricht mit ihrer Welt nachkommen dürfen und das Lernen in dieser Weise schülergemäß wird.

Diese im Religionsunterricht angestrebten Prozesse, in denen Äußeres in den Schülern inwendig verfügbar wird, haben nichts mit einer falschen Innerlichkeit zu tun. Im Gegenteil; damit der Glaube ins gemeinsame Gespräch treten und handlungsrelevant werden kann, bedarf es inwendiger Bezugspunkte, innerhalb denen jene Prozesse stattfinden können, die dem Handeln vorausgehen. Religiöse Bildung ist ein anderes Wort für dieses Inwendigwerden. Wobei das Auswendiglernen eine besondere Form dieses Lernens darstellt: das Inwendigwerden von *wohlgefügten Texten, in ihrer Einheit von Inhalt und Form.* Insofern grenzt es sich auch von anderen Arten des Memorierens von Texten ab: Die Schüler sollen dabei nicht nur wissen, was in einem Text steht, sondern sie sollen das Sprachganze des Textes in seiner besonderen Form wörtlich wiedergeben und in ihrer Sprache von neuem lebendig werden lassen können.

Durch ihre gefügte Form wurden gerade *bedeutende Texte des christlich-jüdischen Glaubens* weitersagbar, tradierbar: Das Vaterunser, das Glaubensbekenntnis, der Dekalog etc. In gefügter Form und jeweils eigenem Rhythmus lassen sie sich auswendig lernen und bleiben so für die Einzelnen als kompaktes Sprachganzes zugänglich. Sie können jederzeit erinnert und vergegenwärtigt werden, um mit ihnen jeweils neu, wie in unserem Beispiel, Erfahrungen zu machen. Viele gefügte Texte haben sich in einem langen Prozess kollektiver Sprachbildung entwickelt; andere gehen auf die Sprachmäch-

☞ *Der RU kann, wenn es ihm um eine lebensgeschichtliche Perspektive der Korrelation von Glaubenserfahrung und Lebenserfahrung geht, auf ein Auswendiglernen bedeutender Texte des christlich-jüdischen Glaubens in ihrer wohlgefügten Form nicht verzichten.*

tigkeit Einzelner zurück. Immer tritt dabei mit der je besonderen Form zum Inhalt etwas hinzu, gibt dem Gehalt sein eigenes Gepräge, verschränkt sich mit ihm und macht aus ihm, was er ist. Gefügte Texte weisen deshalb eine eigene Dignität auf, eben weil Form und Inhalt eins sind und sich nicht voneinander trennen lassen. Auch hier: Wie alle eigenständigen Ausdrucksformen können wir sie deuten, interpretieren, jedoch im Letzten nicht in Gänze übersetzen oder gar ersetzen. Auch hier geht es darum, zum sprechenden Nachvollzug und der sich darin ergebenden originären Erfahrung hinzuführen.

Der Religionsunterricht kann, gerade wenn es ihm um eine langfristige, lebensgeschichtliche Perspektive der Korrelation von Glaubenserfahrung und Lebenserfahrung geht, auf ein Auswendiglernen von gefügten Texten nicht verzichten. Es stellt ein Element im Ensemble des religiösen Lernprozesses dar. Neben Texten, die für die Identität des christlichen Glaubens eine besondere Rolle spielen (Vaterunser, Glaubensbekenntnis, Dekalog etc.), sollten viel stärker die gefügten Texte sowie die *poetische Tradition der Hl. Schrift* in dieser Weise in den Religionsunterricht Eingang finden, z.B. die Seligpreisungen (Mt 5, 3-12), die urchristliche Glaubensformel (1 Kor 15, 3-5), der Priestersegen (Num 6, 24-26), vor allem die Psalmen, etwa Psalm 23: Der Herr ist mein Hirte etc.; gerade hier zeigt sich: Über Psalmen kann man im Unterricht nicht angemessen reden, wenn man nicht auch einen Psalm oder einige Psalmverse auswendig lernt und sie in dieser Weise spricht. Auch Weisheitstexte, deren angemessene Daseinsart im aktivierbaren und jederzeit abrufbaren Wissen liegt, sind für diese Art des Lernens prädestiniert: etwa

die Goldene Regel (Mt 7,12), aber auch viele andere Spruchweisheiten und außerbiblische Sprichwörter, in denen in
komprimierter Weise Lebenswissen aufbewahrt ist. Weiterhin
bilden *Gebete und Lieder aus der Glaubens- und Frömmigkeitstradition* ein großes Reservoir des Auswendiglernens:
etwa das 1913 in Frankreich entstandene Gebet: Herr, mache
mich zu einem Werkzeug deines Friedens[3]; das auf das 16.
Jahrhundert zurückgehende Lied: Sonne der Gerechtigkeit;
oder das große Gebet von Dietrich Bonhoeffer: Von guten
Mächten[4], um nur einige Splitter aus diesem reichen Schatz
zu nennen. Darüber hinaus verdienen in diesem Zusammenhang auch Gebete und Lieder aus dem Brauchtum des Jah-
reskreises Aufmerksamkeit, vor allem Adventslieder, wie:
Macht hoch die Tür, Weihnachtslieder etwa: Nun freut euch,
ihr Christen; Osterlieder, wie: Christ ist erstanden etc. Auch
einige Grundgebete sollten im Religionsunterricht auswendig
gelernt werden, im Besonderen Morgen- und Abendgebete,
ein Tischgebet. Aus der Vielfalt der rhythmischen Lieder und
der religiösen Kinderlieder mag das eine oder andere geeignet
sein, in dieser Weise angeeignet zu werden. Und schließlich
hat im religionsunterrichtlichen Feld des Auswendiglernens
auch Lyrik ihren Platz, bis hin zu zeitgenössischen Gedichten,
beispielsweise von Kurt Marti, Erich Fried, Eva Zeller etc.

Die Texte sollten *verantwortlich ausgewählt* werden. Ist zu
erwarten, dass sie den Heranwachsenden helfen, ihr Leben
im Horizont der Frohen Botschaft zu sehen und umgekehrt,
den Glauben vor dem Hintergrund ihrer Erfahrung wahrzunehmen; dass sie in ihnen Trost, Hoffnung, Umkehr finden
und für ihr Handeln Orientierung gewinnen? Dieses korrelative Kriterium der Wechselwirkung von Erfahrung und Glaube hängt im Inneren mit der Sprach- und Symbolqualität der
Texte zusammen: Weisen sie bei aller Bestimmtheit jene für
literarische Texte so charakteristischen Unbestimmtheiten

auf, deren Bestimmungen sich erst im Blick auf das eigene Leben bilden? Kommen bei aller Aussagekraft jene »Leer-Stellen« vor, die sich mit den eigenen Erfahrungen ausfüllen lassen, so dass sie zu »Lehr-Stellen« für das eigene Handeln zu werden vermögen? Ein weiteres Kriterium: Die auswendig gelernten Texte müssen mit den Schülerinnen und Schülern mitwachsen können. Eben weil sich im Inwendigwerden ein lebensgeschichtlicher Zeithorizont konstituiert, sollen die Texte kind- bzw. schülergemäß, jedoch nicht kindlich sein. Sie müssen sich mit neuen Erfahrungen, neuen Lebensabschnitten, neuen Einsichten neu entfalten können. Insofern bergen solche Texte immer einen Überschuss an Bedeutung, Potentiale, welche die Schüler in ihrer Weise verstehen, die jedoch zum Zeitpunkt der ersten Rezeption immer auch ein Stück dunkel bleiben und nicht bis ins Letzte erschlossen werden müssen, noch auch könnten. Gerade dadurch vermögen solche Sprachkristalle ihren Wert für die Biografie sukzessive zu offenbaren. Tatsächlich: Diese Art des Lehrens und Lernens hat etwas mit Aussaat zu tun. Und das heißt auch: Geduld zu haben und zu wissen, dass das hier angeregte Wachstum seinen eigenen Weg nimmt und unter Umständen sehr lange braucht, bis es zur Entfaltung kommt.

Wir wissen heute, welche Bedeutung memorierte Gedichte, Gebete, Psalmen, Lieder, Spruchweisheiten in Krisen- und Extremsituationen haben können: Sie können Anhaltspunkte abgeben, wenn klare Gedanken schwer fallen. Der Schriftsteller Jean Amery, der zeitlebens damit rang, warum gerade er Auschwitz überlebte, erzählte, dass in Stunden tiefer Depression einzig Gedichte, einzelne Gedichtzeilen ihm Halt geboten hätten. Kranke, Sterbende, deren Sprachzentrum beeinträchtigt ist, stimmen oft dankbar in das »Vaterunser«, das »Gegrüßest seist du Maria«, oder in Psalmen ein, wird ihnen die Möglichkeit dazu gegeben. Gerade hier wird deutlich, wie gefügte, gereimte, rhythmisierte Texte, gleich Liedern in tiefen Schichten des Bewusstseins und der Wahrnehmung verankert sind und deshalb auch oder gerade dann noch zu trösten vermögen, wenn die Kraft zur normalen Konversation geschwunden ist.

Auch Kinder und Jugendliche haben eine eigene Freude und *Lust am Reim* und am rhythmisierten Satz. Wir alle kennen Kinderreime: Ene mene Miste, was rappelt in der Kiste ...; Eins, zwei, drei, vier, fünf, sechs, sieben, in der Schule wird geschrieben ... etc. Jugendliche der sechziger Jahre formulierten selbstbewusst ihre »Weisheit«: Trau keinem über Dreißig; riefen gemeinsam im Takt: Ho, Ho, Ho Tschi Min; zehn Jahre später wusste eine Punkerin ihr Lebenswissen in dem gefügten Satz zur Sprache gebracht: Du kannst nichts mehr machen, denn es ist alles schon gemacht – etc. Vor allem in den Liedern der Jugendlichen kann ihre Lust am Reim einen Ausdruck finden. Wir beobachten seit einigen Jahren geradezu eine Renaissance des Reims und des rhythmisch gefügten Satzes im Sprechgesang des Rap, der in den farbigen Gettos der Vereinigten Staaten geboren wurde. Inzwischen ist er auch in anderen Ländern und Sprachen zu einem prägenden Musikstil geworden und Schülerinnen und Schüler können oft sehr komplizierte und poetisch auch anspruchsvollere Wortreihen des Rap und in dessen Folge des Hip-hop[5] auswendig wiedergeben. Gerade hier wird erfahrbar, wie Rhythmus und Versmaß einen Text transzendieren, wie sie den Worten und erzählten Geschichten durch ihre Einbettung in eine rhythmische Struktur und Ordnungslogik eine neue Bedeutung geben. Dabei wird auch die enge Verwandtschaft zwischen Lied und gereimtem Text sehr deutlich; und es ist sicherlich nicht zufällig, dass sich die Musik im Lied des gereimten Textes bedient.

Dagegen gibt es gegenüber dem Auswendiglernen in der heutigen Schule oft eine eigenartige *Lernmüdigkeit*. Schülerinnen und Schüler quälen sich oft unter Mithilfe ihrer Eltern mit dem Memorieren von Gedichten ab, die sie für den Unterricht erlernen müssen. Ein Deutschlehrer in einer 5. Klasse Gymnasium entschuldigte sich quasi am ersten Elternabend, an dem es um einen Überblick über den Lernstoff ging, dass auch einige Gedichte in diesem Schuljahr zu lernen seien; der Lehrplan sehe dies eben vor. Diese Aussage lässt sich sicherlich nicht verallgemeinern; ich vermute jedoch, dass sie eine vielleicht extreme Folge eines bestimmten Umgangs mit Gedichten und sonstigen auswendig zu lernenden Texten im Unterricht ist, der für alle Seiten in frustrierender Weise erlebt wird.

Schule und Unterricht dürfen gerade nicht dazu führen, dass Schülerinnen und Schüler die Lust am Reim und an der Rhythmisierung der Sprache verlieren; im Gegenteil, sie sollen Freude entwickeln und in diesem Erfahrungsbereich große Texte für die Schüler zugänglich machen. Hierzu muss diese Lernform didaktisch reflektierter sowie den Schülern und der Sache angemessener gestaltet werden. Dabei kann schulisches Lernen vom Alltagshandeln wieder fruchtbare Impulse erhalten. Drei Aspekte seien dazu genannt: Zum einen gilt gerade hier: Weniger ist mehr. Vor allem am Beginn sollten nicht zu umfangreiche Texte ausgewählt werden; der Weg führt auch an dieser Stelle von geringerer zu höherer Komplexität. Ebenso sollten nicht zu viele Texte auswendig gelernt werden. Sind es im Religionsunterricht pro Schuljahr zwei, so sammeln sich im Laufe einer zwölf- bis dreizehnjährigen Schülerbiografie eine ganze Reihe solcher Texte an, die doch einen ansehnlichen Stamm bilden. Vor allem: Spürt die Lehrkraft, dass die Schülerinnen und Schüler begeistert bei der Sache sind, lässt sich diese Lernform jederzeit vervielfältigen und ausbauen. Zum anderen: Auswendiglernen ist zunächst eine Sache des Unterrichts und erst in zweiter Linie der Hausaufgabe, primär eine Form des kollektiven Lernens in der Klasse und erst sekundär des individuellen Lernens zu

Hause: Die Berge des Auswendiglernens müssen im Unterricht bestiegen werden; die Hausaufgabe dient der Wiederholung, Vervollständigung, Übung sowie der persönlichen Ausdrucksgestaltung. Schließlich zum Dritten: Wieder ist es zumeist die Art des Auswendiglernens, welche oft zu sehr unbefriedigenden Ergebnissen führt. Beim Auswendiglernen von Texten stellen sich spezifische Erfordernisse, denen die Logik der unterrichtlichen Handelns gerecht werden muss. Geschieht dies, dann geht vieles leichter, ja oft wie von selbst. Das »Grundmodell des Auswendiglernens von Texten im Religionsunterricht« ähnelt sehr dem »Grundmodell des Erlernens von Liedern im Religionsunterricht«, ja stellt eine besondere Spielart desselben dar.

Präsentation des Textes

Auch hier: Je früher das Auswendiglernen in der Dramaturgie einer Unterrichtsstunde geschieht, desto mehr Energie steht den Schülerinnen und Schülern zur Verfügung. Vor der Präsentation ist eine Hinführung bzw. eine gesonderte Motivation möglich; häufig enthalten die Texte jedoch in sich eine hohe Motivationskraft, so dass sofort oder sehr früh mit ihnen begonnen werden kann. Das Verfahren des Auswendiglernens selbst beginnt mit der Präsentation des Textes durch die Lehrerin bzw. den Lehrer. Sie tragen ihn auswendig mit Ausdruck vor. Gerade hier gilt: Die Lehrkraft sollte von den Schülern nicht etwas verlangen, was sie nicht selbst zu tun bereit oder in der Lage ist. Also: Nicht das Gebet oder Gedicht etc. vorlesen, sondern *frei vortragen*. Zwischen beidem besteht ein qualitativer Unterschied. Beim Vorlesen ist die Distanz zum Text weit größer; der freie Vortrag verleiht ihm dagegen eine starke Gegenwärtigkeit. Die Schüler nehmen dabei die Komplexität der zu erlernenden Handlung über Ohr und Auge ganzheitlich wahr: Die Haltung der Lehrkraft, ihre Gestik, ihr Gesichtsausdruck, die Führung und Betonung sowie der Rhythmus ihrer Stimme etc. bilden für die Schülerinnen und Schüler wichtige Anhaltspunkte. Selbst wenn beispielsweise bei einem Text mit stärkerer Symbolik die Botschaft für die Schüler zunächst verschlüsselt ist, vermögen sie diese doch durch die Art und Weise des Vortrags zu erahnen. Dabei wird auch hier deutlich, was der Text der Lehrkraft bedeutet, wie sie von ihm betroffen oder unberührt ist, welche Stellung sie zu ihm einnimmt.

Auch das Auswendiglernen als komplexes Lerngeschehen vollzieht sich in dieser Weise wesentlich über *Vormachen und Nachahmen*. Eines der größten Lernhindernisse im Unterricht ist häufig, dass dieses Vormachen eben nicht geschieht: Der Text wird nur gelesen, interpretiert und in der Hausaufgabe zum Auswendiglernen aufgegeben. Diese Lernstrategie ist für die Schüler sehr mühsam. Ein gefügter, auswendig zu lernender Text ist zunächst ein Sprechereignis und erst in zweiter Linie ein Leseerlebnis. Dieses Sprechereignis sollte deshalb am Anfang stehen, nicht zuletzt auch deshalb, weil das unterrichtliche Lernen zu diesem Sprechereignis führen soll. Des Weiteren bewahrheitet sich schließlich hier, warum der Text wert ist, dass er von den Schülerinnen und Schülern auswendig gelernt wird. Wenn er keine Bedeutung hat, wenn die Lehrkraft nicht in der Lage ist, ihn in dieser Bedeutsamkeit inwendig verfügbar zu haben, zu sprechen, vor anderen vorzutragen, warum soll er dann eigentlich im Unterricht in dieser Weise angeeignet werden? Gefügte Texte sind für eine Altersstufe zum Auswendiglernen geeignet, wenn ihre Bedeutsamkeit durch den Vortrag deutlich bzw. erahnbar wird. Ist dazu eine lange Erklärung und Erläuterung notwendig, dann sollte ein Text auf spätere Jahrgangsstufen verschoben werden. Hierin besteht gerade die eigene Qualität und Dignität eines gefügten und gereimten Sprachkunstwerks, dass es aus sich heraus zu sprechen vermag. Dies heißt wiederum nicht, dass Erschließung, Interpretation, Deutung und Entfaltung nicht erlaubt seien, ja notwendig und für den Lernprozess fruchtbar sind. Sie haben jedoch an späterer Stelle der Unterrichtsdramaturgie ihren Platz. In der Präsentation ist der freie Vortrag durch die Lehrkraft zugleich die Bedingung als auch die Nagelprobe einer didaktisch verantworteten Strategie des Auswendiglernens im Unterricht.

Die Präsentation des Textes sollte wiederholt werden. Einmal vorgetragen, vermittelt er nur erste Eindrücke und Wahrnehmungen. Ein kürzerer Text kann unter Umständen sogar mehrmals wiederholt werden. Zumal gefügte Texte komprimierte Wirklichkeit enthalten; sie brauchen deshalb Zeit, damit sie ihre Leuchtkraft entwickeln. Die Lehrkraft bittet die Schülerinnen und Schüler einfach noch mal zuzuhören und den Text auf sich wirken zu lassen. Dabei geht es um eine ganzheitliche, noch »absichtslose« Wahrnehmung des Sprechereignisses. Der Text soll sich in dieser Weise selbst zu Gehör bringen und seine Wirkung entfalten.

Sukzessives und kumulatives Aneignen

Für die Dynamik des weiteren Verlaufs ist es günstig, wenn die Textaneignung sofort nach der Präsentation beginnen kann und eine Texterschließung[6] erst danach erfolgt. Denn die Aneignung lässt in besonderer Weise den Text in den Schülerinnen und Schülern innerlich wahrnehmbar und lebendig werden, so dass optimale Voraussetzungen für die Erschließung gegeben sind. Dazu ist es jedoch tatsächlich erforderlich, dass der von der Lehrkraft präsentierte Text für die Schüler eine unmittelbare Evidenz aufweist. Ist dies nicht der Fall, kann es notwendig sein, schon gleich nach der Präsentation den Text ein Stück weit zu erschließen und zu interpretieren, um bei den Schülern eine stärkere Bereitschaft für das Auswendiglernen anzuregen. Dabei sollte jedoch der Erschließungseinschub nicht zu sehr ausgedehnt werden, um die erforderliche Energie für das Auswendiglernen nicht aufzuzehren. Sollte sich dieser Einschub tatsächlich zu lange hinziehen, ist es besser, mit dem Prozess der Textaneignung am Beginn der darauf folgenden Stunde zu beginnen.

Analog zu den Lernschritten beim Lied gestaltet sich nun der *gemeinsame Prozess der Textaneignung in der Klasse*. Dazu ist es noch nicht erforderlich, dass der Text schriftlich vorliegt. Im Gegenteil: Hierdurch werden bestimmte Dimensionen der Merkfähigkeit, des Gedächtnisses, des Erinnerungsvermögens in den Schülerinnen und Schülern aktiviert, welche im Alltag sehr wirksam sind, die bei einer schriftlichen Vorlage jedoch entbehrlich bleiben. Hat ein umfangreicherer Text keine deutliche Untergliederung, wie etwa das Vaterunser oder das Apostolische Glaubensbekenntnis, so ist es um der Überschaubarkeit willen hilfreich, für das gemeinsame Erlernen eine vershafte Einteilung vorzunehmen. Beim Vaterunser ist folgende Unterteilung möglich:

Vaterunser im Himmel,
geheiligt werde dein Name.
Dein Reich komme.
Dein Willen geschehe wie im Himmel, so auf Erden.

Unser tägliches Brot gib uns heute.
Und vergib uns unsere Schuld,
wie auch wir vergeben unseren Schuldigern.

Und führe uns nicht in Versuchung,
sondern erlöse uns von dem Bösen.

Denn dein ist das Reich und die Kraft und die Herrlichkeit in Ewigkeit. Amen.

Die einzelnen Verse werden nun der Reihe nach gelernt. Dies geschieht wiederum schrittweise: Die Verse werden ihrerseits wieder in Sequenzen aufgeteilt, vorgesprochen, gemeinsam nachgesprochen und kumulativ zusammengefügt.

☞ Über das kollektive Sprechen und die mehrmalige Wiederholung wird die Hauptarbeit beim Auswendiglernen in spielerischer Art von der gesamten Klasse bewältigt.

Dabei hat das Sprechen »im Chor« eine eigene Qualität und Wirkung im Lernprozess; auch hierfür sind, wie beim gemeinsamen Singen, wichtige Abstimmungsprozesse in der Lerngruppe erforderlich. Über dieses kollektive Sprechen sowie über die mehrmalige Wiederholung prägt sich das gefügte Sprachganze aus Rhythmus, »Melodie« und Klang in die Wahrnehmung der Schüler ein. Auf diese Weise wird die Hauptarbeit beim Auswendiglernen in fast spielerischer Art von der Klasse bewältigt. Einzelne Schülerinnen und Schüler können danach den Text schon auswendig sprechen. Die Lehrkraft sollte sie dazu ermutigen. Damit sich jedoch der Text im Langzeitgedächtnis stärker verankert und tatsächlich eine inwendige Festigung erfährt, bedarf es über diese erste Phase hinaus der je persönlichen Wiederholung, Übung, Gestaltung, Sicherung etc. des einzelnen Schülers. Diese zweite Phase des Auswendiglernens hat auch etwas mit »Automatisierung« zu tun, in der sich der Text über Rhythmus, Klang sowie die Anbindung von Assoziationsmustern in tieferen Schichten des Bewusstsein einprägt. Sie kann zu Hause stattfinden; sie kann jedoch auch, zumindest teilweise, in unterrichtlicher Partner- oder Gruppenarbeit geschehen. Dazu muss jedoch der Text den Schülern schriftlich vorliegen. Vor dem Hintergrund der gemeinsamen unterrichtlichen Vorarbeit in der ersten Phase fällt die persönliche Aneignung um ein Vielfaches leichter, ja viele Schülerinnen und Schüler entwickeln dabei großes Engagement und Freude. Danach müssen sie die Möglichkeit haben, den auswendig gelernten

Text vorzusprechen. Überhaupt sollte er gerade am Anfang immer wieder von neuem wiederholt werden; von einzelnen Schülern oder im Chor der Klasse, bei unterschiedlichen Gelegenheiten.

Nicht immer müssen alle Verse, zumal solche mit strengem Versmaß, in kollektiver Weise gelernt werden. Haben sich Versmaß und Rhythmus eingeprägt, können die folgenden Strophen von den Schülerinnen und Schülern auch selbständig im individuellen Lernen angeeignet werden. Bei längeren und komplizierteren Texten, wie etwa dem Apostolischen Glaubensbekenntnis, kann es auch erforderlich sein, das Auswendiglernen über mehrere Stunden hinweg zu verteilen. Nachdem der ganze Text präsentiert wurde, werden eben nur ein oder zwei versartige Einheiten in der jeweiligen Unterrichtsstunde gelernt. Vor allem auch dann, wenn nach dem Prozess des Auswendiglernens der Text noch decodiert, erschlossen, gedeutet werden soll. Deshalb darf unter Umständen auch mit dem Auswendiglernen nicht die ganze nach außen gerichtete Energie verbraucht werden. Die Lehrkraft sollte einen Blick dafür entwickeln, wann die Phase der Ermüdung in einer Lernform eintritt, um zu einer anderen, in unserem Falle eben zu einer innengerichteten Form zu wechseln. Auch beim Auswendiglernen gefügter Texte ist deshalb Sicherung, Vertiefung, Gestaltung in einer Unterrichtsstunde erforderlich. Gerade solche Texte eignen sich in vielfältiger Weise für eine kalligrafische oder bildhafte Gestaltung: Einzelne Formulierungen oder der ganze Text können dabei die Grundlage bilden. Ebenso vermögen Wendungen aus dem Text als offene Strukturen für die Gestaltung eigener Texte dienen.[7]

Die Schüler werden etwa gebeten, nachdem sie den Aaronitischen Segen bzw. den Priestersegen (Num 6, 24-26) auswendig gelernt und erschlossen haben, ihrerseits eine Reihe von Segensworten zu formulieren, die eben mit den drei Segensworten aus dem Buch Numeri beginnen:

Der Herr segne dich und behüte dich.
Er lasse sein Angesicht über dich leuchten und sei dir gnädig.
Der Herr wende sein Angesicht dir zu und schenke dir Heil.
Er ...
Der Herr ...
Er ...
etc.

Auswendig gelernte Texte eignen sich weiterhin für die Leistungsmessung im Religionsunterricht; Schülerinnen und Schüler, die sich die Texte angeeignet haben, freuen sich auch, wenn sie dadurch zu einer ansehnlichen mündlichen Note kommen können. Entscheidend ist im Religionsunterricht die Frage, welche Rolle die *Leistungsmessung* im Gesamt des Religionsunterrichts spielt. Gerade am Beispiel des Auswendiglernens zeigt sich: Geschieht dieses Lernen in religionsdidaktisch verantwortlicher Weise, so stehen im Mittelpunkt des Lernprozesses die Schülerinnen und Schüler sowie der Text; die Benotung steht am Rand. Tritt dagegen die Leistungsmessung ins Zentrum, in der Meinung, nur so die Schüler zur Mitarbeit »bewegen« zu können, dann ist dieses Unterfangen selbst schon Folge und Ausdruck einer kommunikativen Schieflage; der Religionsunterricht wird zur Karikatur, ja er wird seinem heutigen Verständnis gegenüber kontraproduktiv. Noten haben im heutigen Religionsunterricht eine periphere Funktion. Weil jedoch Religionsunterricht im hier gemeinten Sinne aber auch tatsächlich Unterricht ist und es deshalb in ihm etwas zu lernen gibt, stellen Noten für die Schülerinnen und Schüler eine Form der unterrichtlichen Rückmeldung dar, eben den Aspekt der nachprüfbaren Leistung, neben den vielen anderen wesentlicheren Formen der Rückmeldung, welche der Religionsunterricht durch das Ganze seines Unterrichts- und Kommunikationsprozesses heutigen Schülerinnen und Schülern schuldig ist.

In der Primarstufe sind die Schülerinnen und Schüler beim Auswendiglernen gefügter Texte weithin mit unmittelbarer Begeisterung dabei. Aber auch die Schüler der Sekundarstufe I und II sind für diese Lernform ansprechbar. Eine Hauptschullehrerin berichtet, wie ihre Schüler der 6. Klasse das dramatische Gedicht »Nils Randers« von Otto Ernst[8] über die stürmische Nordsee und die Rettung eines Kindes mit Begeisterung auswendig gelernt hätten, nachdem sie es zuvor im Geografieunterricht eingeplant und den Schülern mit Ausdruck vorgetragen habe. Gerade auch die »Rabauken« in der Klasse konnten innerhalb von zwei Tagen das 12-strophige Gedicht vortragen. Für die Hauptschüler war dies sicherlich auch deshalb ein Erfolgserlebnis, weil in dieser Lernform der mündliche und damit der alltägliche Charakter der Sprache im Vordergrund steht und sie sehr häufig mit der Schriftsprache große Schwierigkeiten haben.[9]

Beim Thema Ehe in der 12. Jahrgangsstufe der Berufsschule bot ich den Schülerinnen und Schülern jeweils am Ende der Themeneinheit an, den Vermählungsspruch aus dem Ritus der Trauliturgie auswendig zu lernen:

Ich nehme dich an
als meine Frau/meinen Mann
und verspreche dir die Treue
in guten und in bösen Tagen,
in Gesundheit und Krankheit.
Ich will dich lieben, achten und ehren,
solange ich lebe.

Trag diesen Ring als Zeichen der Treue.
Im Namen des Vaters
und des Sohnes
und des Heiligen Geistes.[10]

Ich ermunterte und ermutigte die Schülerinnen und Schüler dazu, stellte ihnen das Auswendiglernen jedoch frei. Wer wollte, konnte hierdurch eine zusätzliche mündliche Note erhalten. Viele Schüler, vor allem Schülerinnen lernten diesen Text und trugen ihn mit Ausdruck vor der Klasse vor.

Solche Beispiele zeigen, dass die Lernform des Auswendiglernens gefügter Texte auch in höheren Klassen möglich und fruchtbar ist. Gerade die Freiheit, einen Text lernen zu können oder nicht, hat vermutlich für die älteren Schüler einen besonders motivierenden Charakter. Nachdem der Text im Unterricht kollektiv angeeignet wurde, liegt es in der Freiheit jeder und jedes Einzelnen, ihn innerlich anzunehmen und in einer eigenen Vertiefung inwendig zu festigen bzw. zu verankern. Und diese Annahme wird von der Art des Textes und seiner Bedeutung für die Welt der Schüler abhängen. Immer sollte die Lehrkraft werben und die Schüler zum Auswendiglernen ermutigen. Darüber hinaus sollte der Religionsunterricht und mit ihm auch die anderen Fächer in einem viel stärkeren Maße als bisher Phantasie entwickeln, wie die Lust und Freude der Kinder und Jugendlichen am Reim und die großen gefügten Texte des Glaubens, der Religion und des Lebens zusammenkommen können. Denn, wenn nach Ludwig Wittgenstein »die Grenzen unserer Sprache ... die Grenzen unserer Welt (sind)«, geht es hier allemal um Grenzerweiterungen, dazu noch weithin um solche, die heute angelegt, »in die Erde gesät« werden, damit sie morgen oder übermorgen Frucht bringen, vielleicht »dreißigfach, ja sechzigfach und hundertfach« (Mk 4,20).

9. Ausklang: Zum religiösen Lernen im Religionsunterricht

Was du mir nennst,
das vergesse ich.
Was du mir zeigst,
das behalte ich.
Woran du mich teilhaben lässt,
das begreife ich.

Chinesisches Sprichwort

Die Darlegungen in diesem Buch werfen schließlich die Frage auf, worin denn das Lernen im Religionsunterricht bestehe. Oft ist in der Praxis ein unausgesprochenes Verständnis vorherrschend, welches im Reden über Fragen von Religion und Glaube das religiöse Lernen gewährleistet sieht. Gespräch und Diskussion, Begriffe bilden und sprachliche Erarbeitung von Zusammenhängen, ordnen, vergleichen, reflektieren bilden seine Kernpunkte: Religionsunterricht wird dabei mehr oder weniger zum Theologieunterricht; überhaupt gelte es in der Schule, Theologie zu übersetzen, schülergerecht einzubringen, zu elementarisieren etc. Dieses Verständnis religiöser Lernprozesse stellt eine Übertragung der universitären Didaktik theologischen Denkens auf den Bereich der Schule dar. Scheint sie dort ein gangbarer Weg, so gehen wir jedoch in der Schule mit ihr baden. Die Mono-

☞ *Konnte sich der Religionsunterricht der Vergangenheit mit seinem „Reden über" noch auf ein „Reden mit" außerhalb der Schule beziehen, so muss er diese Erfahrungsbasis heute selber im Unterricht ermöglichen.*

kultur dieser Didaktik des »Redens über« ist m.E. mit an der gegenwärtigen Krise des Religionsunterrichts ursächlich beteiligt. Neben einer verbalen Fixierung und der damit verbundenen Ausdehnung des Lehrer-Schüler-Gesprächs, bringt sie die Schülerinnen und Schüler in eine bestimmte Beziehung zu Religion und Glaube: Sie stellt ihnen diesen Wirklichkeitsbereich gegenüber, macht ihn zu einem Objekt, über das es nun zu reden und zu reflektieren gelte: Es ist eine dissoziierte Beschäftigung mit Religion. Gleichwohl: Solche dissoziierten Formen haben gerade in Schule und Religionsunterricht eine wichtige Aufgabe, über die ein gedankliches Durchdringen, Verstehen, Einordnen, Deuten, Erkennen etc. im Gesamt der Wirklichkeitsaneignung möglich wird. Stellen sie jedoch die einzige Form des Lernens dar, dann zerrinnt dem Unterricht die Wirklichkeit, auf die er sich bezieht. Denn das dissoziierte Verhältnis zur Wirklichkeit hat ein assoziiertes Verhältnis zur Wirklichkeit zur Voraussetzung, ohne das es in sich zusammenfällt: Man kann letztlich nicht *über Gott* sprechen (dissoziiert), wenn man nicht, zumindest probehalber und experimentell, *mit Gott* (assoziiert) gesprochen hat. In der assoziierten Wirklichkeitsbegegnung werden jene Erfahrungen möglich, auf die sich die dissoziierte Wirklichkeitsbegegnung beziehen kann. Der vielfach beklagte und auch erlittene chronische Erfahrungsmangel so vieler Religionsstunden hängt mit dieser Einseitigkeit, oder wir könnten auch sagen, mit dieser »Halbheit« des dissoziierten Wirklichkeitsverhältnisses zusammen. Konnte sich in der Vergangenheit der Religionsunterricht in seinem dissoziierten »Reden über« noch weithin auf ein assoziiertes »Reden mit« außerhalb der Schule beziehen, so muss er diese Erfahrungsbasis heute selber im

Unterricht ermöglichen. Tatsächlich: Schule hat es vordringlich mit Begreifen der Wirklichkeit zu tun, damit die Schülerinnen und Schüler lernen, in ihr angemessen zu handeln; sie können zu diesem Begreifen jedoch nicht hingeführt werden, ohne – um bei unserem chinesischen Sprichwort zu bleiben – an dieser Wirklichkeit teilzuhaben.

Die Aufeinanderbezogenheit von Dissoziierung und Assoziierung im religiösen Lernen ist in der Religionspädagogik seit langem bekannt; sie gehört zum Kernbestand unseres Verständnisses des Religionsunterrichts: Er ist eben keine Religionskunde, in der das dissoziierende Element im Vordergrund steht, sondern er fußt bisher gar auf einer mehrfachen Assoziierung: der bekenntnishaften Prägung von Lehrern, Schülern und deren Eltern, d.h. ihrer prinzipiellen kirchlich-konfessionellen Teilhabe. Wir wissen jedoch, dass diese Grundlage der Anteilnahme an einem gemeindlich-kirchlichen Leben bei der überwiegenden Mehrheit der Schülerinnen und Schüler sowie ihren Eltern nicht mehr gegeben ist. Baut der Religionsunterricht deshalb heute sein Haus des Lernens auf diese vermeintlichen assoziierten Fundamente der gemeindlichen Teilnahme, dann sind Risse im Gemäuer vorprogrammiert, ja dann droht es über kurz oder lang einzustürzen. Vor dem Hintergrund dieser heutigen Situation, die wir tatsächlich zur Kenntnis nehmen müssen, formulieren Ludwig Rendle et al ein Grundprinzip gegenwärtigen Religionsunterrichts, von dem her »ganzheitliche« Methoden notwendig werden: »Religionspädagogik konnte sich bislang eher damit begnügen, Erfahrungen, die sie voraussetzte, zu interpretieren. Worauf es aber gegenwärtig ankommt, ist, Erfahrungen zu machen«.[1] Im Klartext heißt dies: Der Religionsunterricht muss sich die assoziativen Grundlagen seines Lernens weithin selber schaffen.

Auch hier: Die Schule hat im Ganzen keinen Einfluss darauf, in welchen Assoziierungen die Schülerinnen und Schüler heute leben, mit welchen Assoziierungsangeboten sie in Berührung kommen, welche um sie werben, welche sich ihnen aufdrängen etc.; die Schule ist jedoch dafür verantwortlich, dass ihnen im Verlaufe ihrer Kindheit und Jugend bestimmte Assoziierungs-, Bejahungs-, Verbindungsmöglichkeiten begegnen, dass sie an ihnen teilnehmen können, dass diese verständlich und begreifbar werden, damit schließlich eine Wahl möglich wird und so ihre Assoziierungsentscheidungen in größerer Freiheit geschehen. Gerade der Religionsunterricht muss diesen Assoziierungsprozess in der heutigen Gesellschaft durchschaubar machen und die besonderen Lebens- und Hoffnungsassoziierungen der christlich-jüdischen Tradition sowie der Religionen in den Möglichkeitsraum des unterrichtlichen Handelns bringen.

Kommt diese Aufeinanderbezogenheit von Dissoziierung und Assoziierung im Religionsunterricht zustande, dann werden die Lernprozesse tatsächlich »ganzheitlicher«; dann kommt es zur Erfahrungsbildung, die reflektierend, verstehend, begreifend angeeignet werden kann. In der in diesem Buch dargestellten Dramaturgie einer Unterrichtsstunde sowie in den auf sie bezogenen »Grundmodellen des Umgangs mit Medien« lässt sich der *Grundrhythmus des Lernens* auch *als Wechsel von Assoziierung und Dissoziierung* beschreiben: Steht in der Motivation und Präsentation des Mediums die assoziierende Teilhabe im Vordergrund, so ist es in der Decodierung, Erschließung, Deutung und Sicherung das dissoziierte Gegenübertreten; im Ausdruck bzw. der Gestaltung nach der gedanklichen Durchdringung kommt wieder die Assoziierung zu ihrem Recht, in welcher die Schülerinnen und Schüler vor dem Hintergrund ihrer Erfahrungswelt eine eigene Beziehung und damit eine »Stellung« zum Erarbeiteten finden.

Ferner wird deutlich: Die grundlegenden Gegenstände und Elemente des Lernens im Religionsunterricht ermöglichen Identifikation und haben deshalb einen assoziierenden, einladenden Charakter: Geschichten, Bilder, Lieder, Symbole, gefügte Texte, Filme, Feiern, Rituale, Zeremonien, Aktionen etc. Über die Identifikation etwa mit dem Helden einer biblischen Geschichte werden neue Erfahrungen möglich und treten in den Raum des gemeinsamen Lernens. Gerade hierin, in der Möglichkeit zur Identifikation und Assoziierung, liegen die energetischen Potentiale des religiösen Lernprozesses. Hierin liegt aber auch in gewisser Weise wieder sein Problem: Wir haben gesehen, dass es im Unterricht immer auch darum gehen muss, Distanz zu gewinnen gegenüber der Suggestion von Bildern, Geschichten, Liedern ebenso wie gegenüber der Macht gemeinsamen Tuns. Das Verhältnis, das die Schule anstrebt, ist deshalb eines der Assoziierung und Dissoziierung, der Nähe und Distanz, der Teilnahme und der Reflexion, um die Schülerinnen und Schüler zu einer verantwortlichen Lebensgestaltung hinzuführen.

Weiterhin hat sich gezeigt: Die assoziierenden Beziehungen zu Glaube und Religion, welche der Religionsunterricht ermöglicht, können immer nur einladende Angebote sein; sie dürfen nie erzwungen werden. Die Schülerinnen und Schüler können »Ja« sagen und sich auf sie einlassen; sie können jedoch immer auch ihr »Nein« formulieren, sich ihnen verschließen, von ihnen abgrenzen und dadurch eine negative Assoziierung, d.h. eine Dissoziierung vornehmen. Religionsunterricht hat in dieser Sphäre die Freiheit zu achten und der Entscheidung der Schüler Respekt zu zollen. Er muss gleichzeitig aber auch diesen Respekt von dem, der sich abgrenzt, gegenüber jenen verlangen, die zustimmen. Niemand ist gezwungen, etwa ein Gebet mitzusprechen oder sich auf eine Traumreise einzulassen; jeder muss jedoch die Zustimmung anderer respektieren. Wer nicht mitmacht, kann zuschauen.

Diese *Achtung vor Bejahung oder Verneinung* gehört zu den prinzipiellen Lernzielen heutigen Religionsunterrichts, ja heutiger Schule überhaupt. Dies heißt nicht, das alles in einer indifferenten und damit auch »repressiven Toleranz« (Herbert Marcuse) des »anything goes« beliebig werden dürfte; Austausch, Ringen um Wahrheit und den gemeinsamen Weg gehören zum Ernstnehmen und zur Achtung der anderen im Inneren dazu.

Natürlich ist es prinzipiell auch immer möglich, metakommunikativ den Sinn oder Unsinn einer unterrichtlichen Handlungsform zu thematisieren. Die Lehrkraft muss ihr Tun begründen können. Bei zunehmendem Alter der Schüler vermögen solche elementaren Gespräche oft sehr fruchtbare Lern- und Erkenntnisprozesse anzustoßen; und es sind vielfach kreative Schülerinnen und Schüler, die solche metakommunikativen Anfragen formulieren. Gleichwohl kann gerade bei assoziierten Handlungsformen, beispielsweise bei einem Gebet, beim Singen, beim Erzählen einer Geschichte etc. nicht immer zuvor der Sinn metakommunikativ eingeholt werden, um dann quasi per gemeinsamer Zustimmung die Handlungsform zu praktizieren. Assoziierte Handlungsformen leben von der Glaubwürdigkeit der Menschen, die sie vorschlagen, d.h. vom Vertrauensvorschuss gegenüber der Lehrerin bzw. dem Lehrer. Zudem müssen Schüler etwa mit meditativen Formen des Malens erst Erfahrungen gemacht haben, bevor sie ein angemessenes Urteil entwickeln können. Oft ist es deshalb besser, die Schüler zu bitten, sich auf eine solche Form zunächst einmal einzulassen, um danach über ihren Sinn und ihre Bedeutung zu verhandeln. Sie sind eingeladen, sich probehalber und experimentell an der Assoziierungsmöglichkeit zu beteiligen, mit dem Wissen im Hintergrund, dass die dissoziierende Reflexion nachfolgt. In gewisser Weise geht der Weg von der Assoziierung zur Dissoziierung, nicht umgekehrt; wobei sich hier vermutlich eine Logik der menschlichen Entwicklung überhaupt widerspiegelt: Wir leben immer schon in Zusammenhängen, treten aus ihnen reflektierend, denkend, uns emanzipierend heraus, um uns auf neue, angemessenere Weise auf sie einzulassen; oder um uns von ihnen abzuwenden, um in anderen Zusammenhängen eine neue Heimat zu finden; immer wieder, immer wieder von neuem.

Die Darlegungen in diesem Buch werfen weiterhin die Frage nach der *Schülergemäßheit des religiösen Lernens in der Schule* auf. Auch hier ist die Didaktik des »Redens über« von viel zu naiven Vorstellungen ausgegangen. Vor allem der Zusammenhang von Reden und Schweigen, Außenorientierung und Innenorientierung, Kopf und Hand, Geist und Körper, Anspannung und Entspannung, Neuaneignen und Wiederholen, Eindruck und Ausdruck – und eben auch Assoziierung und Dissoziierung etc. muss stärker ins Blickfeld treten. In den Monokulturen des schulischen Lernens liegt das Problem: »Überforderung« in einer Dimension geht mit einer »Unterforderung« in anderen Dimensionen einher. Ermüdung kommt vor allem zustande, wenn die nicht zu einer fokussierten Aufmerksamkeit gehörenden Impulse und Regungen nicht mehr gehemmt[2] werden können: Unruhe entsteht; geschieht nun kein Wechsel, nimmt sie von Minute zu Minute zu; schließlich fallen die Schüler von den Stühlen. In vielen Fällen ist Unruhe deshalb nichts anderes als ein Indikator für Ermüdung, Anzeichen, dass eine bestimmte Art der Fokussierung von den Schülern nicht mehr aufrecht erhalten werden kann und deshalb komplementäre Formen erforderlich werden. Schülergemäße Unterrichtsformen sind deshalb begrenzte Unterrichtsformen; es sind Formen des Wechsels, der Balance, der Vielgestaltigkeit; hierdurch vermögen sie die unterschiedlichen Lerndimensionen der Schülerinnen und Schüler anzusprechen und zur Entfaltung zu bringen. In dieser Weise sind viele schulische Lernmöglichkeiten noch weithin ungenutzt; »einseitiges« Lernen geht deshalb nicht nur an den Schülern vorbei, es ist darüber hinaus auch höchst uneffektiv; es vermag nicht die Lernpotentiale auszuschöpfen, die in der unterrichtlichen Handlungssituation verborgen sind. Diese Lernpotentiale eröffnen sich, wenn an die Stelle einer grenzenlosen Monokultur die Multikultur unterrichtlicher Vielfalt tritt. Dabei können Anhaltspunkte für die Grenz- und Möglichkeitsstrukturen schülergemäßes Lernen jedoch letztlich nicht von außen bestimmt, sondern nur im unterrichtlichen Lernzusammenhang beobachtet und so aus ihm gewonnen werden. Überhaupt kranken Schule und Unterricht an einer fehlenden oder wenig entwickelten Unterrichtsforschung: Was bewirkt eine bestimmte Unterrichtsform? Vor allem: Wie lange hält eine fokussierte Wirkung an? Wo liegen jeweils komplementäre Lernwege, die eine Balance ermöglichen? Überhaupt: Wie lässt sich das Verhältnis von Fokussierung und Defokussierung, Konzentration und Dekonzentration in der Schule näherhin bestimmen? Die Sensibilität für solche Fragen gehört zentral zur empirischen Kompetenz von Lehrerinnen und Lehrern. Dabei kommt bei der Frage nach der Lernenergie und der Ermüdung dem Zeitfaktor ein besonderes Gewicht zu. Ich halte das 20-Minuten-Maß für die gemeinsame Außenorientierung einer Klasse für einen entscheidenden Eckpunkt unterrichtlichen Lernens in der Schule.

Aus der Wahrnehmungsschulung für die unterrichtliche Situation sowie für die Schülerinnen und Schüler und ihre Lebenswelt vermögen überhaupt wichtige Impulse bezüglich eines schülergemäßen Lernens zu erwachsen. Die Schülerinnen und Schüler kommen ja nicht als Tabula rasa in die Schule, sondern sie lernen in ihrem Alltag ständig neue Dinge und Verhaltensweisen. Vieles von dem, was wir im Unterricht anzielen, kommt in einer anderen Weise in ihrer Lebenswelt vor. Wir haben aus dem Alltagslernen ein Modell unterrichtlichen Lernens von Liedern und gefügten Texten entwickelt. Dieses weite Feld des Alltagshandelns gilt es für schulische Lernprozesse erst noch zu entdecken. Immer geht es jedoch zunächst darum hinzuschauen, wahrzunehmen, zu beobachten: Es geht um die Entwicklung der empirischen Kompetenz von Lehrerinnen und Lehrern.[3] Das Lehrerhandeln darf sich deshalb nicht nur auf die Zukunft der Schüler richten, indem es fragt, wohin sie geführt werden sollen; sein Interesse muss auch ihrer Gegenwart gelten, der Art und Weise, wie sie mit dieser Gegenwart umgehen, in ihr lernen und dabei ihre Lebensperspektiven entwickeln.[4]

Wir wissen, dass auch *Glaube und Religion in der gegenwärtigen Lebenswelt der Schülerinnen und Schüler* vorkommen, selbst dann, wenn sie und ihre Eltern nicht in gemeindlich-konfessionellen Zusammenhängen eingebunden sind. Es handelt sich dabei nicht um eine kirchliche, sondern eine lebensweltliche Form von Religion. Die empirische Erforschung von Haupt- und Berufsschülern hat gezeigt, dass diese Religiosität als Möglichkeitsstruktur in ihrer Lebenswelt verankert ist. In ihrem energetischen Zentrum stehen Sätze wie: »Nachts, wenn ich Bauchschmerzen hab', tu ich fei echt manchmal beten«.[5] Glaube erhält in Krisensituationen eine lebenspraktische Bedeutung. Das Gebet ist dabei der »letzte Ausweg«, »Halt« und »Stützpunkt«, wenn die Hilfen, Beziehungen und Plausibilitäten des Alltags brüchig werden und versagen. Gott erscheint als das große Gegenüber, als ein Du, dem man von seiner Not, seiner Angst, seinen Sorgen erzählen und den man um Hilfe bitten kann. Diese lebensweltliche Religiosität bildet den Ressonanzraum für die im Religionsunterricht angestoßenen religiösen Lernprozesse. Sie ist es letztlich, die sich in der Begegnung mit der Botschaft Jesu entwickeln und konkretisieren soll.[6]

Schule und Unterricht als Ganze müssen deshalb eine stärkere lebensweltliche Orientierung erfahren. Es gilt vor allem die selbstverständlichen unterrichtlichen Handlungsmuster für die Lebenswelt der Schüler zu öffnen. In der dargestellten Dramaturgie des Unterrichtsaufbaus gibt es vor allem zwei Haupteingangstüren, über welche lebensweltlichen Erfahrungen immer in den Unterricht treten können, auch und vor allem dann, wenn das Unterrichtsthema nicht ausdrücklich aus der Erfahrungswelt der Schülerinnen und Schüler entnommen ist: In der Vorphase, vor dem Unterrichtsbeginn, in der sich die Lehrkraft für die Schülerinnen und Schüler jenseits der unterrichtlichen Ziele und Zwecke öffnet, sowie nach der Erarbeitung in der Ausdrucks- und Gestaltungsphase, wenn es darum geht, die Eindrücke und das neu Gelernte vor dem Hintergrund der eigenen Erfahrungen auszudrücken und zu gestalten. Darüber hinaus fragt die didaktische Aufbereitung eines Mediums in der Unterrichtsvorbereitung, wie die Schülerinnen und Schüler vor ihrem je eigenen Hintergrund vermutlich das in Frage stehende konkrete Medium wahrnehmen. Hieraus vermögen wichtige Anregungen für eine schülerorientierte Unterrichtsgestaltung zu erwachsen. Letztendlich muss sich der Religionsunterricht in prinzipieller Weise für die lebensweltlichen Erfahrungen der Schüler öffnen. Bringen sie ihre Welt spontan und für die Lehrkraft unerwartet in den Unterricht ein, so verdient dies durchaus Aufmerksamkeit, so dass unter Umständen der ursprüngliche Unterrichtsplan relativiert, ja zurückgestellt werden kann. Dies muss nicht in jedem Falle geschehen; aber lebensweltliche Äußerungen haben ein eigenes religionsdidaktisches Gewicht: Trotz, ja gerade wegen des Bemühens um die Erschließung neuer Wirklichkeit aus dem großen Schatz des Glaubens und der Religionen muss sich der Religionsunterricht lebensweltlich unterbrechen lassen. Dabei wird sich zeigen, dass solche »Unterbrechungen« nicht von der Sache des Religionsunterrichts wegführen; sondern im Letzten sind es ja die Schülerinnen und Schüler selbst, um die es im

Religionsunterricht geht und die sich in den großen Ausdrucksformen der religiösen Tradition wiederfinden und neu ausgesprochen erleben sollen.

Werden schließlich die Lernprozesse im Religionsunterricht langsamer, dann bekommt das einzelne Medium: der Text, das Bild, das Lied etc. eine größere Bedeutung; dann vermag es in seinem Eigengehalt und in seiner Vielschichtigkeit im Unterricht hervorzutreten. Wir haben gesehen, dass gerade in den großen Gegenständen des Religionsunterrichts immer mehr enthalten ist, als in Stundenzielen oder überhaupt in Lernzielen einfach angestrebt werden könnte. Die starke Lernzieldominanz in den letzten Jahrzehnten hat dagegen die Gegenstände und Inhalte des Lernens tendenziell austauschbar und beliebig gemacht; sie sollten als »Mittel« dem zuvor festgelegten Lernziel dienen; es kam zu einem Unterrichtshandeln, welches die Lerngegenstände in erster Linie »benutzte« und sie dadurch funktionalisierte. Weil jedoch das einzelne Bild, der einzelne Text jeweils nur zum Teil den zuvor festgelegten Lernzielen entspricht, waren immer mehrere Medien erforderlich und die Hochgeschwindigkeitsdidaktik der vielen Medien pro Unterrichtsstunde begann sich in Gang zu setzen.
Gleichwohl: Die Zielgerichtetheit von Lernprozessen im Religionsunterricht ist unaufgebbar; sie vermittelt Rechenschaft über die angestrebten Lernergebnisse, sie gibt dem Lernen eine Richtung und hilft es zu initiieren. Lernziele müssen jedoch vor der konkreten Materialität der Lerngegenstände eine Relativierung erfahren. Es gilt m.E. ein Bewusstsein für diese Spannung, ja für diese *Polarität zwischen Lernziel und Lerngegenstand* neu zu gewinnen. Hierin zeigt sich gerade die Eigenart der Lerngegenstände im Religionsunterricht, dass sie gegenüber allen Zielzusammenhängen, in denen sie legitimerweise »Verwendung« finden, immer auch ihren Eigen-

wert behaupten. Es ist letztlich die Spannung zwischen der immanenten Deutung, die sich dem Eigengehalt eines Gegenstandes zuwendet, und der kontextuellen Deutung, die ihn in bestimmten Zusammenhängen reflektiert. Wir haben den erforderlichen Wechsel in der unterrichtlichen Handlungslogik von der deduktiv-zweckrationalen Logik zu einem Verfahren der Wechselwirkung beschrieben, der uns geboten erscheint, damit Lernprozesse im Religionsunterricht ihrer Sache, d.h. den großen Ausdrucksformen des Glaubens und des Lebens, gerecht werden.

Dabei wird auch deutlich, dass Bildungsprozesse immer an einer konkreten Wirklichkeit, an konkreten Gegenständen geschehen. Eben weil sie mit einem Inwendigwerden von »Bildern« und bildhaft-rhythmischen bzw. bildhaft-syntaktischen Strukturen zusammenhängen. Das Gleichnis vom Barmherzigen Vater (Lk 15,11-32) ist eben nicht austauschbar und durch einen anderen Text zu ersetzen, weil es nicht nur darum geht ein Lernziel zu erreichen, etwa: »Die Schüler sollen erkennen, dass Gott wie ein barmherziger Vater ist«. Im Inwendigwerden der materialen Gestalt der Geschichte liegt ihr energetischer Charakter; diese inwendig gewordene Gestalt ist es, welche die Schülerinnen und Schüler im Verlaufe ihres Lebens unter Umständen noch zu ganz anderen Erkenntnissen, Einsichten, Wahrnehmungsweisen etc. zu führen vermag. Religiöse Lernprozesse gewinnen ihre Identität primär über die konkrete Materialität und Inhaltlichkeit ihrer Gegenstände und erst sekundär durch ihre Lernziele. Tatsächlich, Peter Handke hat Recht, wenn er schreibt: »Der Verstand vergisst; die Phantasie vergisst nie«.[7]

Zu dieser konkreten Materialität der Gegenstände des religiösen Lernens gehört auch die *Vielfalt der Ausdrucks- und Wirklichkeitscodes*, in denen sich Glaube und Religion zur Darstellung bringen. Es sind im Bereich von Texten eben nicht nur Geschichten, sondern auch die anderen literarischen

Text- und Sprachformen; des Weiteren Bilder, Lieder, Gesten, Zeremonien etc., jeweils in ihrer eigenen Dignität, jeweils in der besonderen Erfahrungsweise, die sie zugänglich machen. In der assoziierenden und dissoziierenden Begegnung mit ihrer konkreten Vielgestaltigkeit vollzieht sich das religiöse Lernen im Religionsunterricht, gewinnt dieses Lernen seine eigenes Gepräge. Letztlich geht es dabei um eine Grammatik des religiösen Lernens in der Schule. Diese Grundelemente des Lernens im Religionsunterricht müssen an den Ausdruckscodes von Glaube und Religion Maß nehmen. Auch hier zeigt sich nochmals der Unterschied von Theologieunterricht und Religionsunterricht: Der diskursiv-begriffliche Code des theologischen Denkens ist ein wichtiges Element im Religionsunterricht; Religionsunterricht selbst hat jedoch seinen Gegenstand in einem viel weiteren Feld: den gelebten Formen von Glaube und Religion in Vergangenheit, Gegenwart und einer möglichen Zukunft.

Ein solches Verständnis des religiösen Lernens muss natürlich auch Auswirkungen auf die *Ausbildung der Religionslehrerinnen und Religionslehrer* zeitigen. Am Ende dieser Ausbildung dürfen sie nicht nur die Sprache des begrifflich-diskursiven Codes der theologischen Reflexion sprechen, sondern ihr Handlungsrepertoire muss sich auch auf die anderen Kommunikations- und Ausdrucksformen von Glaube und Religion erstrecken. Auch hier: Mit jeder zusätzlichen Möglichkeit erweitert sich die Freiheit des Handelns: Es gilt den Unterricht, ja die Schule insgesamt von der Zwanghaftigkeit des einen Handlungsmusters zu befreien und die Freiheit der vielen Möglichkeiten zu gewinnen.

☞ Es gilt, den Unterricht, ja die Schule insgesamt von der Zwanghaftigkeit des einen Handlungsmusters zu befreien und die Freiheit der vielen Möglichkeiten zu gewinnen.

Anmerkungen

Kap. 1: Die Religionsstunde (S. 17-70)

1 Der Vorwurf von George Reilly, die Korrelationsdidaktik sei zu sehr theologisch (»offenbarungstheologisch«) deduziert und zu wenig didaktisch und schulpädagogisch orientiert, gilt m.E. für die Religionsdidaktik insgesamt. George Reilly, Süß, aber bitter. Ist die Korrelationsdidaktik noch praxisfähig? In: Georg Hilger/ George Reilly (Hg.), Religionsunterricht im Abseits? Das Spannungsfeld Jugend – Schule – Religion. München 1993, S. 16ff.

2 So wurde etwa ein Religionstag für die 9. Klassen einer Nürnberger Hauptschule, zu dem die Religionsstunden eines Monats zusammengefasst wurden, von den Lehrkräften wieder aufgegeben.

3 Siehe hierzu: Hans Schmid, Sehnsüchte und religiöse Signale Jugendlicher. In: Pädagogische Welt. Beilage zu Heft 3/1991, 45. Jahrgang, S. 35f.

4 So das Ergebnis einer Briefumfrage in der Erzdiözese Bamberg: »Der Religionsunterricht wird von den Schülern her begründet: von ihrer Selbst- und Menschwerdung her soll der Glaube als heilsames Angebot einen Beitrag leisten«. Hans Schmid (Hg.), 46 Fenster in das Haus des Religionsunterrichts. Briefumfrage unter Religionslehrerinnen und Religionslehrern zum heutigen Religionsunterricht in der Diözese Bamberg. München 1993, S. 18. Deutlich wird dabei, wie sehr dieses Selbstverständnis in einer »Korrelation« zum Synodenbeschluss »Der Religionsunterricht in der Schule« steht, der davon spricht, dass die Ziele des Religionsunterrichts der »Identitätsstärkung der Schüler dienen« sollen (2.5.2). In diesem Beschluss spiegelt sich vermutlich in weit stärkerem Maße die Selbstdefinition heutiger ReligionslehrerInnen wider, als dies weithin bewusst ist bzw. angenommen wird.

5 Siehe hierzu den Beitrag: Hans Schmid, Religionsunterricht mit HauptschülerInnen. Ein religiöses Lernen, das die Lebenswelt der Menschen ernst nimmt. In: Katechetische Blätter 120 (1995) 2, 100-112.

6 Hartmut von Hentig, Die Schule neu denken. Eine Übung in praktischer Vernunft. Eine zornige, aber nicht eifernde, eine radikale, aber nicht utopische Antwort auf Hoyerswerda und Mölln, Rostock und Solingen. München / Wien 1993.

7 Hubertus Halbfas, Fundamentalkatechetik. Sprache und Erfahrung im Religionsunterricht. Düsseldorf 1968, S. 75.

8 Siehe hierzu: K. E. Nipkow, Grundfragen der Religionspädagogik. Bd. 3. Gemeinsam Leben und Glauben lernen. Gütersloh 1982., S. 90f.

9 Natürlich kann Unterricht auch mit individuellem Lernen beginnen, etwa in bestimmten Formen der Freiarbeit usw. Aber auch ein so konzipierter Unterricht wird nicht auf kollektives Lernen verzichten können. Dass Freiarbeit vielfach als die Lösung der didaktischen Probleme heutigen Unterrichts erscheint, liegt m.E. am fehlenden Verständnis des kollektiven und des individuellen Lernens in ihren je eigenen Möglichkeiten und Grenzen und damit zusammenhängend mit einer bewusstlosen Überbetonung, ja mit einer Invasion des kollektiven Lernens in der heutigen Schule. Eine Monokultur des individuellen Lernens verfehlt jedoch die Schüler in gleicher Weise wie eine Monokultur des kollektiven Lernens; beide werden nicht dem unterrichtlichen Handlungszusammenhang und seinen Möglichkeiten gerecht. Es geht heute vor allem um eine Balance dieser verschiedenen elementaren Lern- und Handlungsformen.

10 Siehe hierzu: Moshé Feldenkrais, Bewusstheit durch Bewegung. Der aufrechte Gang. Frankfurt 1978; ders., Das starke Selbst. Anleitung zur Spontaneität. Frankfurt 1989.

11 Die Edu-Kinästhetik versucht über einfache gymnastische Übungen die neurologischen Prozesse im Gehirn anzuregen und dadurch Lernblockaden aufzuheben. Siehe hierzu aus der Fülle der inzwischen erschienenen Veröffentlichungen: Paul E. Dennison, Befreite Bahnen. Freiburg [7]1992, sowie Paul Dennison / Gail Dennison, Lehrerhandbuch BRAIN GYM. Freiburg [2]1992. Interessant für unseren Zusammenhang ist, dass hier Gehirn und Muskelbewegungen, Lernen und Körper, Lernenergie und Körperenergie zusammen gesehen werden. Problematisch dabei ist jedoch m.E., dass die

Edukinesiologie von ihren Protagonisten zuweilen wie eine neue Heilslehre vertreten wird, mit der alle Probleme des Lernens, ja des Lebens gelöst werden können.

12 Siehe hierzu die Übungen zum »Ausgleichen« in: Ludwig Rendle/Ursula Heinemann/Lothar Kuld/Beatrix Moos/Alois Müller, Ganzheitliche Methoden im Religionsunterricht. Ein Praxisbuch. München 1996, S. 20ff.

13 Statt einer Klangschale kann auch ein Oberton-Klangstab zum gleichen Zweck verwendet werden; beides ist im einschlägigen Handel erhältlich.

14 Über die fundamentale Bedeutung des Hauptmediums in seinem konkreten dinglichen Charakter für den Erschließungsprozess im Besonderen und den Unterrichtsprozess im Allgemeinen wird an späterer Stelle zu sprechen sein.

15 Hiermit ist der gefühlsmäßige und taktile Bereich der unmittelbaren körperlichen Wahrnehmung und Muskelbewegung gemeint.

16 Wobei dies nicht heißt, dass die so entstandenen Geschichten keine Wirklichkeit zum Ausdruck brächten, ganz im Gegenteil. Siehe hierzu: Rafik Schami, Erzähler der Nacht. Weinheim und Basel [7]1991. Zur prinzipiellen Bedeutung des Erzählens im Religionsunterricht siehe Kapitel 4.

17 Zur fundamentalen Bedeutung der unterschiedlichen sensorischen Zugänge der Wirklichkeitserfahrung: siehe die Arbeiten von Richard Bandler/John Grinder, Neue Wege der Kurzzeit-Therapie. Paderborn 1991. Bandler/Grinder unterscheiden neben visuellen, akustischen und kinästhetischen auch noch olfaktorische (Riechen) und gustatorische (Schmecken) Erfahrungszugänge.

18 Zu diesem Erschließungsprozess siehe in Kapitel 3: Didaktische Aufbereitung eines Mediums: Text (S. 95-108).

19 Günter Lange, Kunst zur Bibel. München 1988, S.7.

20 Ders., Zum religionspädagogischen Umgang mit modernen Kunstwerken. In: Katechetische Blätter 116(1991)2, S. 116.

21 Horst Rumpf spricht in diesem Zusammenhang von einer »Beschränkung auf Weniges«. Ders., Abschied vom Bescheidwissen. Über Bildung und Sterblichkeit. In: Katechetische Blätter 119 (1994) 4, S. 237.

22 Georg Hilger, Für eine religionspädagogische Entdeckung der Langsamkeit. In: Georg Hilger/George Reilly (Hg.), Religionsunterricht im Abseits? Das Spannungsfeld Jugend – Schule – Religion.

München 1993, S. 261f., sowie Ders., Für eine Verlangsamung im Religionsunterricht. In: Katechetische Blätter 110 (1994) 1, S. 21ff.

23 »Die › persönliche Beziehung‹ zu einem Bild darf auf keinen Fall an der materiellen und bildnerischen Gestalt und an der historischen Bedingtheit der Bildgestalt vorbei angezielt werden«. Günter Lange, Kunst zur Bibel, S. 9. Siehe hierzu Kapitel 5.

24 Das Problem des Zugangs zu Wissens- und Erfahrungsbeständen im Besonderen und Handlungsressourcen im Allgemeinen wird vom NLP (Neurolinguistische Programmierung) deutlich in den Blick genommen. Siehe hierzu: Richard Bandler/John Grinder, Neue Wege. A.a.O.

25 Günter Lange, Kunst zur Bibel, S. 9.

26 Wir können deshalb anstatt von einer kontextuellen auch von einer transzendenten Deutung sprechen.

27 So im Lehrplan Katholische Religionslehre Grundschule in Bayern, in dem die Davidserzählung in der 2. Grundschulklasse vorgesehen ist. Siehe: Kath. Schulkommissariat I in Bayern, Lehrplan Katholische Religionslehre Grundschule. München 1979.

28 Die Schwierigkeiten der Korrelationsdidaktik hängen in zentraler Weise mit solchen Interpretationsproblemen zusammen.

29 In meiner Eigenschaft als Seminarlehrer führe ich jährlich über 100 Beratungsbesuche durch.

30 Siehe hierzu: Albert Höfer, Gottes Wege mit den Menschen. Ein gestaltpädagogisches Bibelwerkbuch. München 1993.

31 Siehe hierzu in Kapitel 5: Meditatives Gestalten von Umrisszeichnungen, und Abmalen bzw. Abzeichnen des Bildes (S. 160-171).

32 Siehe hierzu in Kapitel 5: Kreatives Schreiben (S. 172-178).

33 Das Buch von Albert Höfer enthält eine große Zahl von Ausdrucks- und Gestaltungsmöglichkeiten, nicht nur bezüglich des Malens, sondern auch des kreativen Schreibens, des Singens und der (biblio-)dramatischen Darstellung. Albert Höfer, A.a.O. Siehe ebenso das an gestalterischen Handlungsmöglichkeiten reiche Buch: Ludwig Rendle / Ursula Heinemann / Lothar Kuld / Beatrix Moos / Alois Müller, Ganzheitliche Methoden im Religionsunterricht. Ein Praxisbuch. München 1996.

34 So die Formulierung eines Münchner Ausdruckspädagogen in einer Diskussion über die heutige Schule.

35 Ruth Cohn, Von der Psychoanalyse zur Themenzentrierten Interaktion. Stuttgart 1975, S. 122.

36 Ich habe die Motivation bildlich als Ausschlag nach unten dargestellt, um deutlich zu machen, dass hier die Energie in den Schülerinnen und Schülern für den folgenden Erarbeitungsprozess
aktiviert werden soll; der »Höhe« der Erarbeitung sollte die »Tiefe«
der Motivation entsprechen.

37 Unterschiedliche Zeitqualitäten zeigen sich nicht nur in einer
Unterrichtsstunde, sondern auch im Ablauf eines Schultages, in der
Tagesfolge einer Unterrichtswoche, ja auch in der Dramaturgie
eines Schuljahres.

38 Siehe hierzu: Alfred Schütz, Wissenschaftliche Interpretation und
Alltagsverständnis menschlichen Handelns. In: Ders., Gesammelte
Aufsätze Bd. 1: Das Problem der sozialen Wirklichkeit. Den Haag
1971, S.7.

39 Siehe hierzu: Richard Bandler/John Grinder, Neue Wege der Kurz-
zeittherapie. A.a.O.

Kap. 2: Grundmodelle des Umgangs mit Medien (S. 71-78)

1 Siehe Kapitel 1, Anmerkung 19.

2 Es geht dabei um zentrale Probleme des Fremdverstehens und der
Interpretation. Die Ethnomethodologie spricht in diesem Zusammenhang von der »Einklammerung« der Verstehensvoraussetzungen (etwa Ziele und Absichten), um eine fremde Ausdrucksform
zunächst aus sich heraus zu rekonstruieren. Siehe hierzu: Georges
Psathas, Ethnotheorie, Ethnomethodologie und Phänomenologie.
In: Arbeitsgruppe Bielefelder Soziolologen, Alltagswissen, Interaktion und gesellschaftliche Wirklichkeit 1 u. 2. Opladen 1980, S. 272.

3 Hans Brügelmann, Offene Curricula. Ein experimentell-pragmati-
scher Ansatz in englischen Entwicklungsprojekten. In: ZfPäd 18
(1972)2.

4 Adolf Exeler, Der Religionslehrer als Zeuge. In: Katechetische
Blätter 106(1981)1, S. 12f.

5 Ralf Bohnsack, Rekonstruktive Sozialforschung. Einführung in Me-
thodologie und Praxis der qualitativen Forschung. Opladen 1991,
S. 134.

Kap. 3: Ein Grundmodell des Umgangs mit Texten (79-107)

1   Neil Postman, Das Verschwinden der Kindheit. Frankfurt 1983.
2   Ingo Baldermann, Wer hört mein Weinen? Kinder entdecken sich selbst in den Psalmen. Wege des Lernens Bd.4. Neunkirchen-Vluyn [5]1995.
3   Rainer Oberthür, In Sprachbildern der Bibel sich selbst entdecken. Umgang mit der »Psalm-Wort-Kartei« in Religionsunterricht und Phasen freier Arbeit. In: ru [2]/1993, S. 75-79, Ders., Kinder und die großen Fragen. Ein Praxisbuch für den Religionsunterricht. München 1995.
4   Ingo Baldermann, A.a.O. S. 29ff.
5   Rainer Oberthür, A.a.O. S. 78.
6   Ingo Baldermann, A.a.O. S. 87.
7   Ebd. S 25.
8   Es handelt sich um die Hauptschule Scheßlitz in Oberfranken.
9   Bedeutet so viel wie: »Komm schon, heute gehe ich mit dir ins Bett«.
10 Siehe hierzu auch Kapitel 8.
11 Siehe hierzu: Didaktische Aufbereitung eines Mediums: Text (S. 95-107).
12 Den Begriff des »biografischen Wissens« verwendet Alfred Schütz, um den jeweiligen Horizont zu bestimmen, in dem wir in unserem Alltag handeln. Wobei er damit nicht nur kognitives Wissen meint, sondern in umfassender Weise auch emotionales, symbolisches, soziales, kollektives, habituelles usw. Wissen, vor dessen Hintergrund das konkrete Handeln der Menschen erst verständlich wird. Siehe hierzu: Alfred Schütz, Wissenschaftliche Interpretation und Alltagsverständnis menschlichen Handelns. In: Alfred Schütz, Gesammelte Aufsätze Bd. 1: Das Problem der sozialen Wirklichkeit. Den Haag 1971.
13 Siehe hierzu in Kapitel 5.
14 Wolfgang Klafki, Didaktische Analyse als Kern der Unterrichtsvorbereitung. In: Studien zur Bildungstheorie und Didaktik. Weinheim 1994. In der Folge von Klafki gab es viele fachspezifische Modifikationen der Didaktischen Analyse. Für den Religionsunterricht: Valentin Hertle/Margot Saller, Religionsunterricht planen, protokollieren, auswerten. Donauwörth [4]1990, S. 21 - 43.

15 Hubertus Halbfas, Eine Sprache, die Ereignis werden will. In: Katechetische Blätter 111(1986)12, S. 907.

16 Es ist der Standpunkt der Ethnomethodologie aus der Sozialforschung, von dem aus die eigene Welt mit den Augen eines Fremden betrachtet wird, um dadurch zu ganz überraschenden Ergebnissen zu kommen. Siehe hierzu: Georges Psathas, Ethnotheorie, Ethnomethodologie und Phänomenologie. A.a.O.

17 Ebd., S. 272.

18 Sten Nadolny, Die Entdeckung der Langsamkeit. München [13]1987.

19 Zur Bedeutung dieses Inwendigwerdens für den religiösen Bildungsprozeß siehe vor allem Kapitel 8 und Kapitel 5.

20 Diese Trennung bzw. Zweiteilung des Handelns in ein offenes assoziatives Suchen einerseits und ein Auswählen vor dem Hintergrund konkreter Handlungsbedingungen ist der Kern vieler kreativer Verfahren, wie beispielsweise des Brainstormings oder des Clusterings, die in bestimmten Formen des kreativen Schreibens Verwendung finden. Siehe hierzu: Gabriele L. Rico, Garantiert schreiben lernen. Reinbek 1984, S. 27 ff; Monika Humpert, Kreatives Schreiben – auch im Religionsunterricht. In: Katechetische Blätter 121(1996)5, S. 301 - 305.

Kap. 4: Ein Grundmodell des Umgangs mit erzählten Geschichten (109-123)

1 Hans Aebli, Zwölf Grundformen des Lehrens. Stuttgart [4]1989, S. 34-64.

2 Hubertus Halbfas, Magister narrans oder Der Lehrer als Erzähler. In: RU in der Grundschule. Lehrerhandbuch Bd. 2, Düsseldorf und Zürich-Köln 1983, S. 43.

3 Walter Neidhart, Als Praktiker unter wissenschaftlichen Experten. In: R. Lachmann/ H. Rupp (Hg.): Lebensweg und religiöse Erziehung. Religionspädagogik als Autobiographie. Bd. 1, Weinheim 1989, S. 235.

4 Hubertus Halbfas, ebd. S. 47- 48

5 Über die bereits erwähnten Beiträge hinaus seien noch einige andere genannt: Günter Stachel, Narrative Theologie oder Theorie

und Praxis des Erzählens. In: Katechetische Blätter 110(1985)5, S. 348 – 358; Ders., Zur Praxis des Erzählens und Nacherzählens der Bibel. In: Katechetische Blätter 110(1985)8, S. 596-604; Walter Neidhart, Hans Eggenberger, Erzählbuch zur Bibel, Bd.1 und Bd.2. Düsseldorf und Zürich 1975; Günter Lange, Erzählen. In: Gottfried Bitter, Gabriele Miller, Handbuch religionspädagogischer Grundbegriffe Bd.1, München 1986, S. 387 ff.; Werner Laubi, Die Himmel erzählen. Narrative Theologie und Erzählpraxis. Lahr 1995.

6 Günter Stachel, Zur Praxis des Erzählens und Nacherzählens in der Bibel. A.a.O., S. 601-603.

7 Ebd. S. 601.

8 Ebd. S. 602.

9 Diese Position vertritt Walter Neidhart in seinem »Erzählbuch zur Bibel«, A.a.O.

10 Siehe etwa die interessante Neuerzählung von Genesis 22 (Abraham – Isaak) mit der Überschrift: »Der wahre Gott fordert keine Menschenopfer« von Werner Laubi. Werner Laubi, Die Himmel erzählen. A.a.O., S. 44-46.

11 Agnes Wuckelt, Mut zur (gefüllten) Lücke. Überlegungen zum phantasievollen Umgang mit biblischer Überlieferung. In: Katechetische Blätter 120(1995)7/8, S. 476-487.

12 Peter Handke, Die Lehre des Saint-Victoire. Frankfurt am Main 1980, S. 99. Zit. nach Rudi Ott, Narrativität und Glaubensdiskurs im Religionsunterricht. In: Hauptabteilung Schule/Hochschule des Erzbischöflichen Generalvikariats Köln (Hg.), Sprache – beim Wort genommen. Sprache und Religionsunterricht. Dokumentation der pädagogischen Werkwoche 1990, S. 257.

13 Günter Stachel, ebd. S. 603.

14 Hans Aebli, A.a.O. S.52.

Kap. 5: Ein Grundmodell des Umgangs mit Bildern (125-178)

1 Wohl nicht zufällig war es der Bilddidaktiker Günter Lange, der in den siebziger Jahren gerade diese Konzeption der verschiedenen Wirklichkeitsebenen in die religionspädagogische Debatte einge-

bracht hat. Er unterschied die empirische Dimension (x-Ebene), die religiöse Dimension (y-Ebene) und die Dimension des Glaubens (z-Ebene). Günter Lange, Religion und Glaube. Erwägungen zum Gegenstand des Religionsunterrichts. In: Katechetische Blätter 99 (1997)12, S. 733-750.

2   Mircea Eliade, Geschichte der religiösen Ideen. Bd. 2: Von Gautama Buddha bis zu den Anfängen. Freiburg im Breisgau 1993. S. 71; Wilfried Nölle, Wörterbuch der Religionen. München 1960, S. 71.

3   Es ist in der Schulbibel zugänglich. Deutsche Bischofskonferenz (Hg.) Schulbibel. Kevelaer/Stuttgart/München/Düsseldorf 1979, S. 305-306.

4   Valentin Hertle/Margot Saller/Rudolf Seitz, Religion in der Grundschule 1. Unterrichtshilfen für Lehrer. München o.J., S. 4.

5   Siehe hierzu Josef Quadflieg, Guernica. Agitation und religiöse Dimension in einem Bild von Pablo Picasso. In: Katechetische Blätter 112(1987)3, S. 209-224.

6   Siehe Seite 136. Dieses Bild, entstanden 1918, stellt das Umschlagbild eines Hauptschulreligionsbuches dar: Willi Stengelin und Ludwig Volz (Hg.), Religion in der Hauptschule 9. Unterrichtswerk für die katholische Religionslehre. München 1984.

7   Dieses Verfahren stammt aus den religionspädagogischen Gestaltkursen von Albert Höfer, in denen das Bild eine sehr große Rolle spielt. Der literarische Niederschlag dieser Kurse findet sich in: Albert Höfer, Gottes Wege mit dem Menschen, a.a.O; sowie Ders., Ins Leben kommen. München 1995.

8   Günter Lange, Kunst zur Bibel. a.a.O., S. 10.

9   Ohne an dieser Stelle auf dieses verstehenslogische Problem, das so alt ist wie das menschliche Denken selbst, weiter eingehen zu können, sei darauf hingewiesen, dass der Gegensatz zwischen Wiedererkennen und Neuentdecken sich auch im Unterschied zwischen Analyse und Interpretation, zwischen quantitativen und qualitativen Denkverfahren widerspiegelt. Beide fundamentalen Denkbewegungen in ihrer Unterschiedlichkeit wie in ihrer gemeinsamen Identität sind für die Verstehensprozesse des unterrichtlichen Lernens m.E. viel zu wenig reflektiert.

10 Günter Lange, Zum religionspädagogischen Umgang mit modernen Kunstwerken. In: Katechetische Blätter 116(1991)2, S. 118.

11 Zit. nach: Heinz Braun, Formen der Kunst. Eine Einführung in die Kunstgeschichte. München 1974, S. 445.

12 Ebd. S. 465-466.

13 Günter Lange, Kunst zur Bibel. 32 Bildinterpretationen. München 1988, S. 212 und 269.

14 Margarete-Luise Goecke-Seischab/Erhard Domay, Botschaft der Bilder. Christliche Kunst sehen und verstehen lernen am Beispiel von 9 Farbtafeln und 9 Dias. Lahr 1990, S. 266-267.

15 Günter Lange, Kunst zur Bibel, S. 176.

16 Herbert Fendrich, Sprache der Bilder und Wirken des Geistes. In: Burkhard Schönwälder (Hg.), Bilder des Glaubens – Wirken des Geistes. Bistum Essen 1988. Seelsorgeamt, S. 8-11.

17 Margarete-Luise Goecke-Seischab/Erhard Domay, a.a.O., S. 264-265

18 Friedemann Fichtl, Der Teufel sitzt im Chorgestühl. Ein Begleitbuch zum Entdecken und Verstehen alter Kirchen und ihrer Bildwelt. Eschenbach 1990, S. 66.

19 Émile Mâle, Die Gotik. Die französische Kathedrale als Gesamtkunstwerk. Stuttgart / Zürich 1994, S. 24.

20 Eine sehr reiche Quelle an inkonografischen Informationen finden sich bei: Günter Lange, Kunst zur Bibel. 32 Bildinterpretationen. A.a.O. Sie beziehen sich auf die Bilder der Schulbibel (für den Gebrauch ab der 5. Klasse), Hg. von der Deutschen Bischofskonferenz. Kevelaer/Stuttgart/München/Düsseldorf 1979, haben aber immer prinzipielle Bedeutung. Ebenso: Margarete-Luise Goecke-Seischab/Erhard Domay, Botschaft der Bilder. A.a.O. Im Anhang findet sich ein lexikalisches Sachwortverzeichnis mit einer Fülle ikonografischer Informationen.

21 Die so genannten Simultanbilder stellen auf einem Bild zwei oder u.U. sogar mehrere Szenen dar; etwa in der Miniatur »Herr der Mächte« aus dem Evangeliar Ottos II. (Ende 10. Jh.) ist im oberen Bild Christus links im Boot schlafend dargestellt, rechts im selben Boot gebietet er dem Wind und der See. Siehe: Günter Lange, Kunst zur Bibel. A.a.O., S. 172ff.

22 Unter korrelationsdidaktischen Gesichtpunkten stellen solche Konkretionen immer Korrelationen von Bibel und Leben dar.

23 Siehe Kapitel 4.

24 Günter Lange, Kunst zur Bibel. A.a.O., S. 9.

25 Adolf Exeler, Wie Lämmer unter die Wölfe. Eine Diameditation zum Isenheimer Altar. Textheft und sechs Farbdias. Bearbeitet von Leopold Haerst. München 1980.

26 Günter Lange, Kunst zur Bibel. A.a.O., S.9.

27 Ebd.

28 Rudolf Englert, Individualisierung und Religionsunterricht. Analysen, Ansatz, Option. In: Katechetische Blätter 121(1996)1, S. 20.

29 Albert Höfer, Gottes Wege mit den Menschen. A.a.O., S. 29.

30 Bruno Döring, Schenk dir ein Mandala. Heft I und II. Eschbach 1988 und 1993; dazu: Ders.: Mandalas zum Ausmalen. Ein Malblock. Eschbach 1993. Gerda und Rüdiger Maschwitz, Aus der Mitte malen – heilsame Mandalas. Anregungen für Kinder, Jugendliche und Erwachsene. Mit 20 Malvorlagen. München [2]1997.

31 Barbara Catoir, Arnulf Rainer. Übermalte Bücher. München 1989.

32 Siehe etwa im Buch »Religion in der Grundschule 3«. Das Umschlagbild von Jenny Dalenoord, auf S. 49 die Miniatur aus dem Perikopenbuch Kaiser Heinrichs um 1040, auf S. 55 das Tafelbild aus der › Maesta‹ des Duccio di Buoninsegna (um 1311).

33 Siehe etwa ebd. S. 39 die Schutzmantelmadonna von Jan Pollak (1503).

34 Jürgen Werbick beschreibt dies für die »Unbestimmtheiten« und »Leerstellen« in literarischer Sprache; dies trifft jedoch in gleicher Weise auf das Medium Bild zu. Jürgen Werbick, Religionsdidaktik als › theologische Konkretionswissenschaft‹ . Zum theologischen Rang des Didaktischen – aus fundamentaltheologischer Perspektive. In: Katechetische Blätter 113(1988)2, S. 82-99.

35 Gerade das Anliegen einer regionalen Religionsdidaktik muss in einem erfahrungs- und sinnenbezogenen Religionsunterricht stärkere Berücksichtigung finden. Siehe hierzu: Hubertus Halbfas, Was allen in die Kindheit scheint und worin noch niemand war. Entwurf einer regionalen Religionsdidaktik. In: Ders., Wurzelwerk. Geschichtliche Dimensionen der Religionsdidaktik. Düsseldorf 1989, S. 239-304.

36 Hans Aebli, Zwölf Grundformen des Lehrens. Stuttgart [4]1989, S. 67. In Aeblis Liste folgt deshalb das Vorzeigen nach dem Erzählen als zweite fundamentale Grundform des Lehrens.

37 Um nur zwei zu nennen: Mona Brookes, Zeichnen lernen mit Kindern. Reinbek 1990. Und: Betty Edwards, Garantiert zeichnen lernen. Das Geheimnis der rechten und linken Hirn-Hemisphäre und die Befreiung unserer schöpferischen Kräfte. Reinbeck 1982.

38 Betty Edwards, ebd.

39 So die jährlich stattfindenden »Musischen Werkwochen« in Freising und in Holthausen.

40 Siehe hierzu: Ludwig Rendle/Ursula Heinemann/Lothar Kuld/Beatrix Moos/Alois Müller, Ganzheitliche Methoden im Religionsunterricht. Ein Praxisbuch. München 1996, S. 156 -185.

41 Albert Höfer, Ins Leben kommen. Ein gestaltpädagogisches Bibelhandbuch. München 1995, S. 36.

42 Vermutlich hat jegliche Art der Selbstreflexion diese dialogische Sprechsituation zur Voraussetzung. In der empirischen Erforschung der Religiösität Jugendlicher wurde deutlich, dass in dieser Weise »Nachdenken über sich selbst« und »Reden mit Gott« sehr eng zusammengehören. Hans Schmid, Religiosität der Schüler und Religionsunterricht. Empirischer Zugang und Konsequenzen für den Religionsunterricht. Bad Heilbrunn 1989, S. 80ff.

43 »Es gibt kein Ich an sich, sondern nur das Ich des Grundwortes Ich – Du ...«. Martin Buber, Werke Bd. I. Schriften zur Philosophie. München 1962, S. 79.

44 Alber Höfer, Ins Leben kommen, S. 36

45 Ingo Baldermann, Wer hört mein Weinen? A.a.O. Rainer Oberthür, In Sprachbildern der Bibel sich selbst entdecken. A.a.O.

46 Enthalten in der Schulbibel, hg. von der Deutschen Bischofskonferenz. Für den Gebrauch ab der 5. Jahrgangsstufe. Kevelaer/Stuttgart/München/Düsseldorf 1979, S.34; sowie die dazu gehörige Bildinterpretation in Günter Lange, Kunst zur Bibel. 32 Bildinterpretationen, S. 45-54.

47 Siehe S. 86f.

48 Siehe S. 95f.

Kap. 6: Ein Grundmodell des Umgangs mit Filmen (179-197)

1 Film: »Mutter Theresa oder die Freiheit, arm zu sein«, 45 min, Dokumentarfilm, Bundesrepublik Deutschland 1975.

2 Film: »Die ersten Lebenstage«, 20 min, Dokumentarfilm, Frankreich 1972.

3 Kurzfilm: »Leben in einer Schachtel«, 7 min, Trickfilm, Italien 1967.

4   Kurzfilm: »Balance«, 8 min, Trickfilm, Bundesrepublik Deutsch-
    land 1989.
5   »Die Stille«, 14 min, Kurzspielfilm, Jugoslawien 1972.
6   John Grinder/Richard Bandler, Therapie in Trance. Hypnose: Kom-
    munikation mit dem Unbewussten. Stuttgart 1992.
7   Vor diesem Horizont ist der Aspekt der Trance für das Lerngesche-
    hen und den Lernprozess bisher noch viel zu wenig ins Blickfeld
    geraten. Sicherlich auch deshalb, weil wir im landläufigen Ver-
    ständnis mit »Trance« sofort und vor allem Manipulation und
    Beeinflussung assoziieren. Wenn es uns jedoch darum geht, die
    Bedingungen von konzentrierter und fokussierter Aufmerksamkeit
    als Grundlage des Lernens zu erforschen, zu gestalten und für die
    Schülerinnen und Schüler auch durchschaubar zu machen, kann
    uns die Hypnotherapie fruchtbare Zugänge ermöglichen. Siehe
    hierzu: John Grinder/Richard Bandler, ebd.
8   Die Folgestunde müsste dann mit dem Nacherzählen des Filmes (S.
    190 f.), d.h. mit der Neupräsentation des Filmes in den Worten der
    Schülerinnen und Schüler beginnen.
9   Siehe vor allem Seite 45-46.
10 Film »Von Mensch zu Mensch. Männer und Frauen in pastoralen
    Berufen«, 26 min, Bundesrepublik Deutschland 1993.

Kapitel 7: Ein Grundmodell des Lernens von Liedern (199-219)

1   Hier gibt es sicherlich Grenzen, wenn etwa im Zuge der Sparmaß-
    nahmen der öffentlichen Hand mehrere ganz unterschiedliche
    Jahrgangsklassen oder gar Schulstufen im Fach Religion zusammen-
    gefasst werden. Bleibt es jedoch bei der jetzigen konfessionellen
    Form des Religionsunterrichts, dann werden Zusammenlegungen
    zunehmend die Regel sein.
2   Siehe hierzu auch Körperlichkeit in der Vorphase der Unterrichts,
    S. 28-31.
3   Es sind bekanntlich die Lieder in der Fremde, d.h. der Heimatlosig-
    keit, wie jene des Blues, sowie Lieder von verlorener Liebe, welche
    zu den eindrucksvollsten gehören.

4 Text: Alois Albrecht, Musik: Peter Janssens.

5 Dieselben.

6 Text: Alois Albrecht, Musik: Ludger Edelkötter.

7 Der Lehrplan Katholische Religionslehre Grundschule in Bayern sieht in der 3. Klasse unter der Überschrift: »Der biblische Ursprung der Eucharistiefeier« Lk 22, 14-20 vor. Siehe: Kath. Schulkommissariat I in Bayern, Lehrplan Katholische Religionslehre Grundschule. München 1979.

8 Um nur einige zu nennen: Wellenbrecher. Fünf Liedkassetten zur Liedkartei. Deutscher Katecheten-Verein e.V., Preysingstraße 83c, 81667 München; Singen im RU. 53 Lieder aus › Religion in der Grundschule‹ 3 und 4; ebenfalls Deutscher Katecheten-Verein; Rolf Krenzer et al, Das Liederbuch zum Umhängen. 100 der schönsten religiösen Kinderlieder. Liederbuch mit Kassette. Münster [4]1992.

9 Der Kehrvers ist nach dem Sonnengesang des hl. Franziskus von Assisi formuliert; der deutsche Text stammt von Winfried Pilz.

10 Siehe hierzu die Stimmbildungsliteratur, etwa: Adolf Rüdiger: Stimmbildung im Schulchor. Handbuch für Chorleiter. Mit 40 ausführlich kommentierten Kanons und Liedern. Hamburg 1982.

Kap. 8: Ein Grundmodell des Aus-wendiglernens von Texten (221-239)

1 Rudolf Englert, Die Korrelationsdidaktik am Ausgang ihrer Epoche. Plädoyer für einen ehrenhaften Abgang. In: Georg Hilger/George Reilly (Hg.), Religionsunterricht im Abseits? Das Spannungsfeld Jugend – Schule – Religion. München 1993, S. 103. Siehe ebenso: George Reilly, Süß aber bitter. Ist die Korrelationsdidaktik noch praxisfähig? A.a.O., S. 16 - 27.

2 Ebd.

3 Gotteslob, Stuttgart [12]1994, S. 71.

4 Dietrich Bonhoeffer, Widerstand und Ergebung. Briefe aus der Haft. München [11]1962, S. 275f.

5 Hip-hop ist eine Weiterentwicklung des Rap; im Namen klingt schon etwas von der rhythmisch gefügten Bewegung des Musikstils an. Eine der bekanntesten Bands in Deutschland sind die Phantastischen Vier.

6   Siehe zu den Texterschließungsschritten: Kapitel 3.

7   Siehe S. 172-178: Kreatives Schreiben.

8   In: F.K. Linke, Poesiestunden. Hannover/Berlin 1904; zit. nach: Das Lesende Klassenzimmer 6. Lesebuch der 6. Klasse. München 1991, S. 149.

9   Die empirische Erforschung der Religiosität von Haupt- und Berufs-schülern hat gezeigt, welche große Rolle rhythmisierte und gefügte Wendungen, Zitate, Metaphern in ihrer Alltagssprache spielen. Siehe hierzu: Hans Schmid, Religiosität der Schüler und Religions-unterricht. Empirischer Zugang und religionspädagogische Konse-quenzen für die Berufsschule. Bad Heilbrunn 1989.

10 Kleines Rituale für besondere pastorale Situationen. Freiburg 1980. Zit. nach: Kontakte. Lese- und Arbeitsbuch für den Religionsunter-richt an beruflichen Schulen. Bd. II. Neu bearbeitet auf der Grund-lage des Kontakte-Konzeptes von Rudolf Hagedorn, zusammen mit Martin und Cordula Bormann, Arnold Bremer, Gerhard Peus, Her-bert Sander, Anne Wiechemann-Dürschlag. Paderborn[11] 1983, S. 113.

Kap. 9: Zum religiösen Lernen im Religionsunterricht (241-253)

1   Ludwig Rendle/Ursula Heinemann/Lothar Kuld/Beatrix Moos/Alois Müller, Ganzheitliche Methoden im Religionsunterricht. Ein Pra-xisbuch. München 1996, S. 9.

2   Siehe hierzu die interessante Untersuchung des Neurophysiologen Moshé Feldenkrais: Das starke Selbst. Anleitung zur Spontaneität. Frankfurt 1989; vor allem: S. 124ff.

3   Hans Schmid, »Was Dir das leichteste dünket...«. Erschließung der Lebenswelt – Korrelation – Religionsunterricht. In: Georg Hil-ger/George Reilly (Hg.), Religion im Abseits? Das Spannungsfeld Jugend – Schule – Religion. München 1993, S. 224-238.

4   »Die Natur der pädagogischen Einwirkung (ist)«, so schreibt Fried-rich Schleiermacher, »auf die Zukunft gerichtet zu sein«. Aber Schleiermacher betont im gleichen Atemzug, dass diese Zukunft-gerichtetheit ohne einen Gegenwartsbezug ihre pädagogische Le-gitimität oder, wie er sagt, »sittliche« Qualität verliert. Beides muss

sich durchdringen. Friedrich Schleiermacher, Pädagogische Schriften. Die Vorlesungen aus dem Jahre 1826. Frankfurt a.M. / Berlin / Wien 1983, S.48.

5   Hans Schmid, Religiosität der Schüler und Religionsunterricht. Empirischer Zugang und Konsequenzen für den Religionsunterricht. Bad Heilbrunn 1989.

6   Siehe hierzu ausführlicher: Hans Schmid, Religionsunterricht mit HauptschülerInnen. Ein religiöses Lernen, das die Lebenswelt der Menschen ernst nimmt. In: Katechetische Blätter 120(1995)2, S. 100-112; Ders., »Nein – aber ...« Religiosität der Schülerinnen und Schüler und Religionsunterricht an der Hauptschule. In: ru. Ökumenische Zeitschrift für den Religionsunterricht 3/96, S. 74-77.

7   Peter Handke, Die Lehre der Saint-Victoire. Frankfurt 1980, S. 99.

Bildnachweis

S. 64, 66: ©H. Schmid – S. 136 ©VG Bild-Kunst, Bonn 1977
S. 161 H. Schmid

Sachregister

LUST AM LERNEN

Eva-Maria Bauer
MEHR LUST AM LERNEN
Wege zu einer menschenfreundlichen Schule
Spirituelle Impulse – Praktische Übungen –
Unterrichtsbeispiele
ca. 240 Seiten. Zahlr. Abbildungen. Kartoniert
ISBN 3-466-36475-2

Lehrende und Lernende haben häufig Begeisterung und Motivation für ihr gemeinsames pädagogisches Tun verloren. Dieses Buch macht Lust und Mut, die unausgeschöpften Möglichkeiten einer den Körper und die Sinne ansprechenden Schule zu entdecken und gibt praktische Beispiele und Anregungen für spirituelles, ganzheitliches und lustvolles Lernen.

KÖSEL ONLINE: www.koesel.de

FREIARBEIT

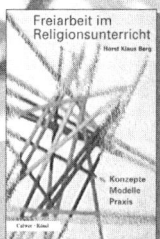

H. K. Berg/U. Weber
FREIARBEIT RELIGION
Materialien für Schule und
Gemeinde

BD. 1: MIT JESUS
BEGINNT ETWAS NEUES
47 S. Karten und Begleit-
heft in DIN A4-Mappe
Koprod. Kösel/Calwer
ISBN 3-466-36433-7

In Vorbereitung:
(erscheint im Frühjahr 1998)
BD. 3: PASSION UND OSTERN

Freiarbeit Religion bietet
kreative Materialien für
selbständige Arbeit in
Religionsunterricht und Ge-
meindearbeit.

H. K. Berg
**FREIARBEIT IM
RELIGIONSUNTERRICHT**
Konzepte – Modelle –
Praxis
ca. 120 S. Kart.
Koprod. Kösel/Calwer
ISBN 3-466-36467-1

Das Buch stellt ver-
schiedene Typen
der Freiarbeit vor,
benennt ihre Vorausset-
zungen und erläutert ihre
spezifischen Möglichkei-
ten in der Praxis.

H. K. Berg/U. Weber
FREIARBEIT RELIGION
Materialien für Schule
und Gemeinde

BD. 2: SO LEBTEN DIE
MENSCHEN ZUR ZEIT JESU
368 S. Zahlr. Abb./Farb-
fotos. DIN A4-Mappe
Koprod. Kösel/Calwer
ISBN 3-466-36434-5

Ferner lieferbar:
Die Farbbilder im 5er-Pack
Titel-Nr. 3-466-36436-1

Das Taschenbuch zu Band 2:
BENJAMIN UND JULIUS
Geschichten einer Freund-
schaft zur Zeit Jesu
112 S. Zahlr. Illustr. Kart.
ISBN 3-466-36435-3

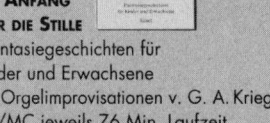